LE CAPITAINE

RICHARD

PAR

ALEXANDRE DUMAS

PARIS
DUFOUR, MULAT ET BOULANGER, ÉDITEURS
6, rue de Beaune, près le Pont-Royal
(ANCIEN HÔTEL DE NESLE)

1858

LE CAPITAINE RICHARD

PAR

ALEXANDRE DUMAS

I

UN HÉROS QUI N'EST PAS CELUI DE NOTRE HISTOIRE.

A dix-huit lieues à peu près de Munich, que le *Guide en Allemagne* de MM. Richard et Quetin désigne comme une des villes les plus élevées non-seulement de la Bavière, mais encore de l'Europe; à neuf lieues d'Augsbourg, fameuse par la diète où Melanchthon rédigea, en 1530, la formule de la loi luthérienne; à vingt-deux lieues de Ratisbonne, qui, dans les salles obscures de son hôtel de ville, vit, de 1662 à 1806, se tenir les états de l'empire germanique, s'élève, pareille à une sentinelle avancée, dominant le cours du Danube, la petite ville de Donauwœrth.

Quatre routes aboutissent à l'ancienne cité où Louis le Sévère, sur un injuste soupçon d'infidélité, fit décapiter la malheureuse Marie de Brabant: deux qui viennent de Stuttgard, c'est-à-dire de France, celles de Nordlingen et de Dillingen; et deux qui viennent d'Autriche, celles d'Augsbourg et d'Aichach. Les deux premières suivent la rive gauche du Danube; les deux autres, situées sur la rive droite du fleuve, le franchissent, en arrivant à Donauwœrth, sur un simple pont de bois.

Aujourd'hui qu'un chemin de fer passe à Donauwœrth, et que des steamers descendent le Danube d'Ulm à la mer Noire, la ville a repris quelque importance et affecte une certaine vie; mais il n'en était point ainsi vers le commencement de ce siècle.

Et cependant la vieille cité libre, qui, dans les temps ordinaires, semblait un temple élevé à la déesse Solitude et au dieu Silence, présentait, le 17 avril 1809, un spectacle tellement inusité pour ses deux mille cinq cents habitants, qu'à l'exception des enfants au berceau et des vieillards paralytiques, qui, les uns par leur faiblesse, et les autres par leur infirmité, étaient forcés de tenir la maison, toute la population encombrait ses rues et ses places, et particulièrement la rue à laquelle aboutissent les deux routes venant de Stuttgard, et la place du Château.

En effet, depuis le 13 avril au soir, moment où trois chaises de poste, accompagnées de fourgons et de chariots, s'étaient arrêtées à l'hôtel de l'Écrevisse, et que de la première était descendu un officier général portant, comme l'empereur, un petit chapeau et une redingote par-dessus son uniforme, et, des deux autres, tout un état-major, le bruit s'était répandu que le vainqueur de Marengo et d'Austerlitz avait choisi la petite ville de Donauwœrth comme point de départ de ses opérations dans la nouvelle campagne qui allait s'ouvrir contre l'Autriche.

Cet officier général, que de plus curieux avaient, dès ce soir-là, en regardant à travers les carreaux de l'hôtel, reconnu pour un homme de cinquante-six à cinquante-sept ans, et que les mieux renseignés prétendaient être le vieux maréchal Berthier, prince de Neuchâtel, qui ne précédait, assurait-on, l'empereur que de deux ou trois jours, avait, dans la nuit même de son arrivée, envoyé des courriers de tous côtés, et ordonné, sur Donauwœrth, une concentration de troupes qui, le surlendemain, avait commencé à s'opérer; de sorte que l'on n'entendait plus, au dedans et au dehors de la ville, que tambours et fanfares, et qu'on ne voyait déboucher par les quatre points cardinaux que régiments bavarois, wurtembergeois et français.

Disons un mot de ces deux vieilles ennemies que l'on appelle la France et l'Autriche, et des circonstances qui, ayant rompu entre l'empereur Napoléon et l'empereur François II la paix jurée à Presbourg, amenaient tout ce mouvement.

L'empereur Napoléon était en pleine guerre d'Espagne.

Voici comment la chose était arrivée.

Le traité d'Amiens qui avait, en 1802, amené la paix avec l'Angleterre, n'avait duré qu'un an, l'Angleterre ayant obtenu de Jean VI, roi de Portugal, de manquer à ses engagements avec l'empereur des Français. A cette nouvelle, Napoléon s'était contenté d'écrire cette seule ligne, et de la signer de son nom :

« La maison de Bragance a cessé de régner. »

Jean VI, repoussé hors de l'Europe, fut forcé de se mettre à la nage, traversa l'Atlantique, et alla demander un asile aux colonies portugaises.

Camoëns, dans son naufrage sur les côtes de la Cochinchine, avait sauvé son poëme, qu'il tenait d'une main tandis qu'il nageait de l'autre; Jean VI, dans la tempête qui l'emportait vers Rio-Janeiro, fut forcé, lui, de lâcher sa couronne. Il est vrai qu'il en trouva une autre là-bas, et qu'en échange de sa royauté d'Europe perdue, il se fit proclamer empereur du Brésil.

Les armées françaises, qui avaient obtenu passage à travers l'Espagne, occupèrent le Portugal, dont Junot fut nommé gouverneur.

C'était si peu de chose que le Portugal, qu'on ne lui nommait qu'un gouverneur.

Mais les projets de l'empereur ne s'arrêtaient point là.

Le traité de Presbourg, imposé à l'Autriche après la bataille d'Austerlitz, avait assuré à Eugène Beauharnais la vice-royauté de l'Italie; le traité de Tilsitt, imposé à la Prusse et à la Russie après la bataille de Friedland, avait donné à Jérôme le royaume de Westphalie; il s'agissait de déplacer Joseph, et de placer Murat.

Les précautions étaient prises.

Un article secret du traité de Tilsitt autorisait l'empereur de Russie à s'emparer de la Finlande, et l'empereur des Français à s'emparer de l'Espagne.

Restait à en trouver l'occasion.

L'occasion ne tarda pas à se présenter.

Murat était resté à Madrid avec des instructions secrètes. Le roi Charles IV se plaignait fort à Murat de ses querelles avec son fils, qui venait de le forcer d'abdiquer, et qui lui avait succédé sous le nom de Ferdinand VII. Murat conseilla à Charles IV d'en appeler à son allié Napoléon; Charles IV, qui n'avait plus rien à perdre, accepta l'arbitrage avec reconnaissance, et Ferdinand VII, qui n'était pas le plus fort, y consentit avec inquiétude.

Murat les poussa tout doucement vers Bayonne, où Napoléon les attendait. Une fois sous la griffe du lion, tout fut dit pour eux : Charles IV abdiqua en faveur de Joseph, déclarant Ferdinand VII indigne de régner. Alors, Napoléon mit la main droite sur le père, la main gauche sur le fils; puis envoya le premier au palais de Compiègne, et le second au château de Valençay.

Si la chose arrangeait la Russie, avec laquelle elle était convenue et qui avait sa compensation, elle n'arrangeait pas l'Angleterre, qui n'y gagnait que le système continental. Aussi cette dernière avait-elle ses yeux glauques fixés sur l'Espagne, et se tenait-elle prête à profiter de la première insurrection, laquelle, du reste, ne se fit pas attendre.

Le 27 mai 1808, jour de la Saint-Ferdinand, l'insurrection éclate sur dix points différents, et particulièrement à Cadix, où les insurgés s'emparent de la flotte française, qui s'y est réfugiée après le désastre de Trafalgar.

Puis, en moins d'un mois, par toute l'Espagne se répand le catéchisme suivant :

« — Qui es-tu, mon enfant? — Espagnol, par la grâce de Dieu. — Que veux-tu dire par là? — Je veux dire que je suis homme de bien. — Quel est l'ennemi de notre félicité? — L'empereur des Français. — Qu'est-ce que l'empereur des Français? — Un méchant, la source de tous les maux, le destructeur de tous les biens, le foyer de tous les vices! — Combien a-t-il de natures? — Deux : la nature humaine et la nature diabolique. — Combien y a-t-il d'empereurs des Français? — Un véritable, en trois personnes trompeuses. — Comment les nomme-t-on? — Napoléon, Murat et Manuel Godoï. — Lequel des trois est le plus méchant? — Ils le sont tous également. — De qui dérive Napoléon? — Du péché. — Et Murat? — De Napoléon. — Et Godoï? — De la fornication des deux. — Quel est l'esprit du premier? — L'orgueil et le despotisme. — Du second? — La rapine et la cruauté. — Du troisième? — La cupidité, la trahison, l'ignorance. — Que sont les Français? — D'anciens chrétiens devenus hérétiques. — Quel supplice mérite l'Espagnol qui manque à ses devoirs? — La mort et l'infamie des traîtres. — Comment les Espagnols doivent-ils se conduire? — D'après les maximes de Notre-Seigneur Jésus-Christ. — Qui nous délivrera de nos ennemis? — La confiance entre nous autres, et les armes. — Est-ce un péché que de mettre un Français à mort? — Non, mon père; au contraire, on gagne le ciel en tuant un de ces chiens d'hérétiques. »

C'étaient là de singuliers principes; mais ils étaient en harmonie avec l'ignorance sauvage du peuple qui les invoquait.

Il s'ensuivit un soulèvement général, lequel eut pour résultat la capitulation de Baylen, c'est-à-dire la première tache honteuse faite à nos armes depuis 1792.

La capitulation avait été signée le 22 juillet 1808.

Le 31 du même mois, une armée anglaise débarquait en Portugal.

Le 21 août avait lieu la bataille de Vimieiro, qui nous coûtait douze pièces de canon et quinze cents tués ou blessés; enfin, le 30, la convention de Cintra, stipulant l'évacuation du Portugal par Junot et son armée.

L'effet de ces nouvelles avait été terrible à Paris.

A ce revers, Napoléon ne connaît qu'un remède, sa présence.

Dieu est encore avec lui : sa fortune l'accompagnera. La terre d'Espagne, à son tour, verra les miracles de Rivoli, des Pyramides, de Marengo, d'Austerlitz, d'Iéna et de Friedland.

Il va serrer la main de l'empereur Alexandre, s'assurer des dispositions de la Prusse et de l'Autriche, que le nouveau roi de Saxe surveille de Dresde, et le nouveau roi de Westphalie, de Hesse-Cassel, emmène avec lui d'Allemagne quatre-vingt mille vétérans, touche Paris en passant pour annoncer au corps législatif que bientôt les aigles planeront sur les tours de Lisbonne, et part pour l'Espagne.

Le 4 novembre, il arrive à Tolosa.

Le 10, le maréchal Soult, aidé du général Mouton, emporte Burgos, prend vingt canons, tue trois mille Espagnols, et fait autant de prisonniers.

Le 12, le maréchal Victor écrase les deux corps d'armée de la Romana et de Blake à Espinosa, leur tue huit mille hommes, dix généraux, leur fait douze mille prisonniers, et leur prend cinquante canons.

Le 23, le maréchal Lannes anéantit, à Tudela, les armées de Palafox et de Castanos, leur enlève trente canons, leur fait trois mille prisonniers, et leur tue ou leur noie quatre mille hommes.

La route de Madrid est ouverte! Entrez dans la ville de Philippe V, sire. N'êtes-vous pas l'héritier de Louis XIV, et ne savez-vous pas le chemin de toutes les capitales? D'ailleurs, une députation de la ville de Madrid vous attend, et vient au-devant de vous pour vous rendre grâce du pardon que vous voulez bien lui accorder... Maintenant, montez sur la plate-forme de l'Escurial, et écoutez : vous n'entendrez plus de tous côtés que des échos de victoire!

Tenez, voici le vent d'est qui vous apporte le bruit des combats de Cardeden, de Clinas, de Llobregat, de San-Felice et de Molino-del-Rey; cinq nouveaux noms à écrire dans nos éphémérides, et plus d'ennemis en Catalogne!

Tenez, voici le vent d'ouest, à son tour, qui vient doucement caresser votre oreille; il accourt de Galice, et vous annonce que Soult a battu l'arrière-garde de Moore, et a fait mettre bas les armes à toute une division espagnole; puis, mieux encore, votre lieutenant a passé sur le corps des Espagnols; il a atteint les Anglais, les a jetés sur leurs vaisseaux, qui ont ouvert leurs voiles et ont disparu, laissant sur le champ de bataille le général en chef et deux généraux tués!

Tenez, voici le vent du nord qui, tout chargé de flammes, vous apporte la nouvelle de la prise de Saragosse. On s'est battu vingt-huit jours avant d'entrer dans la place, sire! et, vingt-huit jours encore après y être entré, on s'est battu de maison en maison, comme à Sagonte, comme à Numance, comme à Calahorra! Les hommes se sont battus, les femmes se sont battues, les vieillards se sont battus, les enfants se sont battus, les prêtres se sont battus! Les Français sont maîtres de Saragosse, c'est-à-dire de ce qui fut une ville et n'est plus qu'une ruine!

Tenez, voici le vent du sud qui vous apporte la nouvelle de la prise d'Oporto. L'insurrection est étouffée, sinon éteinte en Espagne; le Portugal est envahi, sinon reconquis; vous avez tenu votre parole, sire! vos aigles planent sur les tours de Lisbonne!

Mais où donc êtes-vous, ô vainqueur! et pourquoi, comme vous êtes venu, êtes-vous reparti d'un seul bond?

Ah! oui, votre vieille ennemie l'Angleterre vient de séduire l'Autriche; elle lui a dit que vous étiez à sept cents lieues de Vienne, que vous aviez besoin de toutes vos forces autour de vous, et que le moment était bon pour vous reprendre, à vous que le pape Pie VII vient d'excommunier, comme Henri IV d'Allemagne et Philippe-Auguste de France, pour vous reprendre l'Italie et vous chasser de l'Allemagne. Elle a cru cela, la présomptueuse! elle a réuni cinq cent mille hommes, elle les a remis aux mains de ses trois archiducs, Charles, Louis et Jean, et elle leur a dit : « Allez, mes aigles noirs! je vous donne à déchirer l'aigle roux de France! »

Le 17 janvier, Napoléon est parti à cheval de Valladolid; le 18, il est arrivé à Burgos, et, le 19, à Bayonne; là, il est monté en voiture, et quand tout le monde le croit encore dans la Vieille-Castille, le 22, à minuit, il frappe à la porte des Tuileries en disant : « Ouvrez, c'est le futur vainqueur d'Eckmühl et de Wagram! »

Au reste, le futur vainqueur d'Eckmühl et de Wagram rentrait à Paris de fort mauvaise humeur; il y avait de quoi.

Cette guerre d'Espagne, qu'il avait crue utile, ne lui était pas sympathique; mais une fois engagée, elle avait eu, au moins, cet avantage, d'attirer les Anglais sur le continent.

Comme le géant libyen, c'était lorsqu'il touchait la terre que Napoléon se sentait réellement fort. S'il eût été Thémistocle, il eût attendu les Perses à Athènes, et n'eût point détaché Athènes de son rivage pour la transporter dans le golfe de Salamine.

La Fortune, cette maîtresse qui lui avait toujours été si fidèle, soit qu'il l'eût forcée de l'accompagner de l'Adige au Nil, ou de le suivre du Niémen au Mançanarez, la Fortune l'avait trahi à Aboukir et à Trafalgar!

Et c'était au moment où il venait de remporter trois victoires sur les Anglais, de leur tuer deux généraux, de leur en blesser un troisième, de les repousser à la mer comme Hector faisait des Grecs en l'absence d'Achille, qu'il était tout à coup forcé de quitter la Péninsule, à l'annonce de ce qui se passait en Autriche et même en France!

Aussi, arrivé aux Tuileries et rentré dans ses appartements, à peine jeta-t-il, quoiqu'il fût deux heures du matin, un regard sur son lit, et, passant de sa chambre à coucher dans son cabinet de travail :

— Qu'on aille éveiller l'archichancelier, dit-il, et que l'on prévienne le ministre de la police et le grand électeur que je les attends, le premier à quatre heures, le second à cinq. — Doit-on prévenir Sa Majesté l'impératrice du retour de Votre Majesté? demanda l'huissier à qui cet ordre venait d'être donné.

L'empereur réfléchit un instant.

— Non, dit-il; je désire voir auparavant le ministre de la police... Seulement, veillez à ce qu'on ne me dérange pas jusqu'à son arrivée; je vais dormir.

L'huissier sortit, et Napoléon resta seul.

Alors, tournant les yeux vers la pendule :

— Deux heures un quart, dit-il; à deux heures et demie, je me réveillerai.

Et, se jetant dans un fauteuil, il étendit sa main gauche sur le bras du siége, passa sa main droite entre son gilet et sa chemise, appuya sa tête au dossier d'acajou, ferma les yeux, poussa un faible soupir, et s'endormit.

Napoléon possédait, comme César, cette précieuse faculté de s'endormir où il pouvait, quand il voulait, et le temps qu'il devait : lorsqu'il avait dit : « Je dormirai un quart d'heure, » il était rare que l'aide de camp, l'huissier ou le secrétaire à qui l'ordre avait été donné, et qui, à l'heure précise, entrait pour le réveiller, ne le trouvât point rouvrant les yeux.

En outre, privilége accordé, comme le premier, à certains hommes de génie, Napoléon s'éveillait sans transition aucune du sommeil à la veille : ses yeux, en se rouvrant, semblaient immédiatement illuminés; son cerveau était aussi net, ses idées étaient aussi précises, une seconde après son réveil, qu'une seconde avant son sommeil.

La porte s'était donc à peine refermée derrière l'huissier chargé de convoquer les trois hommes d'État, que Napoléon était endormi, et cela, chose étrange! sans qu'aucune trace des passions qui agitaient son âme se reflétât sur son visage.

Une seule bougie brûlait dans le cabinet. Au désir exprimé par l'empereur de dormir pendant quelques instants, l'huissier avait emporté les deux candélabres, dont la lumière trop vive eût pu, même à travers ses paupières, affecter l'œil de Napoléon; il n'avait laissé que le bougeoir à l'aide duquel il avait éclairé son maître et allumé les candélabres.

Le cabinet tout entier nageait ainsi dans une de ces douces et transparentes demi-teintes qui donnent aux objets un vague si charmant et si vaporeux. C'est au milieu de cette obscurité lumineuse, ou de cette lumière obscure, comme on voudra, qu'aiment à passer les rêves qu'éveille le sommeil, ou les fantômes qu'évoquent les remords.

FRÉDÉRIC STAPS ET MARGUERITE STILLER.

On eût cru qu'un de ces rêves ou de ces fantômes avait attendu pour surgir que cette mystérieuse clarté régnât autour de l'empereur; car, aussitôt qu'il eut fermé les yeux, la tapisserie, qui retombait devant une petite porte cachée par elle, se souleva, et l'on vit apparaître une forme blanche ayant, grâce à la gaze dont elle était enveloppée et à la flexibilité de ses mouvements, tout le fantastique aspect d'une ombre.

L'ombre s'arrêta un instant sur la porte, comme dans un encadrement de ténèbres; puis d'un pas si léger, si aérien, que le silence ne fut pas même troublé par le craquement du parquet; elle s'approcha lentement de Napoléon.

Arrivée près de lui, elle sortit d'un nuage de mousseline une main charmante qu'elle posa sur le dossier du fauteuil, près de cette tête qui semblait celle d'un empereur romain; elle regarda quelque temps, avec un indicible amour, ce beau visage, calme comme la médaille d'Auguste, poussa un soupir à moitié retenu, appuya sa main gauche sur son cœur pour en comprimer les battements, se pencha en retenant son haleine, effleura le front du dormeur de son souffle plutôt que de ses lèvres, et sentant à ce contact, tout léger qu'il était, un frissonnement courir sur les muscles de ce visage, si immobile qu'elle avait cru embrasser un masque de cire, elle se rejeta vivement en arrière.

Le mouvement qu'elle avait provoqué, au reste, fut aussi imperceptible que passager : ce calme visage, ridé un instant au souffle de cette haleine d'amour, comme la surface d'un lac à celui de la brise nocturne, reprit sa placide physionomie, tandis que, la main toujours sur son cœur, l'ombre visiteuse s'approchait du bureau, écrivait quelques mots sur une demi-feuille de papier, revenait vers le dormeur, glissait le papier dans l'ouverture produite entre le gilet et la chemise par l'introduction d'une main qui n'était guère moins blanche et moins délicate que la sienne; puis, aussi légèrement qu'elle était venue, étouffant le bruit de ses pas dans la ouate moelleuse du tapis, disparaissait par la même porte qui lui avait donné entrée.

Quelques secondes après l'évanouissement de cette vision, et comme la pendule allait sonner deux heures et demie, le dormeur ouvrit les yeux, et retira sa main de sa poitrine.

La pendule sonna.

Napoléon sourit comme eût souri Auguste, en voyant qu'il était aussi maître de lui dans le sommeil que dans la veille, et ramassa un papier qu'il avait fait tomber en ramenant sa main hors de son gilet.

Sur ce papier, il distingua quelques mots écrits, et se pencha vers l'unique lumière qui éclairait l'appartement; mais, avant même qu'il eût pu déchiffrer ces mots, il avait reconnu l'écriture.

Il poussa un soupir, et lut :

« Te voilà! je t'ai embrassé; il ne m'en faut pas davantage.
« Celle qui t'aime plus que tout au monde! »

— Joséphine! murmura-t-il en regardant autour de lui, comme s'il s'attendait à la voir apparaître dans les profondeurs de l'appartement ou surgir derrière quelque meuble.

Mais il était bien seul.

En ce moment, la porte se rouvrit, l'huissier rentra, portant les deux candélabres, et annonçant :

— Son Excellence monsieur l'archichancelier.

Napoléon se leva, alla s'appuyer à la cheminée et attendit.

Derrière l'huissier parut le haut personnage que l'on venait d'annoncer.

II

TROIS HOMMES D'ÉTAT.

Régis de Cambacérès avait, à cette époque, cinquante-six ans, c'est-à-dire quinze ou seize ans de plus que celui qui le faisait appeler.

Au moral, c'était un homme doux et bienveillant. Savant jurisconsulte, il avait succédé à son père dans la charge de conseiller à la cour des comptes; en 1792, il avait été élu député à la convention nationale; le 19 janvier 1793, il avait voté pour le sursis; était devenu, en 1794, président du comité de salut public; avait été nommé, l'année suivante, ministre de la justice; en 1799, avait été choisi par Bonaparte comme second consul; enfin, en 1804, avait été nommé archichancelier, créé prince de l'empire, et fait duc de Parme.

Au physique, c'était un homme de taille moyenne menaçant de tourner à l'obésité, très-gourmand, très-propre, très-coquet, et qui, quoique de noblesse de robe, avait pris les airs de la cour avec une promptitude et une facilité qu'appréciait fort le grand reconstructeur de l'édifice social.

Puis, aux yeux de Napoléon, il avait encore un autre genre de mérite: Cambacérès avait parfaitement compris que l'homme de génie qu'il avait devancé sur la scène politique, et qui, en passant à côté de lui, l'avait attaché à sa fortune après l'avoir, comme son égal, reçu dans sa familiarité, avait droit à ses respects en devenant cet élu du destin qui, à l'heure où nous sommes arrivés, commandait à l'Europe; sans descendre jusqu'à l'humilité, il se tenait donc vis-à-vis de lui dans la position, non pas d'un homme qui flatte, mais d'un homme qui admire.

Au reste, toujours prêt à se rendre au premier désir de l'empereur, un quart d'heure lui avait suffi pour faire une toilette qui eût été jugée irréprochable au cercle des Tuileries, et, bien que réveillé à deux heures du matin, c'est-à-dire au beau milieu de son sommeil, ce qui lui était essentiellement désagréable, il arrivait l'œil aussi vif, la bouche aussi souriante que si on l'eût envoyé chercher à sept heures du soir, c'est-à-dire au moment où, après être sorti de table et avoir pris son café, il eût joui de ce bien-être qui, à la suite d'un bon dîner, accompagne une digestion facile.

Le visage auquel il venait se heurter était loin d'avoir l'air de bonne humeur qui éclairait le sien; aussi, en l'apercevant, l'archichancelier fit-il un mouvement qui ressemblait à un pas de retraite.

Napoléon, au regard d'aigle duquel rien n'échappait non-seulement dans les grandes choses, mais encore, ce qui est bien plus extraordinaire, dans les petites, vit le mouvement, en comprit la cause, et, adoucissant à l'instant même l'expression de son visage :

— Oh! venez, venez, dit-il, monsieur l'archichancelier! ce n'est point à vous que j'en veux! — Et Votre Majesté ne m'en voudra jamais, je l'espère, répondit Cambacérès; car je serais un homme bien malheureux le jour où j'aurais encouru son déplaisir.

En ce moment le valet de chambre se retirait, laissant les deux candélabres et emportant les bougies.

— Constant, fit l'empereur, fermez la porte; veillez dans l'antichambre, et faites entrer dans le salon vert les personnes que j'attends.

Puis, se retournant vers Cambacérès :

— Ah! dit-il comme s'il respirait enfin après une longue suffocation, me voilà en France! me voilà aux Tuileries! Nous sommes seuls, monsieur l'archichancelier : parlons à cœur ouvert. — Sire, dit l'archichancelier, à part le respect qui met une barrière à mes paroles, je ne parle jamais autrement à Votre Majesté.

L'empereur fixa sur lui un regard perçant.

— Vous vous fatiguez, Cambacérès; vous vous attristez; tout au contraire des autres, qui n'ont pour but que de se mettre en lumière, vous tendez à vous effacer chaque jour davantage : je n'aime pas cela; songez que, dans l'ordre civil, vous êtes le premier après moi. — Je sais que Votre Majesté m'a traité selon ses bontés, et non selon mes mérites. — Vous vous trompez, je vous ai traité selon votre valeur; c'est pour cela que je vous ai confié la conduite des lois, non-seulement quand elles sont nées, mais encore pendant la gestation de leur mère la Justice, quand elles sont à naître. Eh bien! le Code d'instruction criminelle ne va pas, n'avance pas; je vous avais dit que je voulais qu'il fût terminé dans l'année 1808; or, nous voici au 22 janvier 1809, et, quoique le corps législatif soit resté assemblé pendant mon absence, ce code n'est point achevé et ne le sera peut-être pas de trois mois encore. — Votre Majesté me permet-elle de lui dire, à ce sujet, toute la vérité? hasarda l'archichancelier. — Parbleu! dit l'empereur. — Eh bien, sire, je vois, je ne dirai pas avec crainte, je n'aurai jamais aucune crainte tant que Votre Majesté tiendra le sceptre ou l'épée, mais avec regret, qu'un esprit d'inquiétude et d'indiscipline commence à se glisser partout.— Vous n'avez pas besoin de le dire, Monsieur, je le vois! et c'est autant pour combattre cet esprit que pour combattre les Autrichiens que j'accours. — Ainsi, par exemple, sire, reprit Cambacérès, le corps législatif... — Le corps législatif! répéta Napoléon en accentuant ces deux mots, et en haussant les épaules. — Le corps législatif, continua Cambacérès en homme qui tient à achever sa pensée, le corps législatif, où les rares opposants n'arrivaient jamais à réunir plus de douze ou quinze votes contre les projets que nous leur soumettions, le corps législatif nous tient tête, et a deux fois mis quatre-vingts boules noires, une fois cent! — Eh bien, je briserai le corps législatif! — Non, sire; vous choisirez un moment où il sera plus disposé à l'approbation. Restez seulement à Paris... Oh! mon Dieu, quand Votre Majesté est à Paris, tout va bien. — Je le sais; mais, par malheur, je n'y puis rester. —Tant pis! — Oui, tant pis! Tout à l'heure, je me rappellerai ce mot, et, si je ne me le rappelle pas, faites-moi souvenir d'un certain Malet. — Votre Majesté disait qu'elle ne pouvait rester à Paris? — Croyez-vous que ce soit pour rester à Paris que je suis venu en quatre jours de Valladolid? Non; il faut que, dans trois mois, je sois à Vienne. — Oh! sire, dit Cambacérès avec un soupir, encore la guerre!—Vous aussi, Cambacérès?... Mais est-ce moi qui la fais, la guerre? — Sire, l'Espagne.... hasarda timidement l'archichancelier. — Oui, cette guerre-là peut-être; mais pourquoi l'avais-je entreprise? Parce que je croyais être sûr de la paix dans le Nord. Pouvais-je me douter qu'avec la Russie pour alliée, la Westphalie et la Hollande pour sœurs, la Bavière pour amie, la Prusse réduite à une armée de quarante mille hommes, l'Autriche à l'aigle de laquelle j'ai coupé une de ses deux têtes, l'Italie; pouvais-je me douter que l'Autriche trouverait moyen de soulever et d'armer cinq cent mille hommes contre moi? Mais ce sont donc les eaux du Léthé, et non celles du Danube, qui coulent à Vienne? on y a donc oublié jusqu'aux leçons de l'expérience? il en faut donc de nouvelles? On les aura, et, cette fois, terribles, j'en réponds! Je ne veux pas la guerre, je n'y ai pas d'intérêt, et l'Europe entière est témoin que tous mes efforts, toute mon attention étaient dirigés vers ce champ de bataille que l'Angleterre a choisi, c'est-à-dire l'Espagne. L'Autriche, qui a déjà sauvé les Anglais une fois, en 1805, au moment où j'allais franchir le détroit de Calais, les sauve encore aujourd'hui en m'arrêtant au moment où j'étais en train de les jeter à la mer depuis le premier jusqu'au dernier! Je sais bien que, disparaissant sur un endroit, ils reparaissent sur l'autre; mais l'Angleterre n'est pas, comme la France, une nation guerrière: c'est une nation commerçante, c'est Carthage, et Carthage sans Annibal; j'eusse fini par l'épuiser de soldats, ou par la forcer à dégarnir l'Inde; et, si l'empereur Alexandre est fidèle à sa parole, c'est là que je l'attends... Oh! l'Autriche! l'Autriche, elle payera cher cette diversion! Ou elle désarmera sur-le-champ, ou elle aura à soutenir une guerre de destruction; si elle désarme, de manière à ne me laisser aucun doute sur ses intentions futures, je remettrai moi-même l'épée au fourreau; car je n'ai envie de la tirer qu'en Espagne et contre les Anglais; sinon je jette quatre cent mille hommes sur Vienne, et, à l'avenir, l'Angleterre n'aura plus d'alliés sur le continent. — Quatre cent mille hommes, sire, répéta Cambacérès. — Vous me demandez où ils sont, n'est-ce pas? — Oui, sire; à peine en vois-je cent mille disponibles. — Ah! l'on commence à compter mes soldats, et vous tout le premier, monsieur l'archichancelier! — Sire... — On dit: « Il n'a plus que deux cent mille hommes, que cent cinquante mille hommes, que cent mille hommes! » on dit: « Nous pouvons échapper au maître; le maître s'affaiblit, le maître n'a plus que deux armées! » On se trompe...

Napoléon frappa sur son front.

— Ma force est là!

Puis, étendant ses deux bras:

— Et voici mes armées! ajouta-t-il. Vous voulez savoir comment je pourrai réunir quatre cent mille hommes? Je vais vous le dire... — Sire... — Je vais vous le dire... pas pour vous, Cambacérès, qui peut-être avez encore foi en ma fortune, mais je vais vous le dire pour que vous le répétiez aux autres. Mon armée du Rhin compte vingt et un régiments d'infanterie qui ont quatre bataillons chacun: ils devraient en avoir cinq; mais, en face de la réalité, pas d'illusion! cela me fait donc quatre-vingt-quatre bataillons, c'est-à-dire soixante et dix mille hommes d'infanterie. J'ai, en outre, mes quatre divisions Carra Saint-Cyr, Legrand, Boudet, Molitor; elles n'ont que trois bataillons: soit trente mille hommes; en voilà cent mille, sans compter les cinq mille hommes de la division Dupas. J'ai quatorze régiments de cuirassiers, qui me donnent douze mille cavaliers au moins, et, en prenant tout ce qui reste de disponible dans les dépôts, je les porterai à quatorze mille. J'ai dix-sept régiments de cavalerie légère : mettons dix-sept mille hommes; en outre, mes dépôts regorgent de dragons tout formés; en les faisant venir du Languedoc, de la Guyenne, du Poitou et de l'Anjou, j'en aurai facilement cinq ou six mille. Ainsi nous voilà déjà avec cent mille hommes d'infanterie, et trente ou trente-cinq mille hommes de cavalerie. — Sire, tout cela fait cent trente-cinq mille hommes, et Votre Majesté a dit *quatre cent mille!* — Attendez... Vingt mille d'artillerie, vingt mille de la garde, cent mille Allemands! — Cela, sire, fait en tout deux cent soixante-sept mille hommes. — Bon!... J'en tire cinquante mille de mon armée d'Italie; ils marchent par Tarvis, et viennent me rejoindre en Bavière. Joignez-y dix mille Italiens, dix mille Français tirés de la Dalmatie, et nous voilà avec soixante et dix mille hommes de plus. — Qui nous font trois cent trente-sept mille hommes. — Eh bien, vous allez voir que nous en aurons de trop tout à l'heure! — Je cherche le complément, sire. — Vous oubliez mes conscrits, Monsieur, vous oubliez que votre sénat vient d'autoriser, en septembre dernier, deux levées d'hommes. — L'une, celle de 1809, est déjà sous les armes; celle de 1810 ne doit, aux termes de la loi, servir la première année que dans l'intérieur. — Oui, Monsieur; mais croyez-vous que, pour cent quinze départements, ce soit assez de quatre-vingt mille hommes? Non; je porte la levée à cent mille, et je fais un rappel de vingt mille sur les classes de 1809, 1808, 1807 et 1806. Cela me donne quatre-vingt mille hommes, Monsieur, et quatre-vingt mille hommes faits, des hommes de vingt, vingt et un, vingt-deux et vingt-trois ans, tandis que ceux de 1810 n'ont que dix-huit ans; aussi pourrai-je sans inconvénient laisser vieillir ceux-là. — Sire, les cent quinze départements ne fournissent, tous les ans, que trois cent trente-sept mille hommes ayant atteint l'âge du service militaire; prendre cent mille hommes sur trois cent trente-sept mille, c'est prendre plus du quart, et il n'est point de population qui ne périsse bientôt si on lui prend, chaque année, le quart des mâles parvenus à l'âge viril. — Et qui vous dit qu'on les lui prendra chaque année? Je les lui prends pour quatre ans, et libère définitivement les classes antérieures... Une fois n'est pas coutume, c'est la première et la dernière. Je donnerai ces quatre-vingt mille hommes à former à ma garde : elle s'y entend; ce sera pour elle l'affaire de trois mois. Avant la fin d'avril, je serai sur le Danube avec quatre cent mille hommes; alors, comme elle fait aujourd'hui, l'Autriche comptera mes légions, et, je vous le dis, si elle me force à frapper, l'Europe sera à tout jamais épouvantée des coups que je frapperai!

Cambacérès poussa un soupir.

— Votre Majesté n'a pas d'autres ordres à me donner? dit-il. — Qu'on rassemble pour demain le corps législatif. — Il est en séance depuis votre départ, sire. — C'est vrai... Demain, je m'y rendrai, et il connaîtra ma volonté.

Cambacérès fit un mouvement pour se retirer; puis, revenant :

— Votre Majesté m'avait dit de lui rappeler un certain général Malet. — Ah! vous avez raison... Mais c'est avec M. Fouché que je causerai de cela. Dites, en vous en allant, qu'on m'envoie M. Fouché, qui doit être dans le salon vert.

Cambacérès s'inclina pour sortir.

Puis, quand il fut à la porte :

— Adieu, mon cher archichancelier ! lui cria Napoléon de sa voix la plus douce, et en accompagnant cet adieu d'un geste amical ; ce qui fit que l'archichancelier se retira plus tranquille pour lui-même, mais non moins inquiet pour la France.

Lui sorti, Napoléon se mit à marcher à grands pas.

Depuis neuf ans de règne véritable, car le consulat avait été un règne, il avait vu, à travers l'admiration qu'il inspirait, les défiances, les improbations même, jamais le doute.

On doutait ! de quoi ? de sa fortune !

On blâmait même ! et où avait-il recueilli ses premiers blâmes ? dans son armée, dans sa garde, chez ses vétérans ?

Baylen, avec sa fatale capitulation, avait porté un coup terrible à sa renommée.

Varus, au moins, s'était fait tuer avec les trois légions que lui redemandait Auguste : Varus ne s'était pas rendu !

Avant même d'avoir quitté Valladolid, Napoléon était instruit de tout ce que venait de lui dire Cambacérès, et de beaucoup d'autres choses encore.

La veille de son départ, il avait passé une revue de ses grenadiers ; on lui avait rapporté que ces prétoriens murmuraient de ce qu'on les laissât en Espagne ; il voulait voir de près tous ces vieux visages hâlés par le soleil d'Italie et d'Égypte, pour savoir s'ils auraient l'audace d'être mécontents.

Il descendit de cheval, et passa à pied dans leurs rangs.

Les grenadiers, sombres et muets, lui présentèrent les armes ; pas un cri de « Vive l'empereur ! » ne se fit entendre. Un seul homme murmura :

— Sire, en France !

C'est ce que Napoléon attendait.

D'un mouvement irrésistible, il lui arracha le fusil des mains, et le tirant hors des rangs :

— Malheureux ! lui dit-il, tu mériterais que je te fisse fusiller, et peu s'en faut que je ne le fasse !

Puis, s'adressant à tous :

— Ah ! je le sais bien, dit-il, vous voulez retourner à Paris, pour y retrouver vos habitudes et vos maîtresses. Eh bien ! je vous retiendrai encore sous les armes à quatre-vingts ans !

Et il rejeta le fusil au bras du grenadier, qui le laissa tomber de douleur.

En ce moment d'exaspération, il aperçut le général Legendre, un des signataires de la capitulation de Baylen.

Il marcha droit à lui, l'œil menaçant.

Le général s'arrêta comme si ses pieds eussent pris racine en terre.

— Votre main, général, dit-il.

Le général tendit la main avec hésitation.

— Cette main, reprit l'empereur en la regardant, comment ne s'est-elle pas séchée en signant la capitulation de Baylen ?

Et il la repoussa comme il eût fait de celle d'un traître.

Le général, qui, en signant, n'avait fait qu'obéir à des ordres supérieurs, resta anéanti.

Alors Napoléon, remontant à cheval, le visage enflammé, était rentré à Valladolid, d'où, comme nous l'avons dit, il était parti le lendemain pour la France.

Eh bien! il était encore dans cette disposition d'esprit, lorsque l'huissier, rouvrant la porte, annonça :

— Son Excellence le ministre de la police.

Et la figure pâle de Fouché, pâlie encore par la crainte, parut hésitante sur le seuil de la porte.

— Oui, Monsieur, dit Napoléon, je comprends que vous hésitiez à vous présenter devant moi.

Fouché était un de ces caractères qui reculent devant le danger inconnu, mais qui marchent à lui, ou qui l'attendent, dès qu'il a pris une forme.

— Moi, sire? dit-il en redressant sa tête aux cheveux jaunes, au teint livide, aux yeux bleu faïence, à la bouche largement fendue; moi, l'ancien mitrailleur de Lyon, pourquoi hésiterais-je à me présenter devant Votre Majesté? — Parce que je ne suis pas un Louis XVI, moi! — Votre Majesté fait allusion, et ce n'est pas la première fois, à mon vote du 19 janvier... — Eh bien! quand j'y ferais allusion? — Je répondrais alors que, député à la convention nationale, j'avais fait serment à la nation, et non au roi : j'ai tenu mon serment à la nation. — Et à qui aviez-vous fait serment le 13 thermidor an VII? Était-ce à moi? — Non, sire. — Pourquoi donc m'avez-vous si bien servi le 18 brumaire? — Votre Majesté se rappelle-t-elle le mot de Louis XIV : « L'État, c'est moi? » — Oui, Monsieur. — Eh bien! sire, au 18 brumaire, la nation, c'était vous; voilà pourquoi je vous ai servi. — Ce qui ne m'a point empêché, en 1802, de vous retirer le portefeuille de la police. — Votre Majesté espérait trouver un ministre de la police, sinon plus fidèle, du moins plus habile que moi... Elle m'a rendu mon portefeuille en 1804!

Napoléon fit quelques pas en long et en large devant la cheminée, la tête inclinée sur sa poitrine, et froissant dans sa main le papier où Joséphine avait écrit quelques mots.

Puis tout à coup, s'arrêtant et redressant la tête :

— Qui vous a autorisé, demanda-t-il en fixant son œil de faucon, comme dit Dante, sur son ministre de la police, qui vous a autorisé à parler de divorce à l'impératrice?

Si Fouché n'eût pas été trop loin de la lumière, on eût pu voir une teinte plus livide encore que la première passer sur son visage.

— Sire, répondit-il, je crois savoir que Votre Majesté désire ardemment le divorce. — Vous ai-je confié ce désir? — J'ai dit *je crois savoir;* et j'ai pensé être agréable à Votre Majesté en préparant l'impératrice à ce sacrifice. — Oui, brutalement, selon vos habitudes. — Sire, on ne change pas sa nature : j'ai commencé par être préfet chez les Oratoriens, et par commander à des enfants indociles; il m'est toujours resté quelque chose de mes impatiences de jeune homme. Je suis un arbre à fruits, ne me demandez pas de fleurs. — Monsieur Fouché, *votre ami* (et Napoléon appuya à dessein sur ces deux mots), votre ami M. de Talleyrand ne fait qu'une recommandation à ses serviteurs : « Pas de zèle! » Je lui emprunterai cet axiome pour vous l'appliquer; vous avez eu trop de zèle, cette fois : je ne veux pas qu'on prenne l'initiative pour moi, ni dans les affaires d'État, ni dans les affaires de famille.

Fouché garda le silence.

— Et, à propos de M. de Talleyrand, dit l'empereur, d'où vient que, vous ayant quittés ennemis mortels, je vous retrouve amis intimes? Pendant dix ans de haine et de dénigrement réciproques, je vous ai entendus, vous, le traiter de diplomate frivole, et lui, vous traiter de grossier intrigant; vous, mépriser une diplomatie qui allait toute seule, prétendiez-vous, aidée par la victoire; lui, railler le vain étalage d'une police que la soumission générale rendait facile et même inutile. Voyons, la situation est-elle donc si grave que, vous sacrifiant à la nation, comme vous dites, vous oubliiez tous les deux vos dissentiments? Rapprochés par des officieux, vous vous êtes réconciliés publiquement, publiquement visités; vous vous êtes dit tout bas qu'il était possible que je rencontrasse en Espagne le couteau d'un fanatique, ou, en Autriche, un boulet de canon : n'est-ce pas, vous vous êtes dit cela ? — Sire, répondit Fouché, les couteaux espagnols se connaissent en grands rois : témoin Henri IV; les boulets autrichiens, en capitaines : témoins Turenne et le maréchal de Berwick. — Vous répondez par une flatterie à un fait, Monsieur. Je ne suis pas mort, et je ne veux pas que l'on partage ma succession de mon vivant. — Sire, cette idée est loin de toutes les pensées, et surtout de la nôtre. — Si peu loin de votre pensée, au contraire, que mon successeur était déjà choisi, désigné par vous! Que ne le faites-vous sacrer d'avance ? Le moment est bon : le pape vient de m'excommunier! Ah çà! mais vous croyez donc, Monsieur, que la couronne de France va à toutes les têtes ? On peut faire d'un grand-duc de Saxe un roi de Saxe, Monsieur; mais on ne fait pas du grand-duc de Berry un roi de France ou un empereur des Français : pour être l'un, il faut être du sang de saint Louis; pour être l'autre, il faut être du mien. Il est vrai que vous avez un moyen, Monsieur, de hâter le moment où je ne serai plus là. — Sire, dit Fouché, j'attends que Votre Majesté me l'indique. — Eh! morbleu! c'est de laisser les conspirateurs impunis. — Des hommes ont conspiré contre Votre Majesté, et sont restés impunis? Sire, nommez-les. — Oh ! ce n'est pas bien difficile, et je vais vous en nommer trois, moi. — Votre Majesté veut parler de la prétendue conspiration découverte par votre préfet de police, M. Dubois? — Oui, mon préfet de police, M. Dubois, qui n'est pas, comme vous, dévoué à la nation, monsieur Fouché, mais qui m'est dévoué, à moi!

Fouché haussa légèrement les épaules; le mouvement, si imperceptible qu'il fût, n'échappa point à l'empereur.

— Haussez les épaules, n'osant pas hausser la voix ! reprit Napoléon, le sourcil froncé. Je n'aime pas les esprits forts, en fait de complots. —Votre Majesté connaît-elle les hommes dont il est question? — J'en connais deux sur trois, Monsieur : je connais le général Malet, un conspirateur incorrigible... —Votre Majesté croit que le général Malet conspire ? — J'en suis sûr. — Et Votre Majesté craint une conspiration conduite par un fou ? — Vous vous trompez doublement : d'abord, je ne crains rien; ensuite, le général Malet n'est pas un fou. — C'est au moins un monomane. — Oui, mais dont la monomanie est terrible, vous en conviendrez; car elle consiste à profiter, un jour ou l'autre, de mon absence, à attendre que je sois à trois cents lieues, à quatre cents lieues, à six cents lieues peut-être, pour répandre tout à coup le bruit de ma mort, et, avec cette nouvelle, faire un soulèvement. — Votre Majesté croit-elle la chose possible? — Tant que je n'aurai pas un héritier, oui. — Voilà pourquoi je me suis hasardé à parler de divorce à Sa Majesté l'impératrice.— Ne revenons point là-dessus... Vous méprisez Malet; vous l'avez remis en liberté. Savez-vous une chose, Monsieur, une chose que mon ministre de la police eût dû m'apprendre, et que je vais apprendre à mon ministre de la police? C'est que Malet n'est qu'un des fils d'une conspiration invisible qui se trame au sein même de l'armée! — Ah! oui, les philadelphes... Votre Majesté croit à la magie du colonel Oudet. — Je crois à Aréna, Monsieur; je crois à Cadoudal; je crois à Moreau. Le général Malet est un de ces rêveurs, un de ces illuminés, un de ces fous, si vous voulez, mais un de ces fous dangereux auxquels il faut le cabanon et la camisole de force : vous, vous avez mis le vôtre en liberté! Quant au second conspirateur, M. Servan, est-ce un fou, celui-là? un régicide! — Comme moi, sire. — Oui, mais un régicide de l'école de la Gironde, un ancien amant de madame Roland, un homme qui, ministre de Louis XVI, a trahi Louis XVI, et qui, pour se venger de sa disgrâce, a fait le 10 août. — Avec le peuple. — Eh! Monsieur, le peuple ne fait que ce qu'on lui fait faire! Voyez vos deux faubourgs, le faubourg Saint-Marceau et le faubourg Saint-Antoine, si remuants avec MM. Alexandre et Santerre, bronchent-ils aujourd'hui que j'ai la main étendue sur eux?... Je ne connais pas le troisième fanatique, un M. Florent Guyot; mais je connais Malet et Servan; défiez-vous de ces deux-là! d'ailleurs, l'un est général, l'autre colonel; il est de mauvais exemple, sous un gouvernement militaire, que deux officiers conspirent. — Sire, on aura l'œil sur eux. — Et maintenant, Monsieur, il me reste à vous faire le reproche le plus grave que j'avais à vous adresser.

Fouché s'inclina en homme qui attend.

— Qu'avez-vous fait de l'esprit public, Monsieur?

Un autre ministre eût fait répéter une seconde fois; Fouché comprit parfaitement; seulement, pour se donner le temps de répondre, il eut l'air d'avoir mal entendu.

— L'esprit public? répéta-t-il; je me demande ce que Votre Majesté veut dire. — Je veux dire, reprit Napoléon, dont la colère s'usait en paroles, que vous avez laissé les esprits s'égarer sur les événements du jour, que vous avez permis qu'on interprétât ma dernière campagne, marquée à chaque pas par des succès, comme une campagne féconde en revers. Ce sont les propos de Paris qui soulèvent l'étranger! Savez-vous par où ils me reviennent? Par Pétersbourg! J'ai des ennemis, Dieu merci! eh bien, vous leur donnez leur franc parler; vous leur laissez dire que mon autorité est affaiblie, que la nation est dégoûtée de ma politique, que mes moyens d'action sont diminués; il en résulte que l'Autriche, qui croit à toutes ces balivernes, pense le moment favorable et veut m'attaquer... Mais, ennemis du dedans, ennemis du dehors, j'exterminerai tout! A propos, vous avez reçu ma lettre du 31 décembre? — Laquelle, sire. — Datée de Bénévent. — Celle où il était question des fils d'émigrés? — Vous me faites l'effet de l'avoir un peu oubliée. — Votre Majesté veut-elle que je la lui répète mot pour mot? — Je ne suis point fâché de m'assurer de votre mémoire. Voyons. — D'abord, dit Fouché tirant un portefeuille de sa poche, voici la lettre.

Et il sortit la lettre de son portefeuille.

— Ah! ah! dit Napoléon, vous l'avez sur vous? — La correspondance autographe de Votre Majesté ne me quitte jamais, sire. Quand j'étais préfet chez les Oratoriens, je lisais tous les matins mon bréviaire; depuis que je suis ministre de la police, je lis tous les matins les lettres de Votre Majesté. Voici, continua Fouché sans ouvrir la lettre, voici ce que contenait cette dépêche...

— Oh! Monsieur, ce n'est pas le texte que je vous demande, c'est la substance.
— Eh bien, Votre Majesté me disait que des familles d'émigrés avaient soustrait leurs enfants à la conscription en les tenant dans une coupable oisiveté ; elle ajoutait qu'elle désirait que je fisse dresser une liste de dix de ces familles par département, de cinquante pour Paris, afin d'envoyer à l'école militaire de Saint-Cyr tous les jeunes gens de ces familles qui seraient âgés de plus de dix-huit ans. Votre Majesté ajoutait encore que, si l'on se plaignait, j'aurais à répondre purement et simplement que c'était son bon plaisir... — C'est bien! je ne veux pas que, par la fâcheuse division des familles qui ne sont pas dans le système, une fraction de la France, si minime qu'elle soit, puisse se soustraire aux efforts que fait la génération présente pour la gloire de la génération à venir... Maintenant, allez! c'est tout ce que j'avais à vous dire.

Fouché s'inclina; mais, comme il ne se retirait pas avec la promptitude d'un homme congédié :

— Eh bien? demanda Napoléon. — Sire, répondit le ministre, Votre Majesté m'a dit beaucoup de choses pour me prouver que ma police était mal faite. — Après? — Je ne lui en dirai qu'une seule pour lui prouver le contraire. A Bayonne, Votre Majesté s'est arrêtée deux heures. — Oui. — Votre Majesté s'est fait présenter un rapport. — Un rapport? — Oui, sur les griefs qu'elle croyait avoir contre moi; rapport tendant à ce que je fusse révoqué et remplacé par M. Savary. — Et ce rapport est-il signé? — Il est signé, sire; et, de même que j'ai sur moi les lettres de Votre Majesté, Votre Majesté a sur elle ce rapport... là, sire, dans la poche gauche de votre habit.

Et, du doigt, Fouché désigna la partie de l'uniforme où se trouvait la poche.

— Vous voyez, sire, ajouta-t-il, que ma police est aussi bien faite, sur certains points du moins, que l'étaient celles de M. Lenoir et de M. de Sartine.

Et sans attendre la réponse de l'empereur, Fouché, qui était près de la porte, disparut à reculons.

Napoléon ne répondit point; seulement il porta la main à sa poche, en tira une feuille de grand papier pliée en quatre, la déplia, jeta les yeux dessus, puis tourna son regard vers la porte, et, avec un imperceptible sourire :

— Ah! dit-il, tu as raison, tu es encore le plus adroit!

Et, plus bas :

— Pourquoi n'es-tu pas aussi le plus honnête!

Alors, déchirant le papier, il en jeta les morceaux au feu.

En ce moment, l'huissier annonça :

— Son Excellence le grand chambellan.

Et la figure souriante du prince de Bénévent apparut derrière celle de l'huissier.

Les poëtes n'inventent rien.

Lorsque, à la suite des armées prussiennes qui venaient se faire battre à Valmy, Gœthe, ce prince du doute, ce roi du sophisme, écrivait son drame de *Faust*, il ne se figurait pas, à coup sûr, que Dieu avait déjà créé son héros humain, aussi bien que son personnage diabolique, et que tous deux allaient incessamment apparaître sur la scène, l'un avec son front rêveur, l'autre avec son pied fourchu.

Seulement, le Faust de Dieu s'appelle Napoléon; seulement, le Méphistophélès de Dieu s'appelle Talleyrand.

Comme Faust a tout sondé en science, Napoléon a tout épuisé en politique; et, de même que Méphistophélès perdit Faust en lui disant : « Encore! encore! » de même Talleyrand perdit Napoléon en lui disant : « Toujours! toujours! »

De même aussi que Faust, dans ses moments de dégoût, essaye de se délivrer de Méphistophélès, Napoléon, dans ses heures de doute, essayait de se délivrer de Talleyrand; mais, comme s'ils eussent été liés l'un à l'autre par un pacte infernal, ils ne furent séparés que quand l'âme du rêveur, du poëte, du conquérant tomba dans l'abîme!

Peut-être, des trois personnages mandés par l'empereur, celui dont le cœur battait le plus fort était-il M. de Talleyrand; mais, à coup sûr, c'était celui qui se présentait de l'air le plus souriant.

Napoléon le regarda avec une espèce de frissonnement nerveux; puis, étendant la main pour qu'il ne pénétrât point plus avant dans son cabinet :

— Prince de Bénévent, lui dit-il, je n'ai que deux mots à vous dire. Ce que je déteste le plus au monde, ce ne sont point les gens qui me désavouent; ce sont ceux qui, pour me désavouer, se désavouent eux-mêmes. Vous répandez partout que vous avez été étranger à la mort du duc d'Enghien; partout vous dites que vous êtes étranger à la guerre d'Espagne. Étranger à la mort du duc d'Enghien? vous me l'avez conseillée par écrit! étranger à la guerre d'Espagne? j'ai les lettres dans lesquelles vous m'adjurez de recommencer la politique de Louis XIV! Monsieur de Talleyrand, le manque de mémoire est un grand défaut à mes yeux : vous me renverrez demain votre clef de chambellan, qui non-seulement est destinée, mais encore donnée d'avance à M. de Montesquiou.

Puis, sans ajouter un mot, sans congédier le prince, sans prendre congé de lui, Napoléon sortit par la porte qui conduisait à l'appartement de Joséphine.

M. de Talleyrand chancela comme au jour où, sur les marches de l'église de Saint-Denis, Maubreuil le renversa d'un soufflet; mais, cette fois, le choc n'ébranlait que sa fortune, et le grand chambellan comptait, comme Méphistophélès, sur Satan, pour lui faire rendre plus qu'il n'avait perdu.

Et maintenant on se rappelle que, dans cette même nuit, Napoléon avait dit à Cambacérès qu'il serait avant la fin d'avril sur le Danube avec quatre cent mille hommes; voilà pourquoi, le 17 avril, au matin, toute la population de Donauwœrth encombrait les rues et les places de la ville.

Elle attendait Napoléon.

III

LES JUMEAUX.

Vers neuf heures du matin, un grand mouvement se produisit dans la foule, et des cris, courant comme une traînée de poudre de l'extrémité de la rue de Dillingen vers le centre de la ville, annoncèrent qu'il arrivait quelque chose de nouveau.

Ce qui arrivait, c'était un courrier vêtu de vert, galonné d'or, précédant la voiture de l'empereur, laquelle venait à une demi-lieue derrière lui.

Il franchit rapidement la rue de Dillingen, faisant signe avec son fouet, afin que l'on s'écartât devant lui ; puis il s'engagea dans les rues tortueuses qui montent vers la haute ville, reparut sur la place du Château, et s'enfonça sous la porte massive de l'ancienne abbaye de Sainte-Croix, devenue palais royal.

C'était là que les logements avaient été préparés pour l'empereur, et qu'attendait le major général Berthier.

L'arrivée du courrier n'apprenait, au reste, rien de nouveau au prince de Neuchâtel : armé d'une excellente lunette de campagne, et monté sur la plate-forme de l'abbaye, il avait, dix minutes avant l'arrivée du courrier, reconnu les voitures impériales, s'avançant à fond de train par la grande route.

Le 9 avril, l'archiduc Charles avait fait parvenir à Munich la lettre suivante, adressée *au général en chef de l'armée française.* La lettre ne portait point d'autre suscription ; était-ce l'empereur Napoléon que l'archiduc Charles désignait par ce titre, et pour lui, comme pour l'abbé Loriquet, le marquis de Buonaparte n'était-il encore que le général en chef de Sa Majesté Louis XVIII ? S'il en était ainsi, l'archiduc y mettait de l'entêtement ! Quel que fût le général en chef, le maréchal, le prince, le roi ou l'empereur qu'il désignât par ce titre, voici ce que la lettre contenait :

« D'après la déclaration de Sa Majesté l'empereur d'Autriche, je préviens monsieur le général en chef de l'armée française que j'ai l'ordre de me porter en avant, avec les troupes placées sous mon commandement, et de traiter en ennemies toutes celles qui me feront résistance. »

Cette lettre était datée du 9 ; le 12 au soir, l'empereur Napoléon, en ce moment aux Tuileries, avait été informé, par une dépêche télégraphique, de ce commencement d'hostilités.

Il était parti le 13 au matin, et, le 16, il était arrivé à Dillingen, où il avait trouvé le roi de Bavière, qui avait abandonné sa capitale et s'était retiré d'une vingtaine de lieues en arrière.

Fatigué de soixante et douze heures de marche, Napoléon s'était arrêté à Dillingen pour y passer la nuit, et avait promis au roi fugitif de le ramener avant quinze jours dans sa capitale.

Puis, le matin à sept heures, il était reparti, et, voulant sans doute rattraper cette nuit perdue, il arrivait a toutes brides.

Il passa comme un éclair à travers les rues, gravit la rampe de la montagne sans ralentir le pas de ses chevaux, et mit enfin pied à terre dans la cour du château, au bas du perron, où l'attendait le major général.

Les compliments étaient courts avec Napoléon ; il laissa tomber un : « Bonjour, Berthier ! » que le prince de Neuchâtel ramassa en grognant et en rongeant ses ongles comme d'habitude, fit un signe de la main au reste de l'état-major, et, guidé par une dizaine de domestiques posés en jalons, il s'élança vers l'appartement qui lui avait été préparé.

Une grande carte de Bavière où chaque arbre, chaque torrent, chaque vallée, chaque village, chaque maison même, étaient indiqués, l'attendait tout ouverte sur une immense table.

Napoléon courut à la table, tandis qu'un aide de camp ouvrait et déposait sur un guéridon le portefeuille de voyage, et que son valet de chambre tirait le lit de son enveloppe de cuir, et le dressait dans un coin même du salon.

— Bien, dit-il à Berthier en posant le doigt sur Donauwœrth, c'est-à-dire sur le lieu même qu'il habitait; êtes-vous en communication avec Davoust? — Oui, sire, répondit Berthier. — Avec Masséna? — Oui, sire. — Avec Oudinot? — Oui, sire. — Tout va bien, alors. Où sont-ils? — Le maréchal Davoust est à Ratisbonne, le maréchal Masséna et le général Oudinot sont à Augsbourg: des officiers envoyés par chacun d'eux attendent Votre Majesté pour lui donner des nouvelles. — Avez-vous envoyé des espions? — Deux sont déjà revenus: j'attends le troisième, le plus habile. — Qu'avez-vous fait ensuite? — Je me suis, autant que possible, conformé au plan de Votre Majesté, qui est de marcher droit, de Ratisbonne sur Vienne, par la grande route du Danube, en confiant au fleuve les malades, les blessés, toute la partie pesante de l'armée enfin. — Bon! les bateaux ne nous manqueront pas : j'ai fait acheter tous ceux que l'on a pu trouver sur les rivières et les fleuves de la Bavière, et ils doivent descendre dans le Danube au fur et à mesure qu'ils en franchiront les affluents; ensuite, j'ai pris douze cents de mes meilleurs marins de Boulogne, pour le cas où nous aurions quelque bataille à livrer dans les îles. Vous avez fait acheter des pelles et des pioches? — Cinquante mille; est-ce assez? — Ce n'est pas trop.... En somme, qu'avez-vous ordonné depuis le 13 au soir que vous êtes ici? — J'avais d'abord ordonné de concentrer toutes les troupes sur Ratisbonne... — N'avez-vous pas reçu ma lettre qui vous ordonnait, au contraire, de tout réunir à Augsbourg? — Si fait; j'ai, en conséquence, donné contre-ordre à Oudinot et à son corps d'armée, qui étaient déjà en route; mais j'ai cru devoir laisser Davoust à Ratisbonne. — Alors, l'armée est partagée en deux masses: l'une à Ratisbonne, l'autre à Augsbourg?— Avec les Bavarois entre elles deux. —Y a-t-il eu choc sur un point ou sur un autre?—Oui, sire, à Landshut.— Entre?... — Entre les Autrichiens et les Bavarois. — Quelle division? — La division Duroc. — Les Bavarois se sont-ils bien conduits? — Parfaitement, sire; cependant, ils ont été obligés de se replier devant des forces quadruples. — Où sont-ils en ce moment? — Là, sire, dans la forêt de Dürnbach, protégés par l'Abens. — Au nombre de combien? — Au nombre de vingt-sept mille à peu près. — Et l'archiduc, où est-il? — Entre l'Isar et Ratisbonne, sire; mais le pays est tellement couvert, qu'il est impossible d'avoir des renseignements positifs. — Faites entrer l'officier qui vient de la part du maréchal Davoust.

Berthier transmit l'ordre à un aide de camp qui ouvrit une porte, et introduisit un jeune officier de chasseurs à cheval, paraissant avoir de vingt-cinq à vingt-six ans.

L'empereur jeta sur le nouveau venu un coup d'œil rapide, et fit un signe de satisfaction: il était impossible de voir un plus beau et plus élégant cavalier.

— Vous venez de Ratisbonne, lieutenant? demanda l'empereur. — Oui, sire, répondit le jeune officier. — A quelle heure en êtes-vous sorti? — A une heure du matin, sire. — Vous êtes envoyé par Davoust? — Oui, sire. — Dans quelle situation était-il au moment de votre départ? — Sire, il avait avec lui quatre divisions d'infanterie, une division de cuirassiers, une division de cavalerie légère. — En tout?...—Cinquante mille hommes à peu près, sire; seulement, les généraux Nansouty et Espagne, avec la grosse cavalerie et une portion de la cavalerie légère ; le général Demont, avec les quatrièmes bataillons et le grand parc, ont pris la gauche du Danube. — Et la concentration autour de Ratisbonne, s'est-elle faite sans difficulté? — Sire, les divisions Gudin, Morand et Saint-Hilaire sont arrivées sans tirer un coup de fusil ; mais la division Friant, qui les couvrait, a constamment été aux prises avec l'ennemi, et, quoiqu'elle ait détruit derrière elle tous les ponts de la Wils, il est probable qu'aujourd'hui le maréchal Davoust est ou sera attaqué à Ratisbonne. — Combien d'heures avez-vous mises, dites-vous, pour venir de Ratisbonne ici? — Sept heures, sire. — Il y a?... — Vingt-deux lieues. — Êtes-vous trop fatigué pour repartir dans deux heures? — Sa Majesté sait bien qu'on ne se fatigue jamais à son service. Qu'on me donne un autre cheval, et je partirai quand Sa Majesté voudra. — Votre nom? — Le lieutenant Richard. — Allez vous reposer deux heures, lieutenant; mais soyez prêt dans deux heures.

Le lieutenant Richard salua et sortit.

En ce moment un aide de camp vint parler tout bas à Berthier.

— Faites entrer l'envoyé du maréchal Masséna, dit l'empereur. — Sire, répondit Berthier, je ne pense pas que ce soit nécessaire; je l'ai interrogé, et j'en ai tiré tout ce qu'il était utile de savoir : Masséna est à Augsbourg avec Oudinot, Molitor, Boudet, les Bavarois et les Wurtembergeois, c'est-à-dire avec quatre-vingt-dix mille hommes à peu près. Mais je crois avoir quelque chose de mieux à offrir à Votre Majesté. — Quoi? — L'espion est revenu. — Ah! — Il a passé à travers les lignes autrichiennes. — Faites-le entrer. — Votre Majesté sait que ces hommes refusent souvent de parler devant plusieurs personnes. — Laissez-moi seul avec lui. — Votre Majesté ne craint-elle pas?... — Que voulez-vous que je craigne? — On parle d'illuminés, de fanatiques. — Faites-le entrer d'abord, et je verrai bien dans ses yeux si vous pouvez me laisser seul avec lui.

Berthier alla ouvrir une petite porte donnant dans un cabinet, et en fit sortir un homme d'une trentaine d'années, couvert d'un costume de bûcheron de la forêt Noire.

L'homme fit quelques pas dans la chambre, puis s'arrêta devant Napoléon en faisant le salut militaire :

— Que Dieu garde Votre Majesté de toute mauvaise chance! dit-il.

L'empereur le regarda.

— Oh! oh! nous sommes en pays de connaissance, mon brave! — Sire, c'est moi qui, la veille d'Austerlitz, vous ai donné, au bivac, des renseignements sur les positions de l'armée russe et autrichienne. — Renseignements parfaitement exacts, maître Schlick. — Ah! temps et tonnerre! s'écria le faux bûcheron employant le juron le plus usité des Allemands, l'empereur me reconnaît! Tout va bien, alors. — Oui, dit l'empereur, tout va bien.

Et, faisant un signe au chef d'état-major :

— Je crois que vous pouvez sans inconvénient me laisser seul avec cet homme, dit-il.

C'était probablement aussi l'avis du prince de Neuchâtel; car il se retira avec ses aides de camp sans faire la moindre observation.

— D'abord, dit l'empereur, allons au plus pressé. Peux-tu me donner des nouvelles de l'archiduc? — De lui ou de son armée, sire? — De tous les deux, si c'est possible. — Oui bien, je puis vous parler de tous les deux : j'ai un de mes cousins qui sert dans son armée, et un de mes beaux-frères qui est son valet de chambre. — Où est-il, et où est le gros de son armée ? — Sans compter les cinquante mille hommes du général Bellegarde, qui marchent de la Bohême sur le Danube, et qui doivent se canonner, à Ratisbonne, avec le maréchal Davoust, l'archiduc a sous la main cent cinquante mille hommes à peu près ; le 10 avril dernier, le prince, avec une soixantaine de mille hommes, a franchi l'Inn. — Peux-tu suivre sur une carte tous les mouvements que tu m'indiques ? — Pourquoi pas ? on a été à l'école, Dieu merci !

L'empereur montra du doigt à l'espion la carte étendue sur la table.

— Alors, cherche l'Inn sur cette carte.

L'espion n'eut besoin que d'y jeter un coup d'œil, et mit le doigt entre Passau et Tittmaning.

— Tenez, sire, dit-il, c'est là, à Braunau, que l'archiduc a passé la rivière ; en même temps que lui, le général Hohenzollern, avec une trentaine de mille hommes, l'a passée au-dessous de Mulheim ; enfin un autre corps d'une quarantaine de mille hommes, commandé... je ne saurais vous dire par qui, on ne peut être qu'à un endroit, et j'étais près de l'archiduc, que je ne perdais pas de vue, a franchi la rivière à Scharding. — Près du Danube, alors ? — Justement, sire. — Mais comment, ayant passé l'Inn le 10, les Autrichiens ne sont-ils pas plus avancés ? — Ah ! parce qu'ils sont restés embourbés pendant quatre jours entre l'Inn et l'Isar ; ce n'est donc qu'hier qu'ils ont passé l'Isar devant Landshut, et que cela a commencé à chauffer. — Avec les Bavarois ? — Avec les Bavarois ; seulement, comme ceux-là, avec leur vingt-sept ou vingt-huit mille hommes, ne pouvaient pas tenir, ils se sont retirés dans la forêt de Dürnbach. — Ainsi nous ne sommes plus qu'à une douzaine de lieues de l'ennemi ? — Pas même ! car, depuis ce matin, il aura marché. Il est vrai qu'on ne marche pas vite quand on est obligé de franchir un tas de petites rivières, comme l'Abens, à gauche, la grosse et la petite Laber, à droite, des bois, des coteaux, des marécages, et que l'on n'a que deux chaussées, celle de Landshut à Neustadt, et celle de Landshut à Kelheim. — Il lui restait encore celle d'Eckmühl, qui mène plus directement à Ratisbonne. — Sire, j'ai vu les troupes autrichiennes s'engager sur les deux autres routes, et sachant que Votre Majesté devait être arrivée aujourd'hui à Donauwœrth et qu'elle désirait avoir des nouvelles, je suis parti et me voilà. — C'est bien : tu ne m'apprends pas grand'chose ; mais enfin tu m'apprends ce que tu sais. — Que Votre Majesté me fasse d'autres questions. — Sur quoi ? — Sur l'esprit du pays, par exemple ; sur les sociétés secrètes, sur la Sainte-Vehme. — Comment ! tu t'occupes donc de ces questions-là aussi ? — Je tiens tout ce qui concerne mon état, sire. — Eh bien, voyons, je ne demande pas mieux que de savoir ce que pense de nous l'Allemagne. — Elle est tout simplement exaspérée contre les Français, qui, non contents de la battre et de l'humilier, l'occupent et la dévorent. — Ils ne connaissent donc pas le proverbe du maréchal de Saxe, tes Allemands : « Il faut que la guerre nourrisse la guerre ! » — Si fait, ils le connaissent ; mais ils aimeraient mieux être nourris que de nourrir les autres. C'est au point, sire, que l'on parle de s'affranchir des princes qui ne savent pas s'affranchir de vous. — Ah ! ah ! et par quel moyen ? — Par deux moyens : le premier, c'est une insurrection générale.

Napoléon fit des lèvres un mouvement de mépris.

— Cela pourrait bien arriver, si j'étais battu par l'archiduc Charles ; mais...

— Mais... ? répéta l'espion. — Mais, je vais le battre, dit Napoléon, et par conséquent l'insurrection n'aura pas lieu. Passons donc au second moyen de délivrance. — Le second, c'est un coup de couteau, sire. — Bah! on ne tue pas un homme comme moi! — On a bien tué César. — Ah! les circonstances étaient bien différentes; puis ce fut un grand bonheur pour César d'être tué. Il avait quelque chose comme cinquante-trois ans, c'est-à-dire l'âge où le génie de l'homme commence à baisser; il avait toujours été heureux : « La Fortune aime les jeunes gens! » comme disait Louis XIV à M. de Villeroy ; elle allait peut-être lui tourner le dos. Une ou deux défaites, et César n'était plus un Alexandre : c'était un Pyrrhus ou un Annibal. Il a eu le bonheur de trouver une vingtaine de niais qui n'ont pas compris que César n'était point un Romain, que c'était l'esprit de Rome; ils ont tué l'empereur, mais, du sang même de l'empereur, est né l'empire! Sois tranquille, je n'ai point l'âge de César; la France n'en est point, en 1809, où en était Rome l'an 44 avant Jésus-Christ : on ne me tuera pas, maître Schlick.

Et Napoléon se mit à rire de cette sortie historique qu'il avait faite pour un paysan badois ; il est vrai qu'il répondait moins à ce paysan qu'à sa pensée.

— Tout cela est possible, reprit Schlick; mais je n'en invite pas moins Votre Majesté à faire attention aux mains de ceux qui l'approcheront de trop près, et surtout quand ces mains appartiendront à des membres de l'Union de Vertu. — Je croyais toutes ces associations éteintes. — Sire, les princes allemands, et la reine Louise surtout, les ont remises en vigueur; de sorte qu'à l'heure qu'il est il y a peut-être, en Allemagne, deux mille jeunes gens qui ont fait vœu de vous assassiner. — Et cette secte a ses points de réunion? — Sans doute: non-seulement ses points de réunion, mais encore ses formules, son initiation, sa devise, ses signes de reconnaissance. — Comment sais-tu cela? — J'en suis.

Napoléon fit, malgré lui, un pas en arrière.

— Oh! ne craignez rien, sire. J'en suis, mais comme le bouclier est de l'armure : pour parer les coups. — Et où cela se réunit-il? — Partout où il y a un souterrain ou une ruine; les Allemands sont très-amateurs du pittoresque, comme le sait Votre Majesté, et ils mettent de la poésie dans tout. Tenez, par exemple, si Votre Majesté va à Abensberg et visite le vieux château, le château en ruine qui couronne la montagne et domine l'Abens, eh bien, c'est dans une de ses salles que j'ai été reçu, il y a huit jours... — C'est bien, dit Napoléon; sans accorder à ce renseignement plus d'attention qu'il n'en mérite, je ne le négligerai pas. Va! je veillerai à ce qu'on ait soin de toi...

Schlick salua et sortit par la même porte qui lui avait donné entrée.

Napoléon resta pensif.

— Un coup de couteau ! murmura-t-il; il a raison, c'est bientôt donné, et c'est bientôt reçu ! Henri IV, lui aussi, préparait une expédition contre l'Autriche quand il fut tué d'un coup de couteau ; mais Henri IV avait cinquante-sept ans : comme César, il avait achevé son œuvre; moi, je n'ai point achevé la mienne, et puis les grandes infortunes n'arrivent que passé cinquante ans; Annibal, Mithridate, César, Henri IV... Il y a bien Alexandre, qui est mort à trente-trois ans, ajouta-t-il; mais mourir comme Alexandre n'est pas un malheur.

En ce moment un aide de camp entra.

— Qu'y a-t-il? demanda Napoléon. — Sire, dit l'aide de camp, c'est un officier arrivant de l'armée d'Italie, et venant de la part du vice-roi. Votre Majesté veut-elle le voir? — Oui, sans doute, et à l'instant même! dit Napoléon; qu'il entre. — Entrez, Monsieur, dit l'aide de camp.

L'officier parut sur le seuil de la porte, tenant à la main son chapeau à trois cornes.

C'était un jeune homme de vingt-cinq à vingt-six ans, portant l'uniforme des officiers de l'état-major du vice-roi, c'est-à-dire l'habit bleu aux aiguillettes d'argent et au collet brodé en argent.

Quant à son physique, il fallait qu'il existât en lui quelque chose de bien particulier, car, à sa vue, Napoléon qui allait parler s'arrêta court; puis, toisant le jeune homme des pieds à la tête :

— A quel propos cette mascarade, Monsieur? demanda-t-il.

Le jeune homme regarda autour de lui pour savoir à qui s'adressait l'interpellation ; mais voyant qu'il était seul avec l'empereur :

— Sire, dit-il, excusez-moi : je ne comprends pas. — Pourquoi cet habit bleu, au lieu de l'habit vert que vous portiez tout à l'heure? — Sire, depuis deux ans que j'ai l'honneur de faire partie de l'état-major de Son Altesse le vice-roi, je n'ai point porté d'autre habit que celui sous lequel j'ai l'honneur de me présenter devant vous. — Depuis quand êtes-vous arrivé? — Je descends de cheval, sire. — D'où venez-vous? — De Pordenone. — Comment vous nommez-vous? — Le lieutenant Richard.

Napoléon regarda le jeune homme avec plus d'attention encore.

— Avez-vous quelque lettre d'Eugène qui vous accrédite près de moi? — Oui, sire.

Et le jeune homme tira de sa poche une lettre aux armes du vice-roi d'Italie.

— Et si cette lettre vous avait été prise, demanda Napoléon, ou si elle s'était perdue? — Son Altesse me l'avait fait apprendre par cœur. — Ah çà! Monsieur, demanda Napoléon, voulez-vous me dire comment il se fait qu'il y a une heure, vous arriviez de Ratisbonne en costume de chasseur de la garde, et que vous arrivez, il y a dix minutes, de Pordenone en costume d'officier d'état-major d'Eugène? comment, enfin, vous êtes chargé de me donner à la fois des nouvelles de Davoust et du vice-roi d'Italie? — Pardon, sire, mais Votre Majesté ne dit-elle pas qu'il est arrivé, il y a une heure, venant de la part du maréchal Davoust, un officier des chasseurs de la garde? — Il y a une heure, oui. — De vingt-cinq à vingt-six ans? — De votre âge. — Qui me ressemble? — A s'y méprendre! — Et qui s'appelle?... Que Votre Majesté m'excuse si je l'interroge, mais je suis si joyeux! — Qui s'appelle le lieutenant Richard. — C'est mon frère, sire! mon frère jumeau! il y a cinq ans que nous ne nous sommes vus. — Ah! je comprends... Eh bien, vous allez vous revoir. — Oh! sire, que je l'embrasse, ce cher Paul, et je repars à l'instant même. — Êtes-vous en état de repartir? — Sire, j'espère avoir l'honneur d'être chargé de vos ordres. — Eh bien! allez embrasser votre frère, et tenez-vous prêt à partir.

Le jeune homme, au comble de la joie, salua et sortit.

Napoléon, resté seul, décacheta la lettre.

Aux premières lignes, son front se couvrit d'un nuage.

— O Eugène! Eugène! dit-il, ma tendresse pour toi m'a aveuglé ; bon colonel, moins bon général, mauvais général en chef!... L'armée d'Italie en retraite sur Sacile, toute une arrière-garde enlevée par la fauté du général Sahuc! Encore un qui a assez de la guerre! Par bonheur je n'aurai pas besoin de l'armée d'Italie... Berthier! Berthier!

Le chef d'état-major parut.

— Mon plan est arrêté, dit Napoléon. Que dix courriers se tiennent prêts à porter mes ordres : que chaque ordre soit triple, et s'achemine à sa destination par trois chemins différents.

IV

LES RUINES D'ABENSBERG.

Pendant que Napoléon donne à dix messagers différents les ordres dont nous verrons tout à l'heure le résultat; pendant que les deux frères Paul et Louis Richard, qui ne s'étaient pas rencontrés depuis cinq ans, et dont l'étonnante ressemblance avait amené le singulier quiproquo qui s'est produit sous nos yeux, se jettent dans les bras l'un de l'autre, avec la tendresse de deux frères qu'à chaque instant une balle ou un boulet peuvent séparer pour toujours, disons ce qui se passait dans la petite ville d'Abensberg, située à sept ou huit lieues de Ratisbonne.

Quatre jeunes gens de seize à dix-huit ans, appartenant, l'un à l'université d'Heidelberg, l'autre à l'université de Tubingue, le troisième à l'université de Leipzig, le quatrième à l'université de Gœttingue, se promenaient, en se tenant par-dessous le bras, et en chantant la marche du major Schill, qui venait de lever, à Berlin, l'étendard de la révolte contre Napoléon.

Au bruit de ce chant, un autre jeune homme de vingt à vingt et un ans, assis près d'une jeune fille de seize ans qui brodait au tambour, tandis que sa sœur, enfant de neuf ans, jouait dans un coin à la poupée, tressaillit, se leva et alla à la fenêtre.

Au moment où les quatre chanteurs passaient, ils aperçurent son front, légèrement pâli depuis une seconde, collé à la vitre, et ils lui firent un signe imperceptible, auquel il répondit imperceptiblement. La jeune fille, en le voyant se lever, l'avait suivi des yeux avec inquiétude, et, si imperceptible que fût le signe par lequel il avait répondu, elle avait remarqué ce signe.

— Qu'avez-vous, Frédéric? lui avait-elle demandé. — Rien, ma chère Marguerite, avait répondu le jeune homme en venant se rasseoir à côté d'elle.

La jeune fille que nous venons de désigner sous le nom de Marguerite était, à tous égards, digne de porter ce nom, si nous lui donnons pour patronne la poétique création de Gœthe, qui faisait alors fureur en Allemagne.

Elle était blonde comme une vraie fille d'Arminius, avec des yeux bleus couleur de ciel; ses longs cheveux, lorsqu'elle les déroulait, tombaient jusqu'à terre, et, lorsqu'elle se penchait au bord de l'Abens, pour se regarder comme une ondine dans l'eau transparente de la rivière, l'eau, qui, en murmurant d'étonnement, allait se jeter dans le Danube, croyait avoir reflété l'image de quelque femme changée en fleur, ou de quelque fleur changée en femme.

Sa sœur n'était encore qu'une de ces charmantes enfants roses et blanches qui jouent sur le sable d'or que le destin sème à pleines mains sur le sentier délicieux par lequel on entre dans la vie.

Quant à l'étudiant qui, entendant chanter la marche du major Schill, avait été coller sa tête aux carreaux, et qui, sur l'appel de Marguerite, était venu se rasseoir auprès d'elle, c'était, comme nous l'avons dit, un jeune homme d'une vingtaine d'années, de taille moyenne, un peu amaigri, soit par la fatigue, soit par les veilles, soit par une de ces pensées terribles qui transpirent sur la figure des Cassius et des Jacques Clément; de longs cheveux blonds, bouclés naturellement, tombaient sur ses épaules; sa bouche était petite, mais ferme de contours, et laissait, en s'ouvrant, voir des dents blanches comme des perles; une indéfinissable expression de mélancolie était répandue sur son visage.

« Rien! » avait-il répondu en venant se rasseoir près de Marguerite; mais cette réponse n'avait point rassuré la jeune fille; et, quoiqu'elle n'eût pas répliqué, quoique, en apparence même, elle se fût remise à travailler avec plus d'attention, Frédéric, qui la couvrait de son regard ardent, avait pu voir deux larmes silencieuses s'amasser aux longs cils de ses paupières, trembler un instant à leur extrémité comme deux perles, et tomber sur la tapisserie.

La petite fille, qui avait quitté le coin où elle jouait pour venir demander à Marguerite un conseil sur l'habillement de sa poupée, vit aussi tomber ses larmes; car, avec l'indiscrète et naïve curiosité des enfants, elle demanda :

— Pourquoi donc pleures-tu, sœur Marguerite? Est-ce que Frédéric te fait encore du chagrin?

Ces mots allèrent frapper l'étudiant au plus profond de son cœur.

Il se laissa glisser aux pieds de la jeune fille.

— Oh! Marguerite! chère Marguerite, dit-il, pardonne-moi! — Quoi? demanda la jeune fille en levant sur son amant ses beaux yeux, encore tout humides de cette rosée du cœur qu'on appelle les larmes. — Pardonne-moi ma tristesse, ma préoccupation, ma folie même!

La jeune fille secoua la tête, mais ne répondit rien.

— Écoute, reprit Frédéric, il y a peut-être encore un moyen pour que nous soyons heureux. — Oh! lequel? dites! répondit la jeune fille; et, s'il est en mon pouvoir de vous aider à cette œuvre des anges qu'on appelle le bonheur, dussé-je y sacrifier ma vie, vous serez heureux, Staps! — Eh bien! obtenons de votre père de nous marier sans retard, et, une fois mariés, fuyons! quittons l'Allemagne; allons dans quelque coin du monde où le nom de *cet homme* ne soit point parvenu! — Vous demandez là deux choses impossibles, mon pauvre Frédéric, répondit la jeune fille. Quitter mon père! vous savez bien, lorsque vous m'avez dit pour la première fois que vous m'aimiez, et que je vous ai répondu, dans la simplicité de mon cœur, que je vous aimais aussi, vous savez bien qu'une condition sans réplique a été mise par moi à notre union. — Oui, dit Fritz en se relevant et en serrant sa tête entre ses deux mains, oui, de ne pas quitter votre père, c'est vrai.

Et, après avoir fait quelques pas dans la chambre, il alla tomber, près de la fenêtre, sur un fauteuil.

La jeune fille se leva à son tour, et vint s'agenouiller devant lui.

— Voyons, dit-elle, soyez raisonnable, Fritz! vous qui savez notre position.

vous qui connaissez le peu de fortune de mon père; ma mère, en mourant, l'a laissé avec une enfant presque au berceau, et, moi, j'ai remplacé ma mère dans les soins du ménage et dans ceux qu'il s'agissait de rendre à Lieschen... — Je sais, Marguerite, que vous êtes un ange, et vous ne m'apprenez rien de nouveau en me disant cela. — J'aurais pu croire que vous l'aviez oublié cependant, Frédéric, vous qui me proposez de nous marier, pour fuir et pour abandonner mon père. — Mais, si votre père y consent?... — O cœur égoïste! dit la jeune fille. Sans doute, il y consentira, parce que dans une main il mettra mon bonheur, dans l'autre son isolement, et qu'il aimera mieux vivre seul et que sa fille soit heureuse! — Il ne vivra point seul, Marguerite, puisqu'il aura près de lui la petite Lieschen. — Et quel service voulez-vous que lui rende une enfant de huit ans, si ce n'est de lui faire la vie impossible? La cure de mon père lui rapporte quatre cents thalers; eh bien! grâce à mon économie, cette somme suffit à nos besoins à tous trois; mais, quand une autre femme que moi sera entrée ici, quatre cents thalers suffiront-ils seulement à l'existence de deux personnes? — Mes parents ont quelque fortune, Marguerite : ils feront un sacrifice, et votre père ne manquera de rien. — Que de sa fille, ingrat! que de sa fille, que vous lui aurez enlevée! O Staps! quand vous êtes entré, par un beau soir de printemps, dans cette maison; que vous en avez salué les habitants, les meubles et jusqu'aux murailles de ces paroles amies : « Dieu et le bonheur soient avec les cœurs purs et les humbles fortunes! » cela voulait-il dire : « Monsieur Stiller, vous recevez chez vous un homme qui se fera aimer de votre fille Marguerite, et qui, lorsqu'il sera aimé d'elle, en récompense de votre paternel accueil, de votre cordiale hospitalité, fera tout ce qu'il pourra pour vous enlever votre fille, sous le prétexte qu'il ne peut vivre heureux que dans un pays où le nom de Napoléon ne soit point parvenu? » — Oh! Marguerite! Marguerite! je ne puis, cependant, être heureux qu'à cette condition, je vous le jure!... Et, encore, murmura-t-il d'une voix presque inintelligible, ne serai-je heureux qu'en manquant aux serments les plus sacrés!

Soit que Marguerite n'eût point entendu cette seconde partie de la phrase, que le jeune homme avait brisée entre ses dents, soit que, l'ayant entendue, elle ne l'eût point comprise, elle ne répondit qu'à la première.

— Vous ne pouvez être heureux que dans un pays où le nom du terrible empereur ne soit point parvenu, dites-vous? Où est ce pays, en quel lieu du monde est-il situé? Vous avez sans doute un moyen, mon pauvre cher insensé, d'atteindre une des étoiles qui planent au-dessus de nous; et, encore, qui vous dit que les habitants de cette planète ne se penchent pas pour voir ce qui se passe dans notre monde? — Vous avez raison, répondit Frédéric en essayant de sourire; et c'est moi qui suis un fou! — Non, Fritz, dit Marguerite avec une profonde tristesse; non, vous n'êtes pas un fou. Je vais vous dire ce que vous êtes. — Marguerite... — Vous êtes un conspirateur, Fritz. — On n'appelle pas conspirateur celui qui veut affranchir son pays! s'écria le jeune homme.

Et de ses yeux jaillit un double éclair.

— On appelle conspirateur, mon ami, quiconque fait partie d'une société secrète, d'une affiliation mystérieuse. Voyons, regardez-moi en face, et osez me dire que vous n'appartenez pas à la Burschenschaft *! — Pourquoi le nie-

* Réunion de toutes les universités dans une confrérie générale.

rais-je? Tout ce qu'il y a de cœurs loyaux en Allemagne n'est-il pas avec nous? — Osez dire, Frédéric, que ce chant du major Schill que vous venez d'entendre, qui vous a fait tressaillir, vous lever, aller à la fenêtre, n'est point un signal! — Marguerite, répondit Fritz, voyez combien je vous aime, et combien cet amour que j'ai pour vous est prêt à me faire commettre de honteuses choses. Oui, j'appartiens à l'Union de Vertu; oui, je suis un des *wissende** ; oui, ce chant est un signal; oui, ce que vous n'avez pas dit, l'Antechrist est à huit lieues de nous; eh bien, si vous me disiez: « Frédéric, partons, et soyons heureux! vivons l'un pour l'autre et l'un par l'autre! » j'oublierais mes amis, mes serments; j'oublierais l'Allemagne, et je partirais avec vous, Marguerite, quitte à ce que mon nom fût cloué avec un poignard au poteau infamant! Osez dire, maintenant, que je ne vous aime pas. — Eh bien, à votre tour, Frédéric, vous allez voir si je vous aime aussi, moi. Pourquoi ne prenez-vous pas un fusil? pourquoi ne vous rangez-vous point parmi les défenseurs de l'Allemagne? pourquoi ne combattez-vous pas au nom de votre pays? vous risqueriez votre vie, c'est vrai; mais tout véritable Allemand doit sa vie à l'Allemagne. — J'y ai pensé, Marguerite; mais cet homme est enchanté : comme les anciens chevaliers de nos légendes, il passe au milieu du feu, des balles et des boulets, et le feu s'éteint, les balles dévient, les boulets s'écartent! — Oui, n'est-ce pas, et le fer est plus sûr? — Marguerite... — Fritz, voici mon père! par grâce, cache-lui ce que tu n'as pas pu me cacher : il te maudirait et te chasserait! — Est-il donc si mauvais Allemand et si bon Français? dit Fritz avec un sourire d'amertume. — Il n'est ni Allemand ni Français, Staps : il est chrétien! il déplore toutes les guerres que les souverains appellent des rencontres glorieuses, et que lui appelle de cruelles boucheries, et son bon cœur lui fait faire ce rêve impossible, de voir les hommes s'aimer au lieu de se haïr!

Et, tandis que la petite Lieschen, quittant sa poupée et ses joujoux, courait au-devant du pasteur Stiller, Marguerite se remit à sa tapisserie, où roulèrent deux nouvelles larmes qu'elle n'essaya pas même de cacher comme les premières.

Le pasteur rentrait, profondément triste, presque abattu. Il embrassa ses deux filles, et tendit la main à Frédéric.

— Eh bien, demanda Staps, quelles nouvelles? — Tenez, dit le pasteur, écoutez.

Chacun prêta l'oreille, et l'on entendit les trompettes autrichiennes qui sonnaient la *Marche de Lutzow*.

— Ah! s'écria avec joie Frédéric, les voilà enfin, les vengeurs!

Et il s'élança hors de la maison, pour être un des premiers à saluer ces soldats que l'archiduc Charles intitulait les *sauveurs de l'Allemagne*.

C'était le corps d'armée du général autrichien Thierry qui allait prendre position à Arnhofen.

A l'instant même, des éclaireurs furent envoyés sur la route de Ratisbonne.

Le résultat des renseignements pris fut que Napoléon était arrivé le matin même à Donauwœrth.

Il serait difficile de dire l'impression que cette nouvelle fit sur les soldats autrichiens; mais, à coup sûr, elle eut l'influence d'exalter la haine des étu-

* *Qui savent, qui sont du secret;* terme qui remonte aux temps de l'ancien tribunal de la sainte-Wehme.

diants des différentes universités qui, on ne savait pourquoi, depuis quelque temps semblaient s'être donné rendez-vous dans la petite ville d'Abensberg.

Une seconde fois, quatre étudiants, se tenant par-dessous le bras, parcoururent la ville en chantant la chanson du major Schill, comme s'ils eussent craint qu'elle n'eût point été entendue de tous la première fois.

A part cette arrivée de Napoléon à Donauwœrth, toutes les autres nouvelles étaient vagues : les officiers autrichiens, et même le général en chef, n'avaient aucun détail certain sur la position de l'armée française; ils savaient seulement que le gros de nos troupes était à Ratisbonne et à Augsbourg.

On fit une halte; on hésitait à se hasarder, sans renseignements plus positifs, dans ce pays boisé et coupé d'une foule de petites rivières.

La nuit vint; les postes furent placés avec toutes les précautions de mots d'ordre et de gisement que l'on prend devant l'ennemi. Il y avait des sentinelles partout, et jusqu'au pont-levis du vieux château en ruine d'Abensberg.

Les sentinelles étaient relevées d'heure en heure. Celle qui veillait, de minuit à une heure du matin, à ce poste du vieux château vit, au moment où venait de sonner le dernier coup de minuit, s'approcher d'elle deux hommes enveloppés de manteaux.

Elle cria : « Qui vive? »

— Amis! répondit en allemand un des deux hommes.

Puis, s'approchant de la sentinelle, et ouvrant son manteau pour prouver qu'il n'était porteur d'aucune arme ni offensive ni défensive, il lui donna le mot d'ordre avec une telle exactitude, que la sentinelle ne fit aucune difficulté de le laisser passer, lui et son compagnon.

Les deux hommes prirent le pont-levis et s'enfoncèrent dans les ruines.

Cinq minutes après, un autre apparut.

Le même cri de « Qui vive? » se fit entendre, les mêmes précautions furent prises, le même mot d'ordre fut donné.

Quatorze personnes, également enveloppées de manteaux bruns, passèrent ainsi entre minuit et minuit un quart, marchant tantôt isolément, tantôt par groupes de deux et même de trois, jamais davantage.

A peine passé, chacun des mystérieux adeptes tirait un masque noir de dessous son manteau, et l'appliquait sur son visage.

Minuit un quart sonnait au moment où se présentaient les deux derniers, qui complétaient le nombre seize.

Ce sont ceux-là que nous suivrons.

Comme les autres, ils franchirent le pont-levis; comme les autres, ils s'enfoncèrent dans les ruines; mais, arrivé près d'un gignantesque pilier où semblait s'arc-bouter toute une voûte, celui des deux hommes qui marchait devant l'autre s'arrêta.

— Lieutenant, dit-il tout bas et en français, souvenez-vous que ce n'est point une escapade d'enfants que nous faisons : reconnus l'un ou l'autre, nous sommes morts! — Je le sais, répondit le second; mais croyez-vous qu'on puisse me reconnaître à mon accent? — Allons donc! vous parlez allemand comme un Allemand, et, si l'on vous reconnaît, ce ne sera point à vos paroles. — Alors, à quoi veux-tu que l'on me reconnaisse? Ce n'est pas à mon visage, puisque nous sommes masqués! — Il viendra un moment où il faudra ôter votre masque. — C'est la première fois que je viens à Abensberg, et j'étais depuis hier seulement à Ratisbonne. — Réfléchissez bien. — J'ai réfléchi. — Encore une fois, ce n'est point un jeu d'enfants qui se joue là-dedans, quoique ce soient des enfants qui le jouent : il y va de la vie; sur un soupçon, vous êtes poignardé! — Tu parles de la vie comme d'une chose importante à un homme qui joue tous les jours la sienne sur un champ de bataille. — Sur un champ de bataille, oui, très-bien, à la lumière du jour, pour gagner une seconde épaulette ou une croix; mais ici, s'il vous arrive malheur, si vous êtes tué, c'est obscurément que la chose arrivera, dans les ténèbres, au fond d'une cave! Tout le monde ne se soucie pas d'être frappé dans le dos, ou étranglé entre deux portes, comme un czar russe ou un vizir ottoman. — Maître Schlick, dit d'une voix ferme celui à qui on essayait d'inspirer de pareilles craintes, j'ai reçu une mission, et je l'accomplirai. — Soit, dit l'espion; j'ai dû vous avertir, libre à vous de faire selon votre fantaisie. — Je suis averti. — En cas de danger, ne comptez en rien sur mon aide; je ne pourrais que me perdre avec vous, et cela sans vous sauver. Je tiens fort aux napoléons de Sa Majesté l'empereur des Français; mais je tiens encore plus à ma tête. — Je n'ai rien à réclamer de toi que la chose à laquelle tu t'es engagé : m'introduire parmi les frères de l'Union de Vertu, et me présenter à eux comme un adepte. — Remarquez qu'au moindre danger je vous renie, et plutôt trois fois qu'une, comme saint Pierre. — Je te le permets. — Vous persistez? — Je persiste. — Alors, n'en parlons plus.

Sur cette réponse, maître Schlick poussa un ressort caché dans les sculptures du pilier, lequel tourna sur lui-même et découvrit une ouverture étroite, mais assez large cependant pour qu'un homme pût y passer.

Un escalier dont la première marche s'offrait à fleur de terre semblait conduire à une salle souterraine; il était éclairé par une lampe suspendue dans l'intérieur même du pilier, qui pouvait avoir douze pieds de circonférence extérieure.

Le guide, à travers son masque noir, jeta un dernier regard sur son compagnon comme pour lui dire : « Il est temps encore! »

Et, en effet, on était hors de vue de la sentinelle; on n'entendait aucun bruit dans les vieilles ruines, et un ciel noir, sans étoiles et sans lune, semblait peser sur les déchirures que la main du temps avait faites aux gigantesques murailles.

— Allons! dit celui des deux compagnons qui nous est inconnu.

Comme s'il n'eût attendu que ce dernier mot, le guide s'engagea dans l'escalier tournant.

L'inconnu le suivit.

Derrière eux la porte se referma.

Arrivé au bas de l'escalier, celui qui servait de guide à l'autre rencontra une porte de bronze et y frappa trois coups à intervalles égaux; chacun de ces trois coups résonna sur la porte comme s'il eût été frappé contre un tam-tam.

— Attention! dit Schlick, la porte va s'ouvrir, et le veilleur nous attend de l'autre côté.

La porte s'ouvrit en effet, et un homme masqué se présenta à l'ouverture; c'était le veilleur.

— Quelle heure est-il? demanda le veilleur aux deux compagnons. — L'heure où le jour se lève, répondit Schlick. — Que fais-tu de si bon matin? — Je me lève avec le jour. — Pourquoi faire ? — Pour frapper. — D'où viens-tu ? — De l'occident. — Par qui es-tu envoyé ? — Par le vengeur. — Donne la preuve de ta mission ? — La voici.

Et il présenta au veilleur une petite planchette de bois de forme octogone, pareille à celles qui pendent aux clefs des auberges d'Allemagne.

Sur cette planchette était écrit le mot BADEN.

Le veilleur vérifia l'identité; puis il laissa tomber le signe de reconnaissance du nouveau venu dans une urne où il avait déjà déposé les planchettes des frères qui avaient précédé Schlick.

— Et celui-ci, demanda le veilleur à Schlick en lui désignant du doigt l'inconnu, quel est-il ? — Un aveugle, répondit ce dernier en excellent allemand. — Que viens-tu chercher ici ? demanda le veilleur. — La lumière. — As-tu un parrain ? — J'ai pour parrain celui qui me précède. — Répond-il de toi ? — Demande la chose à lui-même. — Réponds-tu de celui que tu nous présentes, frère ? — J'en réponds. — C'est bien, dit le veilleur ; qu'il entre dans la chambre des méditations. Quand l'heure de le recevoir sera venue, on le fera appeler.

Et, ouvrant une porte creusée dans la muraille, il introduisit le compagnon de maître Schlick dans une espèce de cachot éclairé par une lampe, et n'ayant pour tout ameublement qu'un siége et une table de pierre, pareils à ceux où, selon la légende du Rhin, est assis et dort d'un sommeil enchanté, et jusqu'à ce que l'Allemagne se réveille pour proclamer son unité, l'empereur Frédéric Barberousse.

Quant à Schlick, laissant son jeune camarade à ses méditations, il s'avança vers une grille qui donnait entrée dans la salle principale.

La grille, poussée par le veilleur, s'ouvrit devant lui.

V

L'UNION DE VERTU.

Cette grille donnait, comme nous l'avons dit, sur une salle souterraine : cette salle s'appelait la salle du conseil ; elle était toute tendue de noir, et éclairée par une seule lampe qui descendait du plafond, soutenue par une chaîne de fer.

Au-dessous de la lampe était un monceau d'armes composé de fusils, d'épées et de pistolets entassés sans aucun ordre, mais disposés cependant de façon à ce qu'en cas d'alerte chacun pût à l'instant même, spontanément, d'un seul bond, choisir l'arme qui lui conviendrait. La lumière de la lampe tombait sur les canons des fusils et des pistolets, sur les lames des sabres et des épées, et en rejaillissait en éclairs menaçants.

De l'autre côté du monceau d'armes, en face de la grille d'entrée, s'élevait une table de marbre noir destinée au président du sombre conciliabule, et posée sur une estrade de trois marches.

Derrière la table se dressait le dossier du siége présidentiel, surmonté d'un aigle de bronze qui n'était ni l'aigle à deux têtes de la vieille maison de Hapsbourg, ni l'aigle à deux têtes de la vieille maison de Prusse, ni l'aigle byzantin de Charlemagne; ce siége tenait à la fois du fauteuil et du trône.

Seize barils pleins de poudre, placés circulairement de chaque côté de la pyramide d'armes, servaient de siéges aux affiliés; ces barils indiquaient qu'en cas de surprise, il était du devoir des membres de l'association de se faire sauter et de faire sauter leurs compagnons, plutôt que de se rendre.

Une seule porte donnait entrée dans la salle.

Peut-être, sous la tenture noire que nous avons signalée, existait-il d'autres portes; mais, s'il en existait, elles étaient cachées aux regards, et connues des seuls *voyants*.

Comme la grille se refermait derrière Schlick, la demi-heure après minuit sonna à une pendule invisible.

Un homme masqué se détacha d'un des groupes que formaient les affiliés, et, montant sur l'estrade :

— Frères, dit-il, écoutez-moi !

On fit silence, et chacun se tourna vers celui qui demandait la parole.

— Frères, répéta-t-il, la nuit s'avance, le temps s'écoule.

Puis s'adressant au veilleur :

— Veilleur, demanda-t-il, combien de voyants? — Seize, moi compris, répondit le veilleur. — Alors, le dix-septième est traître, prisonnier ou mort, dit le personnage qui avait la question ; car qui oserait manquer au rendez-vous, quand ce rendez-vous a pour but la délivrance de l'Allemagne? — Frère, reprit le veilleur, le dix-septième n'est ni traître, ni prisonnier, ni mort : il monte la garde à la porte, sous l'habit d'un soldat autrichien.

— En ce cas, la séance peut s'ouvrir?

Les têtes s'inclinèrent en signe d'assentiment.

— Frères, continua le même orateur, n'oublions pas que, de même qu'au congrès chaque ministre représente un roi, de même, ici, chacun de nous représente un peuple. Veilleur, appelez les noms.

Le veilleur prononça l'un après l'autre les noms suivants :

— Baden, Nassau, Hesse, Wurtemberg, Westphalie, Autriche, Italie, Hongrie, Bohême, Espagne, Tyrol, Saxe, Luxembourg, Hanovre, Holstein, Mecklembourg, Bavière.

A l'appel de chacun de ces noms, excepté à celui de Hanovre, il fut répondu : « Présent. »

C'était le représentant du Hanovre qui faisait sentinelle au dehors.

— Tirez un de ces noms de l'urne, continua l'homme qui avait déjà parlé, et le frère que ce nom désignera sera notre président.

Le veilleur plongea la main dans l'urne, et en tira une petite tablette de bois.

— Hesse, dit-il. — C'est moi, répondit un des affiliés.

Et, tandis que le frère qui avait jusqu'alors porté la parole descendait les trois marches de l'estrade, le président qui venait d'être désigné par le sort montait, et allait s'asseoir devant la table de marbre.

— Frères, dit-il, prenez place.

Les quinze affiliés s'assirent ; un des siéges resta vide : c'était le siége du représentant de Hanovre.

— Frères, dit le président, il s'agit de recevoir un nouvel affilié, et de tirer au sort qui de nous sera le vengeur. Procédons d'abord à la réception, et ensuite nous ferons le tirage au sort. Quel est le parrain du nouveau frère? — Moi, dit Schlick en se levant. — Qui, toi? — Baden. — C'est bien; que les deux plus jeunes frères se lèvent et aillent chercher le récipiendaire.

Chacun des affiliés dit tout haut son âge; puis les deux plus jeunes frères, qui étaient les représentants de la Bavière et du Tyrol, ayant, l'un vingt, et l'autre vingt et un ans, se levèrent et allèrent chercher le néophyte, qui apparut un instant après à la grille où l'attendait son parrain.

Il avait les yeux bandés.

Ceux qui l'amenaient lui firent faire quatre ou cinq pas dans la salle, puis s'écartèrent et allèrent se rasseoir à leurs places.

Seul, le parrain du récipiendaire resta près de lui.

Un silence profond s'établit; tous les yeux se tournèrent vers le néophyte; puis, au milieu du silence, on entendit la voix du président qui demandait d'un ton impérieux :

— Frère, quelle heure est-il? — L'heure où le maître veille et où l'esclave dort, répondit le récipiendaire. — Comptez-la. — Je ne l'entends plus depuis qu'elle sonne pour le maître. — Quand l'entendrez-vous? — Quand elle aura réveillé l'esclave. — Où est le maître? — A table. — Où est l'esclave? — A terre. — Que boit le maître? — Du sang. — Que boit l'esclave? — Ses larmes. — Que voulez-vous faire de tous les deux? — Je veux asseoir l'esclave à table, et coucher le maître à terre. — Êtes-vous maître, ou êtes-vous esclave? — Ni l'un ni l'autre. — Qu'êtes-vous donc? — Je ne suis rien encore; mais j'aspire à devenir quelque chose. — Quoi? — Voyant. — En savez-vous les fonctions? — Je les apprends. — Qui vous les enseigne? — Dieu. — Avez-vous des armes? — J'ai cette corde et ce poignard. — Qu'est-ce que cette corde? — Le symbole de notre force et de notre union. — Qu'êtes-vous selon ce symbole? — Je suis un des fils de ce chanvre, que l'union a rapprochés, et que la force a tordus. — Pourquoi avez-vous pris cette corde? — Pour lier et pour étreindre. — Pourquoi ce poignard? — Pour couper et pour désunir. — Êtes-vous prêt à jurer que vous ferez usage de cette corde et de ce poignard contre tout condamné dont le nom sera inscrit au livre de sang? — Oui. — Jurez-le. — Je le jure. — Vous dévouez-vous à la corde et au poignard vous-même, s'il vous arrivait de trahir le serment que vous venez de faire sur le glaive et sur la croix? — Je m'y dévoue*! — C'est bien; vous êtes reçu au nombre des amis de l'Union de Vertu. Et maintenant vous êtes libre, selon que votre cœur est confiant ou défiant, de rester masqué.

Le jeune homme, sans hésitation, enleva d'un seul mouvement son bandeau et son masque; en même temps, il laissa tomber son manteau.

— Qui ne craint rien, dit-il, peut regarder et être regardé à visage découvert.

On vit alors un beau jeune homme de vingt-cinq à vingt-six ans, à l'air militaire, aux yeux bleus, aux cheveux et à la moustache châtain foncé, vêtu d'un costume complet d'étudiant, quoique, selon toute apparence, il eût quitté, depuis plusieurs années, les bancs de l'université.

* Nous reproduisons la formule exacte de l'affiliation. *Voir*, pour plus amples détails, le drame de *Léo Burckart*, que nous avons fait, il y a quelque seize ans, avec Gérard de Norval, et l'excellente préface sur les sociétés secrètes d'Allemagne, que notre cher collaborateur et ami a faite tout seul.

Mais, au moment où tous les yeux étaient tournés vers lui, la porte de bronze fermant la sortie ménagée dans le pilier central s'ouvrit brusquement, et le dix-septième affilié, qui représentait le Hanovre et qui montait la garde au dehors, entra tout effaré.

— Frères, dit-il, nous sommes perdus! — Qu'y a-t-il? demanda le président. — Il y a que plus de cent personnes sont entrées dans les ruines, qui m'ont dit le mot d'ordre, que par conséquent j'ai pris pour des frères, et qui sont probablement des ennemis prêts à nous envelopper! — Qui vous le fait croire? — D'abord, parce que vous n'êtes que seize ici. — Puis?... — Puis, relevé de ma faction, je suis entré à mon tour dans les ruines; mais, au lieu de descendre, soupçonnant quelque trahison, je me suis caché derrière un pan de mur, et j'ai épié celui qui me succédait, et qui n'est point un des nôtres. Au bout de quelques instants, une troupe de cinquante hommes à peu près, parfaitement armée, est venue à lui : le chef de la troupe a avancé à l'ordre, et la sentinelle a laissé passer troupe et chef, qui se sont dispersés dans les ruines. Alors je me suis élancé pour vous prévenir, et j'espère arriver à temps, sinon pour vous sauver, du moins pour mourir avec vous... Aux armes, frères! aux armes!

Il y eut un moment de confusion terrible pendant lequel chacun courut à l'arsenal, et se munit de l'arme qui lui convint. Au milieu du désordre, Schlick, s'approchant du récipiendaire, lui dit rapidement :

— Remettez votre masque, et tâchons de fuir; la salle a plusieurs issues. — Je remettrai mon masque, mais je ne fuirai pas, répondit le jeune homme. — Alors, armez-vous et combattez!

Le jeune homme s'élança vers le monceau d'armes; mais, pendant son entretien avec Schlick, si court qu'il eût été, ses compagnons s'étaient emparés des fusils et des pistolets; de sorte qu'il ne lui resta qu'une épée. Pendant ce temps aussi, on avait entendu du côté du pilier comme un bruit d'armes, et tout à coup, par la porte de bronze, que, dans sa précipitation, le représentant de Hanovre avait mal refermée, on vit paraître la pointe menaçante des baïonnettes.

— Feu! cria le président.

Dix affiliés obéirent; mais on n'entendit que le coup sec de la pierre sur la batterie, et l'on ne vit que des étincelles jaillissant au choc.

— Nous sommes trahis! s'écrièrent les étudiants : ces fusils ont été déchargés. Aux portes secrètes, frères! aux portes secrètes!

Et les affiliés, comme des gens qui ont prévu le danger, s'élancèrent vers différents points de la tapisserie; mais la tapisserie se déchira aussitôt en cinq ou six endroits, et à travers chaque déchirure on vit briller des armes.

Les étudiants s'arrêtèrent, regardèrent tout autour d'eux : ils étaient enfermés dans un cercle de baïonnettes; cent cinquante soldats revêtus de l'uniforme bavarois les enveloppaient.

— Frères, dit le président, il ne nous reste plus qu'à mourir!

Puis, tout bas :

— Le feu aux poudres! commanda-t-il.

L'ordre circula dans les rangs, et, comme s'ils eussent cédé devant les baïonnettes, les conspirateurs, par une manœuvre aussi habilement combinée que les autres, reculèrent de la circonférence au centre, suivis et pressés par les soldats bavarois qui les serraient de plus en plus.

Arrivés au centre, les étudiants s'armèrent de fusées d'artilleur préparées à l'avance pour cette extrémité; puis chacun d'eux alluma sa fusée, et s'élança vers le tonneau qui lui servait de siége.

Mais un cri de rage retentit: à la mèche soufrée et roulée dans la poudre, on avait substitué une mèche ordinaire qui refusait de prendre feu.

— Trahis! vendus! crièrent de tous côtés les étudiants en jetant leurs armes.

— Diable! fit Schlick à l'oreille de son compagnon, il me semble que cela va mal!... Il est vrai, ajouta-t-il en parlant plus bas encore, que nous nous tirerons toujours d'affaire en disant qui nous sommes, puisque les Bavarois sont les alliés de votre empereur.

Le jeune homme parcourut le cercle de soldats avec un regard dont on pouvait voir l'éclair même à travers son masque, et, brisant son épée au lieu de la rendre:

— C'est égal, dit-il, j'aurais désiré que l'on pût se battre, fût-ce même contre des alliés.

Et il alla se confondre dans le groupe des étudiants.

En ce moment le cercle des soldats bavarois était tellement resserré, qu'ils n'avaient plus que cinq ou six pas à faire pour que les baïonnettes touchassent les poitrines des dix-huit conspirateurs.

— Messieurs, dit le capitaine qui commandait la troupe, au nom du roi Maximilien de Bavière, vous êtes prisonniers! — C'est possible, dit le président, car nous sommes sous le règne de la force; seulement, nous sommes prisonniers, et non rendus. — Peu m'importe, répondit l'officier; je ne suis pas venu ici pour jouer sur les mots, j'y suis venu pour faire mon devoir en accomplissant les ordres que j'ai reçus. — Amis, s'écria le président, prisonniers du roi de Bavière, aux mains du roi de Bavière, prêts à périr sous les coups du roi de Bavière, quel est le jugement que vous portez contre lui? — Le roi de Bavière, dit une voix, est un traître. — Qu'il soit rayé de la grande famille germanique! dit un autre. — Qu'il cesse de s'intituler prince allemand, et qu'il signe: *Allié des Français!* — Que tout membre d'une de nos sociétés secrètes ait le droit de le frapper du poignard! — Que tout membre de la société humaine ait le droit de lui cracher au visage! — Silence! dit l'officier d'une voix terrible. — Vive l'Allemagne! crièrent tous les étudiants d'une seule voix. — Silence! répéta l'officier, et que l'on se range sans résistance sur une seule ligne. — Soit, dit le président, si c'est pour nous fusiller. Véritables soldats de l'Allemagne, à vos rangs!

Chacun prit son rang, la tête haute, le regard menaçant.

Le capitaine tira un papier de sa poche, et lut:

« Le capitaine Ernest de Mühldorf prendra cent cinquante hommes, enveloppera et fouillera les ruines du château d'Abensberg, qui sert de réceptacle à une bande de conspirateurs; il arrêtera tous ceux qu'il trouvera dans la salle dite du conseil, qui est l'ancienne salle du tribunal secret; il les fera placer sur un rang: s'ils sont dix, il en fusillera un; s'ils sont vingt, il en fusillera deux, et ainsi de suite. L'exécution faite, les autres seront remis en liberté.

Munich, le 16 avril 1809.

« MAXIMILIEN. »

— Vive l'Allemagne! crièrent pour toute réponse les prisonniers. — Eh! dites donc, fit à voix basse Schlick à son compagnon, tâchez donc de changer de place, lieutenant : je crois que vous êtes justement le dixième.

Mais celui auquel il s'adressait ne répondit pas, ne bougea point.

— Messieurs, reprit le capitaine, je ne sais pas ce que vous êtes, vous; mais, moi, je suis soldat, et un soldat n'a que sa consigne. La justice militaire est expéditive, et je suis chargé de faire justice. — Faites! répondit une voix. — Faites! répondirent en chœur toutes les voix.

Le capitaine compta de droite à gauche jusqu'à dix.

Comme l'avait dit Schlick, son compagnon le nouveau voyant était le dixième.

— Sortez des rangs, dit le capitaine.

Le jeune homme obéit.

— C'est vous qui payerez la dîme du sang, Monsieur, dit le capitaine. — C'est bien, Monsieur, répondit le récipiendaire d'une voix calme. — Êtes-vous prêt? — Je le suis. — Avez-vous quelques dispositions à faire? — Aucune. — Vous n'avez pas de parents... pas d'amis... pas de famille? — J'ai un frère. L'homme qui m'a servi de parrain, et qui à la lettre d'ordonnance que vous venez de nous lire, doit être libre quand j'aurai payé pour tous; cet homme connaît mon frère, et il lui dira comment je suis mort. — Êtes-vous catholique ou protestant? — Je suis catholique. — Peut-être désirez-vous un prêtre? — Je risque la mort tous les jours, et Dieu, qui lit dans mon cœur, sait que je n'ai rien à me reprocher. — Vous ne demandez donc ni grâce ni sursis? — Je suis pris les armes à la main, conspirant contre l'allié du roi de Bavière, et, par conséquent, contre le roi de Bavière lui-même : faites de moi ce que vous voudrez. — Alors, préparez-vous à mourir. — Je vous ai dit que j'étais prêt. — Vous êtes libre de garder votre masque, ou de l'ôter; si vous le gardez, vous serez enterré avec lui, et nul ne saura qui vous êtes. — Mais, si je le garde, on pourra croire que c'est pour cacher ma pâleur; je l'ôte.

Et le jeune homme, arrachant son masque, montra un visage souriant.

Ce fut un murmure d'admiration parmi les affiliés.

Un soldat bavarois s'approcha du prisonnier, tenant à la main un mouchoir tout plié.

Le prisonnier écarta de sa main l'homme et le mouchoir.

— Vous m'avez demandé tout à l'heure si j'avais quelque grâce à réclamer, continua le jeune homme avec la même fermeté de voix, la même dignité de regard; j'en ai une. — Laquelle? demanda le capitaine. — Je suis soldat comme vous, Monsieur, officier comme vous; je demande à ne pas avoir les yeux bandés, et à commander le feu. — Accordé! — Eh bien, alors, dit le jeune homme, c'est moi qui vous attends.

Un des affiliés sortit des rangs, et, lui tendant la main :

— Frère, dit-il, au nom de la Bavière, je te salue martyr!

Les dix-sept autres en firent autant, chacun au nom d'un peuple.

Le capitaine les laissa faire, vaincu sans doute par cette toute-puissance que prend le courage sur le cœur d'un soldat.

Le prisonnier alla de lui-même se placer contre la muraille.

— Suis-je bien ici, capitaine? demanda-t-il.

Le capitaine fit un signe affirmatif.

— Huit hommes! dit le capitaine.

Huit hommes s'avancèrent.

— Mettez-vous à dix pas du condamné, sur deux rangs, et obéissez au commandement.

Les huit hommes allèrent se placer à dix pas.

— Les armes sont chargées? demanda le condamné.— Oui, répondit le capitaine. — Cela abrége ma besogne, dit en souriant le jeune officier.

Puis, à voix haute :

— Attention, camarades! dit-il.

Les regards des dix hommes se fixèrent sur lui.

— Portez armes!

Les soldats obéirent au commandement.

— Présentez armes!

Le mouvement suivit l'ordre avec une précision toute militaire.

— En joue..., continua le condamné.

Le canon des huit fusils s'abaissa dans sa direction.

— Mon parrain, dit-il en s'interrompant et avec un sourire, approchez une lumière de mon visage, afin que vous puissiez témoigner que votre filleul vous fait honneur. — C'est inutile, Monsieur, dit le capitaine : nous reconnaissons que vous êtes un brave. — En ce cas, feu!

Les huit coups partirent et ne firent qu'une seule détonation ; mais, à son grand étonnement, le condamné, non-seulement resta debout, mais encore ne ressentit aucune douleur.

— Vive l'Allemagne! crièrent d'une seule voix étudiants et soldats. — Qu'y a-t-il donc? demanda le condamné se tâtant et doutant qu'il vécût encore. — Il y a, dit Schlick, que c'était une épreuve, et que vous vous en êtes glorieusement tiré! — Vive l'Allemagne! répétèrent toutes les voix. — A présent, dit au filleul de Schlick le même jeune homme qui était venu lui serrer la main le premier en le saluant martyr, à présent, frère, il t'est permis de pâlir, il t'est permis de trembler.

Le jeune officier se détacha de la muraille, et, allant à celui qui lui adressait la parole, il lui prit la main, et pour toute réponse l'appliqua sur son cœur.

— Je m'incline devant toi, dit le jeune homme; car mon cœur bat plus vite que le tien. — Et maintenant, frères, demanda le prisonnier redevenu libre, le condamné rendu à la vie, n'avions-nous pas une œuvre à accomplir? — Frères, dit le président au capitaine et à ses soldats, retirez-vous, laissez-nous seuls, et veillez sur nous.

Le capitaine et ses soldats obéirent.

Pendant ce temps, Schlick s'approcha de son filleul, et, tout-bas :

— Temps et tonnerre! lui dit-il, vous avez un fier courage, et mon avis est qu'à partir d'aujourd'hui vous avez le droit de vous appeler Richard *Cœur de Lion*.

Le président suivit du regard les frères d'un ordre inférieur qui avaient joué le rôle d'officiers et de soldats bavarois jusqu'à ce que le dernier fût sorti.

Alors, se retournant vers les voyants :

— Frères, dit-il, reprenons nos places.

Et il alla se rasseoir au fauteuil, tandis que chaque membre de l'association allait reprendre sa place, qu'il avait quittée pour faire face au danger.

— Silence! dit le président.

Le bruit sembla mourir, et toute vie parut s'éteindre, même le battement des cœurs.

— Vengeurs, dit le président, quelle heure est-il?

Un des assistants se leva.

— Quel est celui qui se lève? demanda Richard *Cœur de Lion* à son parrain.

— L'accusateur, répondit Schlick.

L'accusateur répondit à la demande du président :

— Il est l'heure de la résolution.—Vengeurs, quel temps fait-il? — La tempête gronde. — Vengeurs, aux mains de qui est la foudre? — Aux mains de Dieu et aux nôtres.— Vengeurs, où est la Sainte-Wehme? — Morte en Westphalie, ressuscitée en Bavière. — Quelle preuve en avez-vous? — Notre réunion elle-même. — Frère, je te donne la parole pour accuser. Accuse : nous jugerons. — J'accuse l'empereur Napoléon de tenter le plus grand crime qui existe aux yeux d'un Allemand, c'est-à-dire de vouloir détruire la nationalité de l'Allemagne. C'est pour détruire la nationalité de l'Allemagne qu'il a nommé son beau-frère Murat grand-duc de Berg; c'est pour détruire la nationalité de l'Allemagne qu'il a nommé son frère Jérôme roi de Westphalie; c'est pour détruire la nationalité de l'Allemagne qu'il veut détrôner l'empereur François II et mettre à sa place son frère Joseph, dont ne veulent pas les Espagnols; enfin, c'est pour détruire la nationalité de l'Allemagne qu'il fait battre aujourd'hui la Bavière contre l'Autriche, la confédération du Rhin contre l'Empire, amis contre amis, Allemands contre Allemands, frères contre frères! — Frères, dit le président, êtes-vous pour l'accusateur? êtes-vous contre lui? — Nous sommes pour lui, nous sommes avec lui, nous accusons comme lui. Vive l'Allemagne! — L'empereur Napoléon est donc coupable à vos yeux? — Oui! répondirent en chœur les affiliés. — Et quelle punition a-t-il méritée? — La mort! — Et qui la lui donnera? — Nous. — Et, parmi vous?... — L'élu du sort. — Veilleur, apporte l'urne.

Le veilleur obéit.

— Frères, dit le président, nous allons mettre dans l'urne autant de boules blanches qu'il y a de provinces réunies ici par leurs représentants, plus une boule noire; si la boule noire reste au fond de l'urne, c'est que Dieu désapprouve notre dessein, et se charge de la vengeance, car la dernière boule sera celle de Dieu. Acceptez-vous ce que je propose? — Oui, répondirent toutes les voix. — Celui qui prendra la boule noire dévouera sa vie à l'accomplissement de l'œuvre sainte? — Oui, répondirent toutes les voix. — Jure-t-il de mourir sans dénoncer ses frères, de mourir comme si son action était un fait isolé, de mourir comme notre nouveau frère allait mourir tout à l'heure, sans une plainte, sans un soupir? — Oui, répondirent toutes les voix. — Les boules blanches alors, et la boule noire! dit le président.

Le veilleur retourna l'urne : dix-sept boules blanches et une boule noire roulèrent sur la table.

Le président compta les dix-sept boules blanches, et, tout en les comptant, les remit dans l'urne; ensuite il y jeta la boule noire, et, sans les toucher de la main, mêla toutes les boules en secouant l'urne.

Puis, cette opération accomplie :

— Maintenant, dit-il, les députés des provinces vont tirer par ordre alphabétique. Quelle province représente notre nouveau frère? — Alsace, répondit le filleul de Schlick. — Alsace? s'écrièrent tous les affiliés, mais tu es Français, alors? — Français ou Allemand, comme vous voudrez. — Tu as raison, s'écrièrent deux ou trois voix, les Alsaciens sont Allemands, les Alsaciens appartiennent à la grande famille germanique. Vive l'Allemagne! — Frères, dit le président, que décidez-vous relativement à notre nouveau frère?—Qu'il a été reçu, qu'il est affilié, qu'il a supporté l'épreuve, et que, puisque la Hollande, l'Espagne et l'Italie sont représentées ici, je ne vois pas pourquoi la France ne le serait pas. — C'est bien, dit le président; que ceux qui sont d'avis que le nom de l'Alsace soit mis dans l'urne avec les autres noms lèvent la main.

Toutes les mains se levèrent.

— Frères, dit le président, l'Alsace est Allemande.

Et il jeta dans l'urne une dix-huitième boule blanche que lui présentait le veilleur.

— Et maintenant, continua-t-il, procédons par lettre alphabétique.

Et, appelant :

— Alsace! dit-il.

Le jeune homme s'avança vers l'urne, et, au moment où il y plongea la main, on put voir sur son visage une hésitation dont on n'avait pas même entrevu l'ombre au moment où il avait commandé le feu.

Il tira une boule blanche.

— Blanche! s'écria-t-il en cachant mal sa joie. — Blanche! répétèrent toutes les voix. — Bade! appela le président.

Schlich plongea résolûment sa main dans l'urne, et en tira une boule blanche.

— Blanche! dirent toutes les voix. — Bavière! continua le président.

Le député de Bavière s'avança, plongea la main dans l'urne, et en tira la boule noire.

— Noire! dit-il d'une voix calme et presque joyeuse. — Noire! répétèrent toutes les voix. — C'est bien, dit le député de Bavière; dans trois mois, Napoléon sera mort, ou je serai fusillé. — Vive l'Allemagne! répétèrent en chœur toutes les voix.

Comme le but de la séance était atteint, les amis de l'Union de Vertu se séparèrent.

VI

SIX POUCES PLUS BAS, LE ROI DE FRANCE S'APPELAIT LOUIS XVIII.

Un soir, dans un coin du palais impérial de Schœnbrunn, le jeune duc de Reichstadt causait avec les fils du prince Charles; et, en causant entre eux, les enfants riaient si haut que le prince, qui, d'un autre côté, causait gravement avec l'empereur, les archiducs et les archiduchesses, craignant qu'Altesses et Majestés ne fussent incommodées par les rires des augustes bambins crut devoir intervenir, et, d'un bout à l'autre du salon, demanda aux enfants ce qui occasionnait leur joie et à quel propos ils riaient ainsi. « Oh! papa, répondit l'aîné des fils de l'archiduc, ne faites pas attention : c'est Reichstadt qui nous raconte comment son père vous battait toujours, et cela nous amuse beaucoup ! »

L'archiduc Charles, qui était un fort brave homme, rit encore plus haut que les enfants; ce que voyant l'empereur, les archiducs et les archiduchesses, ils en rirent autant et peut-être même de meilleur cœur que l'archiduc Charles.

Il est vrai qu'à l'époque où l'on riait si franchement à Vienne des défaites de l'illustre archiduc, le vainqueur de Tengen, d'Abensberg, de Landshut, d'Eckmühl et de Ratisbonne était mort.

L'anecdote est authentique; elle m'a été racontée par la reine Hortense, pendant les huit jours d'hospitalité qu'elle voulut bien me donner, en 1832, au château d'Arenenberg, peu de temps après la mort du roi de Rome.

Consacrons un chapitre au récit de cette campagne de 1809, une des plus merveilleuses de Napoléon.

Nous avons, le 17 avril à midi, laissé l'empereur à Donauwœrth, prêt à faire passer ses ordres à ses maréchaux et à ses lieutenants. Celui auquel il avait le plus hâte de les faire parvenir, parce que celui-là était le plus éloigné et par conséquent ne devait les recevoir que dans un plus long délai, était le maréchal Davoust, qui, nous le savons déjà, occupait Ratisbonne. Aussi le premier officier que fit demander Napoléon, pour lui remettre les dépêches qu'il venait de dicter, fut-il le lieutenant Paul Richard ; mais le prince de Neuchâtel, tout en rongeant ses ongles et d'un air assez embarrassé, annonça à l'empereur qu'il avait disposé de cet officier pour une mission particulière.

Il est vrai qu'à la place de celui-ci il offrait, si l'empereur tenait absolument à ce que sa dépêche fût portée par un courrier du nom de Richard, il est vrai, disons-nous, que le prince de Neuchâtel offrait le lieutenant Louis Richard, qui arrivait d'Italie.

Mais l'empereur déclara que, du moment où il ne renvoyait pas au maréchal Davoust le même homme que le maréchal lui avait envoyé, peu lui importait le nom de son courrier, pourvu que ce courrier fût actif, brave et intelligent.

Un officier se présenta.

L'empereur lui remit la dépêche adressée au maréchal Davoust.

En outre, Berthier fit prendre deux copies de cette dépêche, et les expédia par deux autres hommes, et par deux chemins différents.

C'eût été un bien grand malheur que, sur les trois courriers, pas un ne parvînt !

Voici quels étaient les ordres de l'empereur à son lieutenant :

« Quitter immédiatement Ratisbonne, en y laissant toutefois un régiment pour garder la ville;

« Remonter le Danube, en cheminant avec prudence, mais avec résolution, entre le fleuve et la masse des Autrichiens;

« Enfin venir le joindre, lui, Napoléon, par Abach et Ober-Saal, aux environs d'Abensberg, à l'endroit où l'Abens se jette dans le Danube. »

Ces ordres expédiés à Davoust, il s'agissait de prévenir Masséna.

On trouva trois nouveaux messagers, et l'on expédia en triple l'ordre suivant :

« L'empereur ordonne au maréchal Masséna de quitter Augsbourg, le 18 au matin, pour descendre, par la route de Pfaffenhofen, sur l'Abens, dans le flanc gauche des Autrichiens, l'empereur se réservant ensuite de diriger la marche du maréchal vers le Danube, vers l'Isar, vers Neustadt ou vers Landshut.

« Le maréchal partira en semant le bruit d'une marche en Tyrol, et en laissant à Augsbourg un bon commandant, deux régiments allemands, tous les hommes malingres ou fatigués, des vivres, des munitions, enfin de quoi tenir quinze jours.

« L'empereur recommande au maréchal de descendre vers le Danube en toute hâte; car jamais il n'eut plus besoin de son dévouement. »

La dépêche se terminait par ces trois mots, et par ce tiers de signature, écrits de la main même de l'empereur :

« ACTIVITÉ ET VITESSE !

« NAP. »

Ces deux dépêches parties, Napoléon demanda le lieutenant Louis Richard, si toutefois Berthier ne l'avait pas envoyé en mission comme son frère.

Le jeune homme se présenta tout joyeux d'avoir revu son cher Paul, tout rafraîchi par deux heures de repos, et tout prêt à se remettre en route.

L'empereur lui remit, pour le prince Eugène, une lettre conçue en ces termes :

« Monsieur, vous avez perdu, en vous laissant battre à Pordenone, toute chance d'entrer avec nous à Vienne, où nous serons, probablement, vers le 15 du mois prochain. Venez nous rejoindre aussitôt que vous pourrez, et marchez droit sur la capitale de l'Autriche : rien n'est changé aux ordres primitifs que je vous ai envoyés.

« Sur ce, monsieur le prince, la présente n'étant à autres fins, je prie Dieu qu'il vous ait en sa sainte et digne garde.

« NAPOLÉON.

« *P. S.* — Je fais donner l'ordre au général Macdonald de se rendre à l'armée d'Italie avec des ordres particuliers qu'il ne communiquera qu'à vous. »

Le jeune officier reçut la lettre des mains mêmes de l'empereur, s'inclina, sortit, sauta à cheval et disparut.

Un instant après, l'empereur quitta Donauwœrth, et partit pour Ingolstadt. Ingolstadt le plaçait entre Ratisbonne et Augsbourg, c'est-à-dire au centre du mouvement.

On sait les différentes distances qui séparent Donauwœrth de Ratisbonne, et Donauwœrth d'Augsbourg.

A Donauwœrth, l'empereur était à vingt-deux lieues de Ratisbonne, et seulement à huit ou à neuf lieues d'Augsbourg.

Il en résulta que Masséna reçut ses ordres vers cinq heures, et put faire immédiatement ses préparatifs de départ pour le lendemain 18, au point du jour; tandis que ce ne fut que fort avant dans la soirée que Davoust reçut les ordres qui le concernaient.

EXPLICATION.

TYP J. CLAYE.

Il fallut au maréchal toute la journée du 18, d'abord pour réunir ses cinquante mille hommes, ensuite pour rallier la division Friant, qui, pendant le trajet qu'elle venait d'opérer de Bayreuth à Amberg, s'était trouvée un instant aux prises avec le corps d'armée autrichien du général Bellegarde*, et qui, par sa bonne contenance, avait couvert la marche du corps auquel elle appartenait, et enfin pour porter la totalité de ses troupes de la rive droite sur la rive gauche du Danube, tandis que la division Morand restait en bataille sous les murs de Ratisbonne.

Cette armée de Bellegarde, composée de cinquante mille hommes, et qu'il fallait contenir pour qu'elle ne prît point part au combat qu'on allait livrer, était l'armée de Bohême, que, dans son système de concentration, l'archiduc Charles appelait à lui.

La journée du 18 fut donc employée par le maréchal Davoust à faire passer de la rive droite sur la rive gauche les divisions Saint-Hilaire et Gudin, et la grosse cavalerie du général Saint-Sulpice, pendant que la cavalerie légère du général Montbrun poussait, en s'élargissant en éventail sur Straubing, sur Eckmühl et sur Abach, des reconnaissances ayant pour but de s'assurer de la position réelle de l'archiduc; car le maréchal Davoust, comme si l'air lui eût manqué, à lui et à ses cinquante mille hommes, se sentait instinctivement pris entre l'armée de Hongrie, que venait de repousser la division Friant, et la masse de l'armée autrichienne, arrivant par la route de Landshut.

Le rendez-vous général était, comme on l'a vu, sur le plateau de l'Abens, à Abensberg.

Le 19, au matin, le maréchal Davoust se mit en marche.

Nous ne faisons pas une histoire de cette célèbre campagne, et par conséquent nous ne suivrons pas la belle, prudente et savante marche du maréchal sur la rive droite du grand fleuve, au milieu de ses terribles ennemis; nous nous contenterons de suivre le sombre fil d'une conspiration qui avait pour but d'accomplir, avec le poignard, ce que la fortune se refusait à faire avec l'épée, le fusil et le canon.

Au milieu de ce gigantesque mouvement, c'est donc aux pas de Napoléon que nous allons nous attacher, puisque c'est lui qui est particulièrement menacé par les événements que le précédent chapitre a fait connaître.

Dans la nuit du 19 au 20, il était descendu d'Ingolstadt à Vohbourg; là, il avait appris qu'après un faible engagement, les Autrichiens qui s'étaient avancés jusqu'à Abensberg, lieu qu'il avait désigné comme un point de ralliement, avaient été repoussés, et que le plateau où devaient déboucher les troupes du maréchal Davoust était libre.

Durant toute la journée du 19, on avait entendu le canon.

Le 20, à neuf heures du matin, une cavalcade composée de l'empereur et de tout l'état-major du prince de Neuchâtel, précédée des guides, était arrivée sur le plateau d'Abensberg, et s'était arrêtée à l'endroit le plus élevé du château, à cent pas à peu près de la maison du pasteur Stiller.

On avait offert à Napoléon de monter dans une maison; mais il avait préféré

* Qu'on ne soit pas étonné de trouver éternellement des noms français, comme ceux de Bellegarde, Thierry, Lusignan, Latour, etc., dans les rangs autrichiens; il en est ainsi depuis près de trois siècles.

demeurer en plein air, sur un escarpement d'où il dominait le pays, à sa droite jusqu'à Birwang, à sa gauche jusqu'à Thann.

Au reste, à la suite d'une conversation avec son éclaireur Schlick, le prince de Neuchâtel avait pris des précautions pour protéger la personne de l'empereur.

Dès la veille au soir, tout le régiment qui occupait Abensberg avait reçu l'ordre de se loger dans les maisons qui environnaient le plateau, de camper dans les intervalles des maisons et dans les ruines du vieux château.

Napoléon, sans qu'il s'en aperçût, et surtout sans que sa préoccupation lui permît de s'en apercevoir, était donc entouré d'un cercle de soldats veillant sur lui. Au surplus, l'empereur ne s'occupait jamais des précautions de ce genre : cela regardait son entourage ; soit qu'il crût à la Providence comme un chrétien, à la fatalité comme un musulman, à la destinée comme un Romain, il s'offrait à la balle de l'ennemi aussi bien qu'au poignard des fanatiques ; sa vie regardait Dieu, qui avait ses desseins sur lui.

Là, selon l'habitude, on lui dressa une table, on y étendit des cartes, on lui fit les rapports.

Voici ce qui s'était passé la veille.

Le maréchal Davoust était parti de Ratisbonne au point du jour, et sur quatre colonnes : son avant-garde s'avançant à gauche, sur la grande route de Ratisbonne à Landshut, en passant par Eckmühl; deux colonnes marchant au centre par des chemins de village ; enfin l'extrême droite, composée des bagages et suivant la route qui s'étend le long du Danube de Ratisbonne à Mainbourg.

Le même jour, l'archiduc Charles qui était à Rohr, c'est-à-dire sur un plateau à peu près pareil à celui d'Abensberg et dominant à la fois la vallée du Danube et celle de la grosse Laber, rivière qui, suivant un cours opposé à l'Abens, va se jeter dans le Danube à quinze lieues au-dessus de Ratisbonne, tandis que l'Abens va se jeter dans le même fleuve à quinze lieues au-dessous; le même jour, 19 avril, disons-nous, en même temps que le maréchal Davoust recevait et exécutait l'ordre de marcher sur Abensberg, le prince Charles, croyant trouver le maréchal à Ratisbonne, prenait la résolution de marcher sur lui, et de l'écraser entre les quatre-vingt mille hommes de troupes qu'il conduisait, et les cinquante mille hommes de l'armée de Bellegarde, qui devaient arriver par la Bohême, et qui, ainsi qu'on l'a vu, arrivaient effectivement, puisqu'ils avaient eu affaire à la division Friant.

Il résultait de ces deux mouvements que Napoléon devait trouver Abensberg vide, et le prince Charles, sauf le régiment qu'y avait laissé le maréchal Davoust, Ratisbonne évacuée; mais aussi, à un point quelconque de la ligne diagonale qu'elles parcouraient, les extrémités gauches des deux armées devaient inévitablement se heurter.

Le prince Charles suivait le versant oriental de la chaîne de collines qui sépare la vallée du Danube de la vallée de la grosse Laber; le maréchal Davous suivait le versant occidental.

A neuf heures du matin, deux de nos têtes de colonne avaient franchi la crête des collines, et, du versant occidental, étaient passées sur le versant oriental.

La division Gudin, qui formait notre extrême gauche, avait répandu au loin les tirailleurs du 7e léger; ces tirailleurs avaient rencontré ceux du prince de

Rosenberg, et avaient échangé avec eux un certain nombre de coups de fusil; mais le maréchal Davoust, reconnaissant que l'engagement n'était point sérieux, avait mis son cheval au galop, et était venu donner personnellement l'ordre aux deux colonnes de continuer leur marche, et aux tirailleurs de suivre les colonnes en ayant l'air de céder du terrain.

Les tirailleurs autrichiens s'étaient donc emparés du village de Schneidart, évacué par le 7e léger, et le corps du général Rosenberg, auquel ils appartenaient, s'était porté sur Dinzling, tandis que le corps du général Hohenzollern entrait dans Hausen, qu'évacuaient les dernières compagnies du 7e léger, et occupait une masse de bois formant, vis-à-vis du village de Tengen, un immense fer à cheval.

C'était là que devaient véritablement se heurter les deux extrêmes gauches, française et autrichienne; ce fut là, en effet, qu'elles se heurtèrent. C'étaient les nouvelles de ce choc que l'on apportait à Napoléon.

Il avait été terrible!

On s'était battu à Dinzling : les combattants, sur ce point, étaient Montbrun contre Rosenberg.

On s'était battu à Tengen : les combattants, sur ce point, étaient Saint-Hilaire et Friant contre Hohenzollern et les princes Louis et Maurice de Liechtenstein.

Puis, en outre, il y avait eu des combats entre tous les postes intermédiaires qui reliaient les deux extrêmes gauches.

Seulement l'archiduc Charles s'était trompé : il avait pris notre extrême gauche pour notre extrême droite; il avait cru avoir devant lui Napoléon et toute la masse de l'armée française, tandis que la masse de l'armée française, au contraire, se glissait entre le Danube et le gros de son armée, à lui.

Il en était résulté que, dans son erreur, le prince Charles était resté sur les hauteurs du Grub, spectateur immobile du combat, avec douze bataillons de grenadiers, ne voulant pas risquer une bataille définitive avant d'avoir rallié à lui le corps d'armée de l'archiduc Louis.

Il envoya, en conséquence, ses ordres à l'archiduc Louis et resta en place, se préparant, avec la sage lenteur des princes d'Autriche, à attaquer le lendemain seulement.

Or, voici les détails que recueillait Napoléon sur le combat de la veille :

L'avant-garde du général Montbrun avait perdu deux cents hommes; la division Friant, trois cents; la division Saint-Hilaire, dix-sept cents; la division Morand, vingt-cinq; les Bavarois, cent ou cent cinquante cavaliers : en tout, deux mille cinq cents hommes à peu près.

L'ennemi, de son côté, avait perdu : à Dinzling, cinq cents hommes; à Tengen, quatre mille cinq cents; à Buch et à Arnhofen, sept ou huit cents : en tout, près de six mille hommes.

Napoléon vit ce que n'avait pas vu l'archiduc Charles; comme l'aigle dont il avait fait ses armes, c'était un de ses priviléges de planer au-dessus des événements avec les ailes de son génie. Presque en même temps qu'il arrivait à Abensberg, le maréchal Davoust y arrivait par Tengen et Burkdorff, le maréchal Lannes apparaissait du côté de Neustadt, et la division de Wrède, établie de Bibourg à Siegenbourg, se tenait prête à passer l'Abens.

Napoléon décida que l'armée allait pivoter sur Tengen, forcer les postes du centre de l'armée autrichienne, couper en deux la ligne d'opérations du prince Charles, jeter toute son arrière-garde dans le Danube à Landshut; après quoi, il se retournerait, et, si le prince Charles n'était pas dans la partie de l'armée détruite ou dispersée, il reviendrait avec toutes ses forces prendre l'archiduc et son armée entre deux feux.

En conséquence, il ordonna au maréchal Davoust de tenir ferme avec vingt-quatre mille hommes à Tengen; il ordonna à Lannes de marcher droit devant lui avec vingt-cinq mille hommes, et de s'emparer de Rohr, à quelque prix que ce fût; il ordonna au maréchal Lefebvre, qui commandait à quarante mille Wurtembergeois et Bavarois, d'enlever Arnhofen et Offenstetten; enfin, prévoyant que, le lendemain, l'arrière-garde autrichienne, en déroute, essayerait de repasser le Danube à Landshut, il ordonna au maréchal Masséna, qui lui devenait inutile du moment où il disposait d'une masse de quatre-vingt-dix mille hommes, de se porter directement sur Landshut, par Freising et Moosbourg.

Puis il regarda défiler devant lui les Bavarois et les Wurtembergeois qui allaient se mettre en ligne, ennemis devenus nos alliés, les haranguant au fur et à mesure qu'ils passaient, et laissant, après chaque période, le temps aux officiers de traduire ses paroles en allemand.

Il leur disait :

« Peuples de la grande famille germanique, ce n'est pas pour moi que je vous fais combattre aujourd'hui, c'est pour vous; c'est votre nationalité que je défends contre l'ambition de la maison d'Autriche, désespérée de ne plus vous tenir sous le joug.

« Cette fois, je vous rendrai bientôt et pour toujours la paix! et cela, avec un tel accroissement de puissance, qu'à l'avenir vous pourrez vous défendre vous-mêmes contre les prétentions de vos anciens dominateurs.

« Au reste, ajouta-t-il en montant à cheval et en allant prendre place dans leurs rangs, c'est avec vous que je veux combattre aujourd'hui, et je livre la fortune de la France et ma vie à votre loyauté. »

A peine avait-il prononcé ces paroles qu'un coup de fusil se fit entendre, et que son chapeau, enlevé de dessus sa tête, tomba aux pieds de son cheval.

Nous avons tort en disant qu'un coup de fusil *se fit entendre*, à peine le coup de fusil fut-il entendu au milieu du tumulte, et la chute du chapeau de l'empereur fut attribuée au mouvement un peu brusque que venait de faire sa monture.

Un officier bavarois sortit des rangs, ramassa le chapeau, et le présenta à Napoléon.

Napoléon y jeta un coup d'œil rapide, sourit, et le remit sur sa tête.

Après quoi, la masse s'ébranla et descendit le plateau, marchant sur Arnhofen.

Arrivé au bas du plateau, Berthier s'approcha de l'empereur pour prendre ses derniers ordres; Napoléon les lui donna; puis, prenant son chapeau, et montrant au major général le trou d'une balle :

— Six pouces plus bas, lui dit-il avec tranquillité, le roi de France s'appelait Louis XVIII!

Berthier pâlit en voyant le danger auquel venait d'échapper l'empereur, et, se penchant vers un aide de camp :

— Qu'on appelle à l'instant même, dit-il, le lieutenant Paul Richard.

VII

CINQ VICTOIRES EN CINQ JOURS.

Ce qu'avait prévu Napoléon arriva.

Lannes, qui tenait la gauche avec vingt mille fantassins, quinze cents chasseurs, et trois mille cinq cents cuirassiers, s'avança sur Rohr, qu'il avait, on se le rappelle, reçu l'ordre d'enlever, à quelque prix que ce fût, par Offenstetten et Bachel.

Il marchait à travers un pays semé de bois et coupé de nombreux défilés; en sorte que sa tête de colonne heurta tout à coup, et dans le flanc, le général autrichien Thierry et son infanterie; la cavalerie, qui accomplissait le mouvement ordonné par l'archiduc sur Ratisbonne, la cavalerie, marchant plus vite que l'infanterie, était déjà passée.

Lannes fit charger cette infanterie par ses quinze cents chasseurs à cheval, qui tombèrent sur elle à bride abattue.

Au lieu de se former en carré et d'attendre la charge, l'infanterie, qui ignorait à quel petit nombre de cavaliers elle avait affaire, essaya de gagner l'abri des bois; mais avant d'y arriver elle fut sabrée.

Le général Thierry se retira en désordre sur Rohr, où il trouva le général Schusteck.

Les deux généraux réunirent leurs forces.

Mais Lannes se rappelait l'ordre qu'il avait reçu, d'enlever Rohr à tout prix, et ses chasseurs poursuivaient les fuyards, les poussant le sabre dans les reins.

Les généraux autrichiens avaient trois mille hussards, qu'ils lancèrent sur les chasseurs; Lannes, voyant le mouvement, lança de son côté un régiment de cuirassiers qui traversa d'outre en outre la division de hussards, et la força de se rejeter sur le village de Rohr.

En ce moment arrivaient nos vingt mille fantassins.

Le 30e régiment, soutenu par les cuirassiers, aborda le village de front, tandis que le 13e et le 17e s'écartaient à droite et à gauche pour l'envelopper.

Les deux généraux autrichiens ne tinrent dans le village que le temps de se mettre en retraite : au bout d'une demi-heure de combat, leurs colonnes se replièrent de Rohr sur Rothenbourg.

Lannes détacha un messager qui partit au galop, pour porter à l'empereur la nouvelle que Rohr était pris, et son ordre exécuté; il annonçait en outre qu'il pousserait les Autrichiens devant lui tant qu'il verrait clair à tirer un coup de fusil.

La nouvelle arrivait à Napoléon au moment où ses Wurtembergeois et ses Bavarois chassaient devant eux l'archiduc Louis sur la chaussée de Neustadt à Landshut; poursuite qui dura toute la journée, et ne laissa reposer l'archiduc qu'à Pfaffenhausen.

Napoléon, en apprenant la prise de Rohr, s'était lancé sur les derrières de Lannes; il arriva le soir à Rothenbourg. C'était là que son lieutenant s'était arrêté, comme il l'avait promis, avec la nuit seulement.

La journée avait été splendide.

Lannes avait perdu deux cents hommes à peine, et il avait tué ou pris quatre mille hommes à l'ennemi. Le général Thierry était au nombre des prisonniers.

Les Bavarois et les Wurtembergeois de Lefebvre avaient perdu mille hommes, en avaient tué trois mille à l'ennemi, et l'avaient rejeté sur l'Isar.

Mais l'importance de la journée n'était pas dans le nombre des hommes mis hors de combat, quoique ce fût bien quelque chose : l'importance était dans la séparation de l'archiduc Charles de sa gauche. L'armée autrichienne était coupée en deux par Napoléon, opérant à la tête d'une masse de près de cent mille hommes; il allait donc avoir facilement raison, en les attaquant l'un après l'autre, de deux tronçons du serpent mutilé.

Seulement, Napoléon ignorait la position réelle du prince Charles. Il le crut acculé à l'Isar, et résolut de se ruer sur lui le lendemain avec toutes ses forces pour le surprendre à Landshut, c'est-à-dire au passage de cette rivière, qui se jette dans le Danube à huit ou dix lieues de Landshut.

Si Masséna n'a rencontré aucun obstacle sur sa route, et qu'il arrive à temps, tout ce qu'il y a d'Autrichiens entre Napoléon et l'Isar est tué, pris ou noyé.

En conséquence, ordre est donné à Davoust, qui n'a point bougé de Tengen, où il a servi de pivot à toute l'armée, de laisser là les quelques troupes qu'il a devant lui, et de suivre le mouvement de l'armée vers l'Isar, quitte à se rabattre ensuite sur Ratisbonne pour y écraser Bellegarde quand on se sera débarrassé de l'archiduc Charles.

Napoléon a fini par croire que c'est le prince lui-même qu'il poursuit; il ne se doute pas que ces *quelques troupes* que Davoust tient en respect sont la masse de l'armée autrichienne. Comment supposer, en effet, que, pendant trente-six heures, l'archiduc Charles, à la tête de près de soixante mille hommes, n'a pas donné signe d'existence?

C'est que, pendant toute la journée du 20, ignorant que l'armée française s'est glissée entre lui et le Danube, le prince Charles attend que Napoléon l'attaque en face, ne voulant pas attaquer, lui, qu'il n'ait fait sa jonction avec les cinquante mille hommes de l'archiduc Louis. Il va sans dire qu'il les attend vainement : ce sont ces cinquante mille hommes que Napoléon est en train de pousser sur l'Isar, et qu'il s'apprête à jeter dans la rivière.

Seulement, au bruit du canon, l'archiduc Charles avait compris qu'il se passait quelque chose derrière lui : il avait fait volte-face, et, s'adossant à Ratisbonne, où il devait trouver l'armée de Bohême, il s'était établi en travers de la route de Ratisbonne à Landshut, ayant devant lui Eckmühl.

Napoléon ne quitta point ses habits, tant il était pressé de joindre les Autrichiens le lendemain ; mais les Autrichiens étaient encore plus pressés de fuir que lui de poursuivre.

Ils arrivèrent dans la nuit à Landshut, par la double route de Rothenbourg et de Pfaffenhausen.

Cependant, Napoléon avait réfléchi : les Autrichiens lui semblaient avoir bien facilement abandonné le terrain; était-ce la masse entière, ou une partie infime, qu'il chassait ainsi devant lui comme le vent d'automne chasse les feuilles jaunies? Davoust, qu'il laissait sur ses derrières, n'était-il pas exposé à être enlevé, lui et ses vingt-quatre mille hommes, par un de ces hardis coups de main dont ses ennemis pouvaient lui avoir dérobé le secret?

C'était un de ces fréquents éclairs du génie de Napoléon qui venait l'illuminer au milieu de cette glorieuse nuit qui séparait deux jours de victoire.

Il détacha la division du général Demont, les cuirassiers du général Nansouty, les divisions bavaroises du général Deroy et du prince royal, et envoya tout cela à Davoust, tandis que lui, avec les vingt-cinq mille hommes de Lannes et les Bavarois du général de Wrède, il allait continuer de pousser les Autrichiens sur Landshut, où, d'ailleurs, il comptait bien retrouver Masséna avec une trentaine de mille hommes.

Vers neuf heures du matin, l'empereur était à Altdorf avec l'infanterie du général Morand, les cuirassiers et la cavalerie légère. Tout le long du chemin il avait ramassé des fuyards, des blessés, de l'artillerie, des bagages : la retraite se changeait définitivement en déroute.

Là, au débouché des bois, sur une espèce de plateau d'où il dominait la plaine fertile de l'Isar, avec la ville de Landshut en perspective, il s'arrêta.

C'était une belle vue pour un vainqueur.

L'armée ennemie fuyait comme à la débandade: cavalerie, infanterie, artillerie, bagages, se pressaient pêle-mêle à l'entrée des ponts; c'était un tumulte effroyable, une confusion indicible.

Il n'y avait plus qu'à tuer.

Mais, dans sa hâte d'arriver et de voir, Napoléon avait devancé le gros de son corps d'armée; il ne débouchait sur le plateau qu'avec huit ou dix mille hommes; le reste suivait.

Bessières, à la tête des cuirassiers; Lannes, à la tête des chasseurs et du 13e léger de la division Morand, chargeant tous deux comme de simples colonels d'avant-garde, tombèrent sur cette masse huit fois plus nombreuse que la leur.

La cavalerie autrichienne sortit alors de toute cette confusion, et essaya de nous arrêter et de défendre le passage; mais cuirassiers, chasseurs, infanterie sentaient la fortune de l'empereur en eux et avec eux : ils enfoncèrent cette cavalerie.

Les Autrichiens firent un suprême effort, et rallièrent leur infanterie; mais la division Morand arriva tout entière, et l'infanterie autrichienne, culbutée à son tour, fut obligé de se replier sur les ponts.

Malheureusement notre artillerie n'avait pas pu suivre; sans quoi, on eût mis une dizaine de pièces de canon en batterie, et l'on eût fouillé, à grêle de boulets, toutes ces masses qu'il fallait percer à coups de sabre, trouer à coups de baïonnette. L'arme blanche tue, mais lentement : le canon va plus vite en besogne.

Pendant ce temps, au reste, on ramassait les fuyards éparpillés dans la plaine, ceux qui n'espéraient point pouvoir passer les ponts, et qui se rendaient n'osant se jeter dans l'Isar; on recueillait les canons, les bagages, et jusqu'à un superbe train de pontons amené sur des chariots, et avec lequel on se proposait de franchir non-seulement le Danube, mais encore le Rhin lui-même.

C'était le fouet que Xerxès avait emporté pour châtier les Grecs, et dont il était réduit à battre la mer!

A mesure que l'armée ennemie passait les ponts, une partie se retirait sur Neumarkt à Mühldorf, tandis que ceux qui étaient moins pressés par la peur prenaient position dans la ville de Landshut, et dans le faubourg de Seligenthal; mais, outre la division Morand, qui, nous l'avons dit, était arrivée tout entière, les têtes de colonne de Masséna apparaissaient vers Moosbourg: elles arrivaient trop tard pour couper la retraite aux Autrichiens, assez tôt pour la précipiter.

Tout à coup on vit, dans la direction du pont principal, s'élever une grande fumée: c'étaient les Autrichiens qui venaient d'incendier ce pont pour mettre à la fois le feu et l'eau entre eux et les Français.

Napoléon se tourna vers un de ses aides de camp:

— Allons, Mouton! dit-il.

Le général comprit, s'empara du commandement du 17e, et sans autre harangue que ces mots:

— L'empereur vous regarde; suivez-moi!

Il les conduisit droit au pont enflammé.

On traversa ce pont sous la menace de trois sortes de mort: l'eau, le feu, les balles; puis on s'élança dans les rues escarpées de Landshut.

Des hauteurs de la ville, les Autrichiens pouvaient voir les masses françaises débouchant de tous côtés: Napoléon avec vingt-cinq mille hommes, de Wrède avec vingt mille, Masséna avec vingt autres mille.

Il n'y avait plus moyen de tenir: l'ennemi lâcha pied.

On tua peu de monde, deux ou trois mille hommes peut-être; le canon avait manqué. Mais on fit sept ou huit mille prisonniers, mais on prit bagages, matériel, artillerie; puis on brisa, ce qui était bien plus important, on brisa la ligne d'opérations de l'archiduc, de façon à ce qu'elle ne pût désormais se reformer.

Au moment où la fusillade commençait à s'éteindre, Napoléon s'arrêta et prêta l'oreille.

Le canon se faisait entendre derrière lui, entre la petite et la grosse Laber. Napoléon, avec l'oreille exercée d'un artilleur, reconnut que l'on se battait à quelque huit ou neuf lieues de là.

C'était, à coup sûr, Davoust qui était aux prises avec l'ennemi.

Mais avec quel ennemi?

Était-ce l'armée de Bellegarde arrivant de Bohême? était-ce l'armée autrichienne commandée par le prince Charles? car l'empereur commençait à craindre qu'il n'eût laissé derrière lui l'archiduc; était-ce toutes les deux, c'est-à-dire une masse de cent dix mille hommes à peu près?

Une seule de ces deux armées eût déjà été beaucoup trop pour les quarante mille hommes de Davoust.

Cependant Napoléon ne pouvait abandonner sa position, et, en reculant devant l'armée vaincue, permettre à celle-ci de se rallier et de venir l'attaquer sur ses derrières. Il attendit, se fiant au courage et à la prudence du maréchal Davoust; mais il attendit plein d'anxiété.

Le canon continuait de gronder avec la même rage, et remontait vers Eckmühl.

A huit heures du soir seulement le feu cessa.

La nuit précédente, Napoléon s'était jeté tout habillé sur son lit; cette fois, il ne se coucha point.

A onze heures, on lui annonça le général Piré, venant de la part du maréchal Davoust.

L'empereur poussa un cri de joie, et s'élança au-devant du général.

— Eh bien? lui demanda-t-il avant que celui-ci eût eu le temps d'ouvrir la bouche. — Tout va bien, sire! se hâta de répondre le général. — Bon! c'est vous, Piré? Tant mieux! Que s'est-il passé? Contez-moi cela!

Alors Piré raconta à cet homme de bronze, qui se battait le jour et qui veillait la nuit, ce qui s'était passé dans la journée.

Davoust, en accomplissant son mouvement, et en appuyant à gauche, avait rencontré les corps d'armée de Hohenzollern et de Rosenberg; il les avait attaqués, et, pour déblayer la route, il les avait repoussés sur Eckmühl.

Pendant cette retraite des Autrichiens, on avait vaillamment emporté à la baïonnette les deux villages de Paring et de Schierling. On en était là de la lutte, qui durait depuis trois heures déjà, quand on avait vu arriver le renfort envoyé par Napoléon.

Alors, Davoust avait compris que, puisque l'empereur lui détachait vingt mille hommes, c'est qu'il n'avait plus besoin de lui autrement que pour garder l'ennemi à vue.

L'ennemi s'était retranché dans Eckmühl, et paraissait disposé à s'y défendre; Davoust se contenta de l'y canonner; c'était, d'ailleurs, donner de ses nouvelles à l'empereur par la voix la plus familière à son oreille : celle du canon. Cette voix, Napoléon l'avait entendue; le général Piré venait de la lui traduire.

Davoust avait perdu quatorze cents hommes, et en avait tué trois mille aux Autrichiens. Napoléon, de son côté, avait, à Landshut, perdu trois cents hommes, et en avait, comme on sait, tué ou pris sept mille à l'ennemi. Total de la journée : dix mille Autrichiens hors de combat.

Pendant que le général Piré était là, on annonça un courrier venant de Ratisbonne; il avait passé par Abensberg, Pfaffenhausen et Altdorf, c'est-à-dire qu'il avait suivi la même route que Napoléon.

Voici quelles étaient les nouvelles qu'il apportait.

L'empereur, on se le rappelle, avait donné l'ordre à Davoust de laisser un régiment à Ratisbonne. C'était bien peu de chose qu'un régiment; mais, ayant besoin de toutes ses forces, Napoléon n'avait pu laisser davantage.

Davoust avait choisi le 65e régiment, commandé par le colonel Coutard; il était sûr du régiment, sûr du colonel.

Le colonel devait barricader les portes, barrer les rues, et se défendre à outrance.

Le 19, jour de la bataille d'Abensberg, l'armée de Bohême, forte de cinquante mille hommes, s'était présentée aux portes de Ratisbonne.

Le régiment avait engagé le combat contre l'armée, et, à coups de fusil, lui avait tué huit cents hommes; mais, le lendemain, sur la rive droite du Danube, était apparue l'armée de l'archiduc Charles, venant de Landshut.

Le régiment avait tiré contre cette nouvelle armée le reste de ses cartouches; puis, dans l'impossibilité de défendre une ville comme Ratisbonne avec deux mille baïonnettes contre plus de cent mille hommes, le colonel Coutard avait du moins traîné en longueur, passant une partie de la matinée à parlementer; et enfin, vers cinq heures du soir, il s'était rendu en exigeant qu'un libre passage fût donné à son messager.

Son messager était aussitôt parti au galop; il avait fait une vingtaine de lieues en dix heures, et, à une heure du matin, il rejoignait l'empereur à Landshut. La nouvelle qu'il lui apportait était des plus importantes : le colonel Coutard et son régiment étaient pris; mais Napoléon avait des détails sur la position de l'ennemi.

L'armée de Bohême et l'armée autrichienne avaient fait leur jonction, et l'archiduc Charles tenait le pays depuis Eckmühl jusqu'à Ratisbonne.

Ainsi, cet ennemi que Davoust gardait à vue, c'était le corps d'armée du prince Charles. L'empereur n'avait plus qu'à se rabattre sur Eckmühl, et à l'écraser entre les quarante mille hommes de Davoust et ses quatre-vingt mille hommes, à lui; seulement, il n'y avait pas de temps à perdre.

Le général Piré remonta à cheval et repartit pour Eckmühl. Il devait annoncer au maréchal Davoust que l'empereur, avec toutes ses forces, arriverait entre midi et une heure; sa présence serait signalée par un coup de tonnerre : cinquante pièces d'artillerie éclateraient en même temps. Ce serait pour Davoust le signal de l'attaque.

Le messager parti, l'empereur lança au delà de l'Isar, à la poursuite des quarante mille hommes de l'archiduc Louis, depuis trois jours celui-ci en avait perdu vingt-cinq mille! la cavalerie légère du général Marulaz, une portion de la cavalerie allemande, la division bavaroise du général de Wrède, et la division Molitor.

Ensuite, il échelonna vingt autres mille hommes entre le Danube et l'Isar, de Neustadt à Landshut.

Puis il expédia, par la route de Landshut à Ratisbonne, et par la vallée de la grosse Laber, le général Saint-Sulpice avec ses quatre régiments de cuirassiers, le général Vandamme avec ses Wurtembergeois, et le maréchal Lannes avec les six régiments de cuirassiers du général Nansouty et les deux divisions Morand et Gudin.

L'ordre était de marcher toute la nuit, d'arriver devant Eckmühl à midi, de se reposer une heure et d'attaquer.

Enfin, lui-même partit avec les trois divisions de Masséna et la division de cuirassiers du général Espagne.

Ainsi, Davoust avait trente-cinq mille hommes à peu près; les généraux Vandamme et Saint-Sulpice lui en amenaient treize ou quatorze mille, Lannes vingt-cinq mille, Napoléon quinze ou seize mille; c'était quelque chose comme une masse de quatre-vingt-dix mille hommes à laquelle l'archiduc Charles allait avoir affaire.

En ce moment l'archiduc, après avoir hésité deux jours, prenait enfin une décision : c'était de tenter, sur la ligne d'opération française, la même manœuvre que Napoléon venait d'exécuter sur la sienne.

Il résolut d'essayer d'une attaque sur Abach.

Comme les cuirassiers du général Montbrun, qui, le 19, avaient, ainsi que nous l'avons vu, combattu à Dinzling, étaient restés à Abach et continuaient d'escarmoucher avec les troupes légères autrichiennes, l'archiduc crut avoir devant lui une force sérieuse, tandis qu'il n'avait affaire qu'au pivot de l'armée, qui, après avoir été notre extrême droite, était devenu notre extrême gauche, et qui, ayant formé notre arrière-garde pendant tout le temps que Napoléon marchait d'Abensberg à Landshut, devenait notre avant-garde dès l'heure où, en se retournant contre Ratisbonne, l'empereur marchait de Landshut à Eckmühl.

Pour donner au général Kollowrath, détaché de l'armée de Bohême, le temps de passer sur la rive gauche du Danube, le prince Charles décida que l'attaque n'aurait lieu que de midi à une heure. C'était, on se le rappelle, le moment choisi par Napoléon pour forcer le passage d'Eckmühl.

Deux colonnes devaient être employées à ce mouvement : une de vingt-quatre mille hommes qui marcherait de Burg-Weinting sur Abach, et une de douze mille hommes qui marcherait de Weilhoe sur Peising ; tandis que la troisième, forte de quarante mille hommes et composée du corps de Rosenberg qui était placé en face du maréchal Davoust, dans les villages d'Ober et d'Unter-Leuchling, du corps de Hohenzollern qui barrait la chaussée d'Eckmühl, des grenadiers de la réserve et des cuirassiers qui devaient garder, vers Egglofsheim, la plaine de Ratisbonne, avait ordre de rester immobile pendant qu'opéreraient les deux autres colonnes.

La nuit se passa dans ces dispositions.

Le jour se leva brumeux ; un épais brouillard couvrait toute la plaine, et ne disparut que vers neuf heures du matin.

Nous avons dit qu'il fallait le temps au général Kollowrath de passer le Danube ; ce passage ne fut achevé que vers midi.

Jusque-là, on n'avait pas entendu un seul coup de fusil.

Les deux corps d'armée allaient se mettre en marche, l'un sur Abach, l'autre sur Peising, quand tout à coup retentit une effroyable canonnade du côté de Buchhausen. C'était toute l'armée française, conduite par Napoléon, qui débouchait devant Eckmühl.

L'empereur n'avait pas eu besoin de donner le signal convenu : en le voyant déboucher, les Autrichiens l'avaient salué d'une grêle de mitraille.

Les Wurtembergeois, qui faisaient tête de colonne, plièrent d'abord sous ce feu terrible, soutenu par les charges de cavalerie légère du général Wukassovich ; mais Vandamme les ramena en avant, et, appuyé par les divisions Morand et Gudin, enleva au pas de course le village de Lintach, puis se relia par sa gauche avec la division Demont et les Bavarois, que la prévoyance de Napoléon avait, on s'en souvient, envoyés là dès la veille.

Au bruit de la canonnade, Davoust avait déchaîné ses deux divisions, qui, depuis une heure, attendaient le signal avec impatience.

Leur artillerie commença par déblayer le chemin en éparpillant sur le front de l'ennemi une grêle de mitraille.

Sous ce feu terrible, les Autrichiens abandonnèrent leur première ligne, et, se retranchant dans les deux villages d'Ober-Leuchling et d'Unter-Leuchling, accueillirent à leur tour la division Saint-Hilaire, qui s'était mise à leur poursuite, par une effroyable fusillade ; mais ils avaient affaire à des hommes habitués au feu !

Le village d'Ober-Leuchling fut d'abord enlevé à la baïonnette. Plus escarpé, mieux barricadé, celui d'Unter-Leuchling tint avec plus d'acharnement ; sous le double feu du village et du plateau qui le dominait, le 10e léger perdit cinq cents hommes pendant les cinq minutes qu'il mit à franchir l'escarpement. Mais le village était abordé, et, une fois abordé, le village était pris.

Le 10e léger y pénétra, tua tout ce qui résistait, et fit trois cents prisonniers.

Les défenseurs des deux villages se retirèrent alors sur le plateau : le 10e léger les y poursuivit au milieu d'une épouvantable fusillade.

Le général Friant lança aussitôt sa division dans les bois qui s'étendaient entre ces deux villages.

Le général Barbanègre se mit en personne à la tête du 48e et du 111e, et, s'avançant à la baïonnette à travers les éclaircies, il refoula au delà des deux villages les trois régiments Archiduc-Louis, Chasteler et Cobourg, et les accula sur la chaussée d'Eckmühl.

Alors, la mêlée devint générale.

Le corps du général Rosenberg, refoulé, comme nous venons de le dire, sur la chaussée d'Eckmühl, essayait de s'y maintenir, malgré les charges du 48e et du 111e ; la cavalerie bavaroise, appuyée de nos cuirassiers, chargeait dans la prairie la cavalerie autrichienne ; les fantassins wurtembergeois tentaient d'enlever le village d'Eckmühl à l'infanterie de Wukassovich, et, l'ayant emporté à la seconde charge, forçaient toute cette infanterie de gravir les rampes supérieures.

Ce qui restait à faire à Napoléon, c'était de percer à jour les masses qui encombraient la chaussée, et de précipiter des hauteurs où ils s'étaient réfugiés les régiments de l'Archiduc-Louis, de Chasteler et de Cobourg, toute l'infanterie de Wukassovich, et une partie de la brigade Biber.

Lannes prit la division Gudin, passa la grosse Laber, gravit verticalement les hauteurs de Rocking, déborda la droite autrichienne, et revint sur elle, la chassant de plateau en plateau.

Pendant ce temps, Napoléon lançait sa cavalerie sur une montée rapide où s'entassaient les Autrichiens en retraite.

Voyant ce mouvement, les Autrichiens s'arrêtèrent, et firent rouler sur les cavaliers bavarois et wurtembergeois leur cavalerie légère, qui, chargeant à fond, emportée qu'elle était par la pente du terrain, culbuta nos alliés ; mais les Bavarois et les Wurtembergeois renversés, les cavaliers ennemis se trouvèrent en face d'un mur de fer : c'étaient nos cuirassiers.

Le mur de fer s'ébranla au galop, passa sur le corps de la cavalerie autrichienne, troua toute cette masse ennemie, et arriva au sommet de la chaussée au même moment où, du côté opposé, l'infanterie du général Gudin, maîtresse de Rocking, apparaissait sur la hauteur.

Les fantassins virent cette belle charge, ces splendides cavaliers qui avaient chargé en montant, comme leurs ennemis avaient chargé en descendant, et la division tout entière battit des mains, et cria :

— Vivent les cuirassiers !

En même temps, le général Saint-Hilaire, emportant le plateau boisé qui dominait Unter-Leuchling, refoulait l'ennemi de rampe en rampe et, malgré les charges des chevau-légers de Vincent et des hussards de Stipsiez, le rejetait en désordre sur cette chaussée où régnait une si terrible confusion.

L'obstacle était forcé : les Autrichiens, en fuite, cherchaient un abri derrière leurs cuirassiers, rangés en bataille à Egglofsheim, c'est-à-dire à près de deux lieues d'Eckmühl.

Alors, les masses françaises débouchèrent à leur tour dans la plaine, la cavalerie au centre, l'infanterie sur les ailes.

La cavalerie se composait des régiments bavarois et wurtembergeois, et des dix régiments de cuirassiers des généraux Nansouty et Saint-Sulpice.

Un tremblement de terre n'eût pas plus profondément remué le sol que la course de ces quinze mille chevaux !

Les divisions Friant et Saint-Hilaire, excitées par la victoire, couraient sur les ailes d'un pas presque aussi rapide que les cavaliers.

Le choc de cette masse fut terrible.

En la voyant venir, la cavalerie autrichienne s'était ébranlée de son côté, et était venue au-devant d'elle.

Il était sept heures du soir : en avril, c'est l'heure du crépuscule.

Il y eut une mêlée effroyable, acharnée, inouïe, dans laquelle venaient se fondre à chaque instant des adversaires nouveaux ; hussards, chevau-légers, cuirassiers, Bavarois, Autrichiens, Français, frappant dans la nuit presque au hasard, éclairèrent pendant une heure l'obscurité croissante des étincelles jaillissant des sabres et des cuirasses.

Puis tout à coup, comme un lac qui crève sa digue, tout ce flot s'écoula du côté de Ratisbonne.

Le dernier rempart était brisé, la dernière résistance détruite. Une fois en fuite, les cuirassiers autrichiens, qui ne portent la cuirasse que par devant, comme s'ils ne devaient jamais montrer le dos à l'ennemi, furent perdus! deux mille d'entre eux jonchèrent la route de leurs cadavres, tous frappés par derrière, tous tués comme par des coups de poignard.

Napoléon donna l'ordre de cesser le combat : on pouvait rencontrer la seconde armée de l'archiduc, fraîche et en bon ordre, et l'on courait risque de se briser contre elle.

Si l'archiduc tient devant Ratisbonne, on livrera le lendemain une cinquième bataille ; s'il passe le Danube, on le poursuivra.

Il est temps de bivaquer : les soldats meurent de fatigue ; ceux qui arrivent de Landshut ont marché depuis le point du jour jusqu'à midi, et se sont battus depuis midi jusqu'à huit heures du soir.

Les trois divisions de Masséna sont arrivées à trois heures de l'après-midi, et n'ont pas eu besoin de donner.

La journée a été dure ! la victoire a coûté cher !

Nous avons eu deux mille cinq cents hommes mis hors de combat. Les Autrichiens ont eu six mille tués ou blessés, et trois mille prisonniers ; ils ont perdu vingt-cinq ou trente pièces d'artillerie.

Davoust a gagné, lui, le titre de prince d'Eckmühl, et Napoléon, le droit de dormir quelques heures.

Au reste, selon toute probabilité, l'archiduc Charles ne risquera point une bataille le lendemain : il essayera de repasser le Danube. En effet, comme l'a prévu Napoléon, l'archiduc fait ses dispositions pendant la nuit,

Surpris dans son mouvement sur Peising, il est arrivé à temps pour voir emporter le village d'Eckmühl, pas assez tôt pour arrêter le mouvement rétrograde de sa troupe; son armée est trop démoralisée pour qu'il risque une bataille en ce moment, surtout ayant à dos le Danube; enfin, il a trop peu de cavalerie pour que cette cavalerie essaye de défendre la plaine qui s'étend d'Egglofsheim à Ratisbonne.

L'archiduc repassera donc le Danube, moitié sur le pont de pierre de Ratisbonne, moitié sur le pont de bateaux que l'armée de Bohême a apporté avec elle. Le corps d'armée du général Kollowrath, qui n'a eu d'autre fatigue que d'aller jusqu'à Abach et d'en revenir, couvrira la retraite.

Dès trois heures du matin, l'armée de l'archiduc commença de défiler; elle s'engagea sur les deux ponts, laissant tout le corps d'armée de Kollowrath en avant de la ville pour masquer et protéger le mouvement, et, devant le corps d'armée de Kollowrath, toute sa cavalerie.

Les Autrichiens s'attendaient à être attaqués dès qu'il ferait jour et ils ne se trompaient pas : à quatre heures, Napoléon était à cheval.

Aussitôt qu'on put distinguer les objets, notre cavalerie légère s'avança; elle avait mission de reconnaître si on allait avoir une bataille à livrer, ou une retraite à poursuivre.

La cavalerie autrichienne ne lui donna pas le temps de faire ses observations : elle se rua sur la cavalerie française avec la rage de braves soldats ayant à venger leur défaite de la veille.

Alors, une mêlée pareille à celle que la nuit seule avait interrompue recommença. Tout en combattant, les cavaliers autrichiens se retiraient vers la ville, attirant sur eux l'attention des Français, afin que les grenadiers et le reste de l'infanterie eussent tout le temps de gagner l'autre bord par le pont de bateaux.

Enfin, quelques hussards s'aperçurent de ce qui se passait, et, courant au maréchal Lannes, lui montrèrent le gros de l'armée qui franchissait le fleuve au-dessous de Ratisbonne.

Lannes appela tout ce qu'il avait d'artillerie, établit une batterie, et fit pleuvoir une grêle de boulets et d'obus sur le pont de bateaux.

Au bout d'une heure le pont était brisé, un millier d'hommes étaient tués ou noyés, et les bateaux, désunis et enflammés, suivaient le cours du Danube et allaient porter à Vienne la nouvelle de la défaite de l'archiduc.

De l'autre côté Kollowrath, pour donner à l'armée du prince Charles le temps de défiler, se retrancha dans la ville et en ferma les portes devant les baïonnettes de nos voltigeurs.

La ville n'avait qu'une muraille, avec des tours de distance en distance, et un large fossé.

Napoléon ordonna d'emporter cette muraille à l'escalade : il ne voulait pas donner le temps à l'archiduc de faire sauter le pont de pierre, dont il avait besoin pour continuer sa poursuite.

Quarante pièces d'artillerie furent mises en batterie en moins d'un quart d'heure, et commencèrent à ébranler la muraille avec des boulets, et à mettre le feu à la ville avec des obus.

Napoléon s'avança à une demi-portée de fusil de la muraille, couverte de tirailleurs autrichiens.

Inutilement ses plus dévoués le supplièrent-ils de se retirer: il refusa de faire un seul pas en arrière.

Tout à coup, avec le même sang-froid qu'un maître d'armes accuse un coup de fleuret dans un assaut :

— Touché! dit-il.

Berthier, qui ne le quittait pas, et le faisait entourer le plus qu'il pouvait, se précipita vers lui, tout pâlissant.

— Je vous l'avais bien dit, sire! s'écria-t-il ; c'est le pendant d'Abensberg.

— Oui, dit Napoléon; seulement, à Abensberg, *il* avait visé trop haut, et, à Ratisbonne, *il* a visé trop bas!

Le 13 mai suivant, Napoléon entrait à Vienne, et le tambour-major du 1er régiment de la garde disait, frisant sa moustache et regardant le palais de l'empereur François II :

— Voilà donc cette vieille maison d'Autriche dont l'empereur nous a tant parlé.

VIII

L'ÉTUDIANT ET LE PLÉNIPOTENTIAIRE.

Le mardi 11 octobre 1809, c'est-à-dire cinq mois jour pour jour après la seconde occupation de Vienne par l'armée française, un officier d'une quarantaine d'années, portant l'uniforme de général autrichien, accompagné de deux aides de camp et d'un domestique avec un cheval de main, suivait la route d'Altenbourg à Vienne.

La franchise de sa physionomie, la limpidité de son regard, indiquant, d'après le système phrénologique de Gall, que, parmi les qualités ou les défauts de son organisation, selon qu'on examinera la chose sous le point de vue diplomatique ou moral, la ruse ne devait tenir qu'une médiocre place, n'empêchaient point que son visage ne fût couvert d'une espèce de voile sombre qui n'était évidemment que le reflet de sa pensée.

Il en résultait que les deux aides de camp, laissant leur général à sa préoccupation, au lieu de continuer à l'escorter à droite et à gauche, après avoir échangé un signe des yeux, s'étaient retirés un peu en arrière, et suivaient, en causant insoucieusement, le principal personnage de cette petite cavalcade, suivis qu'ils étaient eux-mêmes, à une égale distance à peu près, par le domestique qui menait un cheval en main.

Il était environ quatre heures du soir et la nuit allait tomber.

En apercevant de loin venir les cavaliers, un jeune homme qui, sans doute, se reposait au revers du chemin, s'était levé, avait traversé le fossé, et s'était rapproché de la ligne où devaient passer le général et sa suite.

C'était un jeune homme de taille moyenne, avec des cheveux blonds tombant sur ses épaules, de beaux yeux bleus assombris par un froncement de sourcils qui paraissait lui être habituel, et des moustaches blondes qui, commençant à naître, avaient toute la flexible virginité d'un premier duvet.

Il était vêtu de la casquette aux trois feuilles de chêne, de la redingote courte, du pantalon gris collant, des bottes molles venant au-dessous du genou, qui constituent, sinon l'uniforme, du moins le costume habituel de l'étudiant allemand.

Le mouvement qu'il venait de faire à la vue de la cavalcade semblait indiquer qu'il avait quelque grâce ou tout au moins quelque renseignement à demander à celui qui en paraissait le chef.

En effet, après avoir jeté un regard rapide sur l'officier qui marchait en tête:

— Monsieur le comte, dit le jeune homme, Votre Excellence aurait-elle la bonté de me dire si je suis encore bien loin de Vienne?

L'officier était tellement préoccupé, qu'il avait entendu le bruit de la voix, mais n'avait pas compris le sens des paroles.

Il abaissa, avec un regard bienveillant, ses yeux vers le jeune homme, lequel renouvela sa question touchant la distance qui le séparait encore de la ville.

— Trois lieues, mon jeune ami, répondit le général. — Monsieur le comte, reprit alors le jeune homme d'une voix ferme, et comme s'il demandait une chose si simple qu'il ne courût même point la chance d'un refus, je suis au terme d'un long voyage, très-fatigué, forcé d'arriver ce soir à Vienne : serez-vous assez bon pour permettre que je monte le cheval que votre domestique tient en main?

L'officier regarda le jeune homme plus attentivement que la première fois, et, reconnaissant en lui tous les caractères d'une éducation distinguée :

— Volontiers, Monsieur, dit-il.

Puis, se tournant vers le domestique :

— Jean, donnez le cheval de main à... Votre nom, Monsieur ? — A un voyageur fatigué, monsieur le comte, répondit le jeune homme. — A un voyageur fatigué, répéta le général avec un sourire indiquant qu'il respectait l'incognito dont son compagnon de route paraissait vouloir rester couvert.

Jean obéit, et le jeune homme, sous le regard à demi moqueur des deux aides de camp, monta à cheval avec une aisance qui prouvait qu'il n'était point étranger, sinon à l'art, du moins aux premiers principes de l'équitation.

Puis, comme si sa place n'eût pas été près d'un domestique, il poussa l'allure de son cheval de manière à se trouver sur la même ligne que les aides de camp.

Le général n'avait perdu aucun détail de ces différentes manœuvres.

— Seigneur étudiant? dit-il après un instant de silence. — Monsieur le comte? répondit le jeune homme. — Votre désir de garder l'incognito va-t-il jusqu'à ce point de ne pas vouloir marcher côte à côte avec moi? — Non pas, dit le jeune homme ; mais, d'abord, je n'ai aucun droit à cette familiarité ; puis, en me la permettant, j'eusse craint de distraire Votre Excellence des graves pensées où naturellement elle doit être plongée.

L'officier regarda le jeune homme avec une plus grande curiosité qu'il n'avait fait encore.

— Ah çà! Monsieur, dit-il, vous m'appelez *M. le comte,* vous savez donc mon nom ? — Je crois, répondit l'étudiant, avoir l'honneur de marcher côte à côte de monsieur le général comte de Bubna.

Le général fit un mouvement de tête qui indiquait que le jeune homme ne se trompait pas.

Puis il reprit :

— Vous avez parlé des graves pensées où je devais être plongé ; vous savez donc dans quel but je vais à Vienne ? — Votre Excellence ne va-t-elle pas à Vienne pour traiter directement de la paix avec l'empereur des Français ? — Pardon, mon cher Monsieur, dit le comte de Bubna en riant ; vous avez pu apprécier ma discrétion lorsqu'il s'est agi de l'incognito que vous désirez conserver ; mais vous conviendrez que nous ne sommes plus sur un pied d'égalité du moment où je ne sais qui vous êtes, ni ce que vous allez faire à Vienne, tandis que vous savez, non-seulement qui je suis, mais encore quelle est ma mission. — Quant à être sur un pied d'égalité avec vous, monsieur le comte, Votre Excellence n'a besoin que de voir mon costume, et que de se souvenir de la grâce que je viens de lui demander, pour croire à ma profonde humilité vis-à-vis d'elle. — Mais, cependant, insista le comte de Bubna, vous me connaissez ? vous savez ce que je vais faire à Vienne ? — Je connais Votre Excellence, parce que je l'ai vue au milieu du feu, où j'étais comme amateur : à Abensberg d'abord, à Ratisbonne ensuite ; je sais ce que Votre Excellence va faire à Vienne, parce que je quitte Altenbourg, où se tiennent les conférences entre les plénipotentiaires autrichiens et français, et que ce bruit s'est répandu, que, las de voir que rien n'avançait aux mains de MM. de Metternich et de Nugent, l'empereur François II vous avait fait venir au château de Dotis, qu'il habite depuis la bataille de Wagram, pour vous remettre ses pleins pouvoirs. — Je dois convenir que vous êtes parfaitement instruit, seigneur étudiant, et de mes qualités et de ma mission ; mais permettez qu'à mon tour j'en appelle à ma perspicacité, à défaut de votre confiance. D'abord, je devine à votre accent que vous êtes Bavarois. — Oui, monsieur le comte, je suis d'Eckmühl. — Nous sommes donc ennemis ? — Ennemis ? fit le jeune homme en regardant le comte de Bubna. Comment l'entend Votre Excellence ? — Ennemis, parbleu ! puisque nous venons de nous battre les uns contre les autres, Bavarois et Autrichiens. — Quand je vous ai vu à Abensberg et à Ratisbonne, monsieur le comte, dit l'étudiant, je ne me battais pas contre vous, et, si jamais nous sommes ennemis, ce ne sera pas tant que vous ferez la guerre ; ce sera bien plutôt quand vous aurez fait la paix.

Le comte regarda le jeune homme avec toute la fixité et toute la profondeur dont son regard était capable.

— Seigneur étudiant, lui dit-il au bout d'un instant, vous le savez, tout n'est qu'heur et malheur dans ce monde : le hasard a fait que vous m'avez rencontré ; le hasard a fait que mon domestique avait un cheval en main ; le hasard a fait qu'étant fatigué, vous m'avez demandé à monter à cheval ; enfin, le hasard a fait que, ce qu'un autre vous eût refusé comme à un inconnu, je vous l'ai accordé, moi, comme à un ami.

L'étudiant s'inclina.

— Vous paraissez triste, malheureux ; votre tristesse est-elle de celles qu'on peut consoler ? votre malheur est-il de ceux qu'on peut adoucir ? — Vous voyez bien, répondit le jeune homme avec un profond accent de mélancolie, que je n'ai aucun avantage sur vous, et que vous me connaissez aussi bien que je vous connais ! Vous ne me demanderez plus rien, maintenant : vous connaissez mon pays, vous connaissez mon opinion, vous connaissez mon cœur. — Si fait, je vous demanderai quelque chose de plus ; car je répéterai ma question : Puis-je consoler votre tristesse ? puis-je adoucir votre malheur ?

Le jeune homme secoua la tête.

— Ma tristesse ne peut être consolée, monsieur le comte, répondit-il : mon malheur est irréparable ! — Ah ! jeune homme, jeune homme, dit le comte de Bubna, il y a de l'amour là-dessous ! — Oui, quoique cet amour ne soit pas ma seule préoccupation. — C'est possible ; mais je réponds que c'est votre plus grand malheur. — Vous avez touché juste, monsieur le comte. — La femme que vous aimez est infidèle ? — Non. — Elle est morte ? — Plût au ciel ! — Comment ? — Elle a été déshonorée par un officier français, Monsieur ! — Ah ! pauvre enfant ! dit le comte de Bubna tendant la main à son jeune compagnon de voyage, en signe du double intérêt qu'il portait à lui et à la jeune fille dont il venait d'apprendre le malheur. De sorte ?... reprit-il continuant d'interroger, mais évidemment moins par curiosité que par sympathie. — De sorte, reprit le jeune homme, que je viens d'accompagner le père et les deux sœurs, il y a une seconde sœur, une enfant de neuf à dix ans, dans le pays de Bade, où, en cachant son nom, le pauvre père pourra cacher sa honte, et qu'après les avoir accompagnés là, je suis revenu ici. — A pied ? — Oui... Vous ne vous étonnez plus que je sois fatigué, n'est-ce pas, et que, voulant absolument arriver ce soir à Vienne, j'aie eu recours à votre obligeance ? — Je comprends, dit le comte : l'homme qui a déshonoré votre maîtresse est à Vienne ? — Et celui qui a déshonoré ma patrie aussi ! murmura le jeune homme, mais assez bas pour que M. de Bubna n'entendît point. — De mon temps, on tirait bien l'épée à l'université de Gœttingue, dit le comte faisant allusion au dessein qui, selon lui, amenait le jeune homme à Vienne.

Mais l'étudiant ne répondit pas.

— Voyons, poursuivit le comte, vous parlez à un soldat, que diable ! à un homme qui sait que tout affront demande à être réparé, et qu'on n'outrage pas impunément un homme comme vous ! — Eh bien ? demanda le jeune homme. — Eh bien ! avouez que vous venez à Vienne pour tuer l'homme qui a déshonoré votre maîtresse. — Pour tuer ?.. — Loyalement, bien entendu, reprit le comte, l'épée ou le pistolet à la main. — Je ne connais pas cet homme, je ne l'ai jamais vu, je ne sais pas son nom. — Ah ! fit le comte. Alors, ce n'est pas pour lui que vous venez ? — Je croyais vous avoir dit, Monsieur, que l'amour n'était pas ma seule préoccupation. — Je ne vous demande pas quelle est l'autre. — Vous avez raison, car je ne vous la dirais pas. — Ainsi, vous ne voulez rien m'apprendre de plus ? — Sur quoi ? — Sur vous, sur vos projets, sur vos espérances. — Mes espérances ? je n'en ai plus ! mes projets sont les vôtres ; seulement, vous voulez la paix de l'Autriche : moi, je veux la paix du monde ; moi, je suis un étudiant pauvre, faible, ignoré, dont le nom ne vous apprendrait rien, quoiqu'il soit destiné peut-être à devenir célèbre un jour. — Et vous ne voulez pas me dire ce nom ? — Monsieur le comte, j'ai hâte d'arriver à Vienne : permettez-vous qu'en prenant le cheval que vous avez bien voulu me prêter, je vous y précède ? Dans ce cas, vous me direz à quel hôtel vous vous proposez de descendre, et l'homme qui vous ramènera votre cheval sera chargé, en même temps, de vous porter mes remerciements, et de vous apprendre mon nom. — Le cheval que vous montez est à vous, seigneur étudiant ; quant à moi, je descends à l'hôtel de Prusse ; si vous avez quelque chose à me faire dire, vous me trouverez là. — Alors, Dieu vous garde, monsieur le comte ! dit le jeune homme.

Et, mettant son cheval au galop, il découvrit bientôt l'arsenal, puis la promenade du Graben, puis les anciens glacis de la ville, bombardés lors de la résistance de l'archiduc Maximilien, et, enfin, le palais impérial.

Arrivé à ce point de sa course, le jeune homme tourna à gauche, s'arrêta devant une porte du faubourg de Mariahilf, frappa trois coups à intervalles égaux avec le marteau de cuivre qui brillait à cette porte, et fut introduit, lui et son cheval, dans une cour.

La porte se ferma derrière lui.

Mais au moment où, à son tour, le comte de Búbna atteignait les remparts de la ville, et s'acheminait vers l'hôtel de Prusse, suivi de ses deux aides de camp et de son domestique, cette petite porte du faubourg de Mariahilf se rouvrait, le jeune homme que nous avons vu la franchir à cheval en sortait à pied, et, longeant les maisons, où il jetait en passant des regards curieux, entrait bientôt chez un marchand ferrailleur. Là, après s'être fait montrer des couteaux de différentes formes, il arrêtait son choix sur un couteau à longue lame et à manche noir qu'il acheta un zwanziger.

Puis, sortant de la boutique du ferrailleur, il rentra dans la petite maison du faubourg de Mariahilf, et, tandis qu'un domestique bouchonnait le cheval du comte de Bubna, le jeune homme aiguisait avec soin son couteau sur une pierre à repasser, et, sans doute pour s'assurer que la pointe était suffisamment aiguë et le fil assez tranchant, il taillait un crayon, et, déchirant une feuille de papier de ses tablettes, il écrivait sur cette feuille :

« A Son Excellence le général comte de Bubna, à l'hôtel de Prusse.

« Son reconnaissant et dévoué serviteur,

« FRÉDÉRIC STAPS. »

Dix minutes après, le cheval était dans les écuries de l'hôtel de Prusse, et le billet dans les mains du comte de Bubna.

IX

LE PALAIS DE SCHŒNBRUNN.

A trois kilomètres de Vienne, au delà du faubourg de Mariahilf, et un peu sur la gauche, s'élève le palais impérial de Schœnbrunn, commencé par Joseph Ier et achevé par Marie-Thérèse.

C'est le quartier général ordinaire de Napoléon chaque fois qu'il prend Vienne ; c'est là qu'il a logé en 1805, après la bataille d'Austerlitz ; c'est là qu'il loge en 1809, après la bataille de Wagram ; c'est là aussi que logera son fils en 1815, après la bataille de Waterloo.

Moins les murailles en briques et les toits aigus, Schœnbrunn est à peu près bâti sur le plan de Fontainebleau ; c'est un grand corps de logis avec deux ailes en retour, un double escalier formant perron, couronnant le péristyle, et donnant sur le premier étage. Parallèlement au bâtiment principal, des constructions basses, qui servent d'écuries et de communs, se relient à l'extrémité de chacune des ailes, et, en laissant seulement dans l'axe du perron une ouverture d'une dizaine de mètres, de chaque côté de laquelle se dresse un obélisque, achèvent de dessiner et d'enceindre la cour.

On arrive à cette entrée par un pont sous lequel roule un de ces mille ruisseaux qui vont se jeter dans le Danube, sans avoir acquis assez d'importance pour que la géographie prenne la peine de leur donner un nom.

Derrière le château s'étend le jardin, disposé en amphithéâtre, et surmonté d'un belvédère placé au sommet d'une immense pelouse, laquelle est flanquée, de chaque côté, d'un charmant taillis plein d'ombre et de fraîcheur.

C'est dans ce belvédère que, le jeudi 12 octobre de cette même année 1809, se promenait impatient, presque soucieux le vainqueur de Wagram.

Pourquoi soucieux?

C'est que son génie, cette fois encore, l'a emporté; c'est que sa fortune, cette fois encore, lui a été fidèle, mais que, cependant, il a senti dans sa destinée un commencement de résistance; c'est qu'après avoir lutté contre les hommes, il en est arrivé à lutter contre les forces de la nature, et qu'il a compris que, s'il osait de nouveau tenter Dieu, la nature qui lui a donné ce terrible avertissement de la crue du Danube pourrait bien enfin ne plus se laisser vaincre!

Pourquoi impatient?

C'est que, malgré sept défaites successives, l'Autriche, qui est prise, ne se rend pas!

Un instant, Napoléon a eu l'espoir d'effacer la maison de Hapsbourg du nombre des familles régnantes, comme il en a effacé la maison de Bragance en Portugal, et la maison de Bourbon en Espagne ; mais il a vu que les serres de l'aigle à deux têtes étaient plus fortement cramponnées à l'empire qu'il ne le croyait. C'eût été bien beau cependant de s'emparer des trois couronnes d'Autriche, de Bohême et de Hongrie, et de les disperser sur des têtes autrichiennes ou allemandes! Mais il a reconnu que ce rêve d'orgueil était impossible, et que c'est même à grand'peine qu'il obtiendra les quatre ou cinq millions d'âmes et les six ou sept provinces qu'il demande.

Les premiers pourparlers, en effet, ont eu lieu vers la fin d'août, entre MM. de Metternich, de Nugent et de Champagny, et voilà qu'on est arrivé au 12 octobre sans avoir encore pu tirer des deux diplomates autrichiens une réponse définitive.

C'est qu'aussi les conditions posées par le négociateur français étaient dures pour l'Autriche. Elles avaient pour cause de négociation l'*uti possidetis**.

Vous ne savez point ce que c'est que l'*uti possidetis*, n'est-ce pas, cher lecteur? Eh bien, je vais vous le dire.

L'empereur Napoléon demandait à son frère, l'empereur d'Autriche, l'abandon à la France non pas du territoire que ses armées occupaient, ce qui était impossible puisque ses armées occupaient Znaïm, Vienne, Brünn, Presbourg, Adelsberg, Grætz, mais l'équivalent de ce territoire en d'autres lieux.

Cela faisait neuf millions d'habitants et douze ou quinze mille lieues carrées, c'est-à-dire un peu plus que le tiers des sujets de l'empereur d'Autriche, et un peu plus que le quart de ses États.

* Voir M. Thiers, si exact, si précis, si clair dans tout ce qui est stratégie, finances, négociations.

Cependant, peu à peu, Napoléon en était arrivé à ne plus demander que quatre ou cinq millions d'âmes et six ou sept mille lieues carrées de terrain.

François II trouvait que c'était encore beaucoup.

Aussi, comme il savait avec quelle facilité on obtenait des concessions de ce terrible vainqueur quand on s'adressait directement à certaines qualités de son caractère, avait-il décidé, au lieu de laisser plus longtemps la chose aux mains des diplomates, d'envoyer à Napoléon le général comte de Bubna, son aide de camp, à la fois homme de guerre, homme du monde et homme d'esprit.

Nous avons, dans le chapitre précédent, fait connaissance avec le négociateur de Sa Majesté Impériale François II ; nous n'avons donc rien à ajouter ici sur ses qualités physiques et morales.

C'était ce négociateur que l'empereur Napoléon, non moins pressé de retourner en France que l'empereur d'Autriche l'était de le voir partir, attendait avec une si grande impatience, que, de cinq minutes en cinq minutes, interrompant sa promenade silencieuse et agitée, il revenait coller sa tête, modelée comme un buste antique, contre la porte vitrée donnant du côté du château.

Enfin, le général diplomate parut, montant la rampe de verdure qui conduisait du château au belvédère.

Napoléon était si peu maître de son impatience, que, contrairement aux lois de l'étiquette, qui voulaient que M. de Bubna fût introduit chez lui d'une certaine façon et avec certaines formalités, il lui ouvrit la porte lui-même.

— Venez, venez, monsieur de Bubna ! lui dit-il en l'apercevant. Mon frère l'empereur d'Autriche a raison de se plaindre de nos négociateurs : tous ces diables de diplomates sont de véritables marchands de paroles ! C'est à qui placera la plus grosse partie de marchandises, comme on dit dans le commerce. Vivent les militaires pour traiter de la paix ! Nous allons mener cela comme une bataille, monsieur de Bubna. — En ce cas, sire, je me tiens d'avance pour battu, répondit le comte. Faites donc vos conditions ; je vous rends mon épée. — Encore faut-il que vous les discutiez, ces conditions. Tenez, je vais y mettre une franchise qui serait de l'imprudence si je ne connaissais pas ma force, et si je n'étais pas dans une position à rendre inutiles toutes les dissimulations diplomatiques. Voyons, vous savez ce que je demande ; qu'êtes-vous chargé de m'accorder ? — Votre Majesté veut agrandir la Saxe, renforcer la Bavière, s'approprier nos ports sur l'Adriatique. Ne vaut-il pas mieux accroître la nouvelle Pologne ?

Napoléon arrêta M. de Bubna par un geste et par un sourire.

— C'est-à-dire me brouiller avec la Russie ? dit-il. Oui, sans doute, cela vaudrait mieux pour l'Autriche, quoique la Russie vienne de me prouver qu'elle n'était pas une bien chaude alliée, en me laissant battre à moi tout seul l'Autriche, sa véritable ennemie. — Sire, Votre Majesté est bien maîtresse de porter la discussion sur le terrain qui lui conviendra ; mais qu'elle me permette de lui dire.... — Que nous nous éloignons de la discussion ? interrompit l'empereur. C'est possible. Tenez, monsieur de Bubna, nous pouvons tout terminer en un jour, en une heure, si vous voulez me parler aussi franchement au nom de votre souverain que je vais, moi, vous parler en mon propre nom. Vous avez raison, je n'ai aucun intérêt à procurer quelques millions d'habitants de plus à la Saxe et à la Bavière ; mon intérêt, mon véritable intérêt, c'est de suivre la politique de mes prédécesseurs ; c'est d'achever l'œuvre commencée par Henri IV, Richelieu et Louis XIV ; c'est, enfin, de détruire la monarchie autrichienne en séparant les trois couronnes d'Autriche, de Bohême et de Hongrie. Pour séparer ces trois couronnes, il faudrait nous battre encore, et, quoiqu'il soit probable que nous finirons par là, je vous donne ma parole d'honneur que je n'en ai pas le désir ! — Eh bien, sire, pourquoi ne pas plutôt vous attacher l'Autriche par une alliance intime ? — Mais le moyen d'en arriver là ? — Sire, il y a deux manières de concevoir la paix. — Dites-les, Monsieur. — L'une, large, généreuse, digne de Votre Majesté : c'est de rendre à l'Autriche toutes les provinces que vous lui avez enlevées, de la refaire aussi puissante qu'elle l'était avant la guerre, et, alors, de vous en rapporter à sa loyauté, à sa reconnaissance ; l'autre, permettez-moi de vous le dire, l'autre, mesquine, dangereuse, froissante, cruelle, peu profitable à la puissance dépouillée, moins profitable encore peut-être à la puissance qui la dépouillera.... — Pardon, monsieur de Bubna, dit Napoléon, je vous arrête. Le premier système de paix, après Austerlitz, quand Sa Majesté mon frère est venu me voir à mon bivac, je l'ai essayé : sur sa parole de ne plus me faire la guerre, je lui ai restitué tous ses États, sauf de faibles souvenirs que je tenais à garder de cette campagne. Après m'être conduit ainsi, je pouvais, à ce qu'il me semblait du moins, compter sur une paix durable ; et, à peine ai-je été engagé contre les Espagnols et les Anglais, que j'ai vu toutes les promesses oubliées, tous les serments trahis ! Je ne puis plus me reposer sur la parole de votre empereur, Monsieur. Tenez, ajouta Napoléon, voulez-vous une preuve que ce n'est pas à l'Autriche personnellement que je fais la guerre, et que c'est de votre empereur seul que je me défie ? L'empereur François parle sans cesse de son dégoût du trône, de son désir d'abdiquer ; eh bien, qu'il abdique en faveur de son frère le grand-duc de Wurtzbourg, que j'aime et dont je suis aimé, qui aura une volonté à lui, et qui ne se laissera pas mener par les Anglais ; qu'il abdique, et je quitte Vienne, et je rends à son successeur toutes les provinces que je lui ai prises, à lui, et, loin d'exiger les cent cinquante millions qui restent encore à percevoir sur la contribution de deux cents millions dont j'ai frappé l'Autriche, je lui rends les cinquante millions perçus, je lui en prête cent autres sur sa simple parole, s'il en a besoin, et peut-être... oui tenez, plus encore : je lui rends le Tyrol ! — Sire, répondit monsieur de Bubna assez embarrassé, je ne doute pas que l'empereur mon maître, apprenant les conditions extrêmes que met Votre Majesté à la paix, ne se décide à abdiquer, aimant mieux assurer l'intégralité de l'empire dans les mains de son successeur qu'une couronne ainsi mutilée sur sa propre tête. — Entendez-moi bien, reprit Napoléon ; ce ne sont point là mes conditions suprêmes ou extrêmes, comme vous dites : c'est une suppposition ; les égards que l'on se doit entre souverains m'empêchent de rien imposer de pareil ; seulement, je dis que, si le goût de la retraite prenait à votre empereur, eh bien, ce serait, comme vous le voyez, un grand bonheur pour l'Autriche. Mais enfin, comme je ne crois point à ce résultat, comme je ne veux plus m'en rapporter à la générosité de l'Autriche, je suis forcé d'en revenir à mes premières propositions. — En les adoucissant, sire, je l'espère ! — En les adoucissant, soit.... Je renonce à l'*uti possidetis*. J'avais réclamé trois cercles en Bohême : il n'en sera plus question*; j'avais exigé la haute Autriche jusqu'à l'Ens : j'abandonne l'Ens, je renonce à une partie de la Carinthie, et n'en conserve que Villach; je vous restitue Clagenfurt, mais je garde la Carniole et la droite de la Saxe jusqu'à la Bosnie; je vous demandais deux millions six cent mille sujets en Allemagne : je ne vous en demande plus que seize cent mille. Reste la Galicie; songez-y, je dois faire quelque chose pour un allié qui ne m'a point secondé, c'est vrai, mais qui ne m'a point trahi non plus; je dois lui arrondir le grand-duché; nous serons tous les deux faciles de ce côté-là, car nous ne tenons guère à ces territoires. Il n'en est pas de même, je vous en préviens, du côté de l'Italie; il me faut une large route vers la Turquie, une route par laquelle puissent passer trois cent mille hommes et trois cents pièces de canon! Mon influence sur la Méditerranée est subordonnée à mon influence sur la Porte; cette influence, je ne puis l'avoir qu'en me faisant le voisin de l'empire turc. Il me faut bien la terre, puisque, chaque fois que je suis prêt à prendre l'Océan ou la Méditerranée aux Anglais, votre maître m'arrache l'Angleterre des mains!... Laissons là mes alliés, vous avez raison, et revenons à moi et à mon empire. Donnez-moi ce que je vous demanderai sur l'Adriatique et en Illyrie, et pour tout le reste vous me trouverez accommodant. Mais, comprenez bien, monsieur de Bubna, c'est mon *ultimatum;* vous parti, j'envoie mes ordres pour la reprise des hostilités. Depuis Wagram, mon armée s'est accrue chaque jour; mon infanterie est complète, reposée, plus belle que jamais; toute ma cavalerie s'est remontée en Allemagne; j'ai cinq cents pièces de canon attelées, et trois cents autres prêtes à faire feu sous les murs des places que j'occupe; Junot, Masséna et Lefebvre ont quatre-vingt mille hommes en Saxe et en Bohême; Davoust, Oudinot et ma garde forment une masse de cent cinquante mille hommes; avec cette masse, je déboucherai par Presbourg, et j'irai, en quinze jours, porter, jusqu'au fond de la Hongrie, les derniers coups à la monarchie autrichienne. — Sire, interrompit monsieur de Bubna, Votre Majesté m'a donné l'exemple de la franchise. Nous non plus, nous ne voulons pas une guerre qui peut tout nous enlever; mais, cependant, nous la préférons à une paix presque aussi désastreuse que la guerre. Votre Majesté parle de deux cent trente mille soldats : nous en avons trois cent mille; mais, à ces trois cent mille il manque un général qui puisse tenir tête à Votre Majesté. Que Votre Majesté entende donc l'appel que nous faisons à sa générosité, et nous donne sa dernière parole. — Prenez une plume, Monsieur, et écrivez, dit Napoléon.

Le comte de Bubna s'assit, prit une plume, et sous la dictée de l'empereur, écrivit l'*ultimatum* suivant :

« Du côté de l'Italie :

« Le cercle de Villach sans celui de Clagenfurt, c'est-à-dire l'ouverture des Alpes Noriques; plus, Laybach et la rive droite de la Save jusqu'à la Bosnie.

« Du côté de la Bavière :

« Une ligne prise entre Passau et Lintz, partant du Danube aux environs d'Efferding, venant tomber à Schwanstadt, abandonnant à cet endroit le ter-

* Voir l'*Histoire du Consulat* et *de l'Empire* de M. Thiers ; voir surtout le récit de Napoléon, et celui de M. de Bubna lui-même aux archives des affaires étrangères.

ritoire de Gmünd, et se rattachant au pays de Salzbourg par le lac de Kammer-Sée.

« Du côté de la Bohême :

« Quelques enclaves sans importance que je désignerai, et qui ne dépasseront pas cinquante mille âmes de population.

« Du côté de la Galicie :

« La nouvelle Galicie, de la Vistule à la Silica à gauche, de la Vistule au Bug à droite ; le cercle de Zamosc, avec moins de terre du côté de Cracovie, mais en y joignant les mines de sel de Wieliczka. »

— Ainsi, vous voyez, continua Napoléon, au lieu de seize cent mille sujets en Italie et en Autriche, je me contente de quatorze cent mille, et, au lieu de trois millions de sujets en Galicie, de deux millions seulement. — Et Votre Majesté abandonne ses autres prétentions? demanda vivement M. de Bubna. — Oh ! non, dit Napoléon ; vous n'y comprendriez plus rien ! il y a deux points importants à régler : le premier...

M. de Bubna s'apprêtait à écrire.

— Attendez, n'écrivez pas, dit l'empereur. Ces deux points importants à régler seront l'objet d'une lettre particulière entre votre maître et moi ; d'ailleurs, ce que j'ai à vous demander n'est pas bien compliqué, et votre mémoire, j'en suis sûr, y suffira. Je veux, vous entendez bien? ce n'est pas *je désire* que je dis, c'est *je veux*, je veux que l'Autriche réduise son armée à cent cinquante mille hommes, et qu'elle me compte cent millions pour complément de la contribution de guerre dont je n'ai encore perçu que cinquante. — Sire, c'est dur! dit M. de Bubna. — C'est ainsi, répondit l'empereur. — Mais, cependant, il faut un terme à cette vassalité. — Tenez, dit Napoléon, je vais faire beau jeu à votre empereur. Le terme de cette *vassalité*, puisque vous l'appelez ainsi, sera celui de la guerre maritime. Que l'Angleterre nous donne la paix, une paix certaine, une paix durable, et je vous autorise à réarmer les cinq cent mille hommes que vous aviez au commencement de la campagne. — Sire, demanda M. de Bubna en se levant, quand dois-je revenir? — Monsieur, dit Napoléon prenant une résolution soudaine, il est inutile que vous reveniez, car vous ne me retrouveriez plus ici. — Votre Majesté part? — Pour la Styrie, oui. — Et quand cela? — Demain... Vous avez mon *ultimatum ;* M. de Champagny a mes pleins pouvoirs. S'il faut se battre, je reviendrai ; mais, je vous le dis, monsieur de Bubna, malheur à ceux qui me feront revenir! — Votre Majesté part? répéta M. de Bubna stupéfait. — Oh! mon Dieu, oui! Venez avec moi, monsieur de Bubna; je passe, dans la cour du château, ma revue d'adieu.

M. de Bubna comprit que, cette fois, c'était bien le dernier mot de Napoléon.

Il se leva, mit dans sa poche la note qu'il venait d'écrire, et suivit l'empereur.

Tous deux descendirent les rampes de la pelouse, traversèrent le château, et apparurent sur le perron du côté de la cour.

La cour était encombrée de curieux.

L'empereur s'approcha du balcon qui formait le centre des deux escaliers réunis. Il avait à sa droite M. de Bubna, à sa gauche le prince de Neuchâtel.

Rapp, son aide de camp, se tenait un peu au-dessous de lui, sur la troisième marche descendante du perron.

Les soldats défilèrent sous le balcon au cri de « Vive l'empereur! » et se formèrent en carré dans la cour.

L'empereur fit signe à M. de Bubna de le suivre, et descendit le perron pour aller se placer au centre du carré.

Rapp continua de marcher devant, comme s'il eût été prévenu que l'empereur avait quelque chose à craindre.

Au reste, depuis quatre ou cinq mois il en était ainsi, et partout l'œil vigilant de Berthier cherchait l'assassin promis par la réunion des ruines d'Abensberg.

Tout à coup, au moment où la foule s'écartait pour faire passage à Napoléon, un jeune homme, au lieu de s'écarter comme les autres, se jeta en avant.

Rapp vit briller comme un éclair; il étendit le bras, et saisit au-dessus du poignet une main armée d'un couteau.

— Staps! s'écria M. de Bubna. Oh! sire, sire... — Qu'y a-t-il? demanda l'empereur en souriant. — Il y a, sire, que ce jeune homme a voulu vous assassiner. Ne l'avez-vous pas vu? — Je ne vois jamais ces choses-là, Monsieur. Ou je suis nécessaire à la France, et alors je suis cuirassé par ma mission; ou je lui suis inutile, et que dans ce cas Dieu dispose de moi!

Puis, sans s'inquiéter davantage de l'assassin, que Rapp remettait aux mains des gendarmes, il entra dans le carré, aussi calme que le jour où, à Abensberg, une balle avait troué son chapeau; que le jour où, à Ratisbonne, une balle l'avait blessé au pied.

Mais, tout bas, il dit à Berthier :

— M. de Bubna connaît ce jeune homme. — Comment savez-vous cela, sire? — En le voyant, il a prononcé son nom. — Et ce jeune homme s'appelle?... — Staps.

X

LE VOYANT.

Deux heures après la revue, et après le départ de M. de Bubna, Napoléon se retrouvait dans le même pavillon où nous l'avons déjà vu le matin.

Cette fois, il n'était point seul ; mais, au contraire, se promenant côte à côte avec un homme d'une cinquantaine d'années, au coup d'œil rapide et intelligent, et tout vêtu de noir, il causait familièrement.

Cet homme, c'était Corvisart, son médecin.

— Savez-vous, sire, que j'ai été fort épouvanté lorsqu'on m'a envoyé chercher de votre part? disait l'illustre docteur. Le bruit d'un assassinat tenté sur votre personne se répandait, et j'ai craint que vous ne fussiez blessé. — Merci de votre promptitude à accourir, mon cher docteur; il n'en est rien, comme vous voyez, et si je vous ai envoyé chercher, ce n'est pas pour moi. — Pour qui donc? — C'est pour mon assassin. — A-t-il donc reçu quelque mauvais coup dans la bagarre, ou essayé de se suicider? — Quant au mauvais coup, je crois qu'on a mis, au contraire, toute sorte de sollicitude à ce qu'il ne reçût pas une égratignure, et je n'ai point entendu dire qu'il ait fait aucune tentative sur lui-même. — Eh bien, alors, sire, pourquoi m'envoyiez-vous chercher? — M. de Bubna, qui a voyagé hier par hasard avec ce jeune homme, et qui lui a même prêté un cheval pour faire la dernière étape, m'en a dit quelques mots qui m'ont intéressé à lui. — A votre assassin? — Pourquoi pas? J'apprécie la persistance, mon cher Corvisart, et j'ai tout lieu de croire que c'est une vertu dont est doué M. Frédéric Staps. Je voudrais savoir si cette persistance est chez lui une vertu ou une monomanie, si c'est un patriote ou un fou. Vous chargez-vous de démêler cela? — J'essayerai, sire. — Il y a là-dessous une affaire de femme assez intéressante, à ce que j'ai pu comprendre, mais qui ne nous regarde en rien. — En somme, reprit Corvisart, Votre Majesté veut un prétexte pour le sauver? — Peut-être, répondit Napoléon. — Eh bien, voyons, sire, dit Corvisart, faites-le venir : on l'examinera.

Napoléon appela Rapp et lui demanda si ses ordres avaient été exécutés.

— Oui, sire, répondit le général. — Alors, faites entrer le prisonnier.

Rapp sortit; un instant après le jeune homme parut entre deux gendarmes, les pouces attachés par des menottes.

Rapp venait derrière lui.

— Détachez les mains de ce garçon-là, dit Napoléon.

On obéit.

Puis, se tournant vers Rapp :

— Laissez-le seul avec moi et Corvisart.

Le général hésitait; Napoléon fronça le sourcil comme Jupiter Olympien.

Rapp fit sortir les deux gendarmes devant lui, jeta un dernier regard sur les trois personnages qu'il laissait ensemble, et sortit se promettant bien de rester la main sur la poignée de son sabre et l'oreille collée à la porte.

L'empereur était assis à l'extrémité d'une table ovale; Corvisart se tenait debout près de lui.

— Parlez-vous français? demanda l'empereur à Staps. — Un peu, dit celui-ci. — Voulez-vous répondre par interprète, ou essayer de répondre directement? — Je préfère répondre directement. — Frédéric Staps est bien votre nom? — Oui. — D'où êtes-vous? — D'Erfurth. — Depuis quand êtes-vous à Vienne? — Depuis hier. — Dans quel but y êtes-vous venu? — Dans le but de vous demander la paix et de vous prouver qu'elle est nécessaire. — Croyez-vous que j'eusse écouté un homme sans mission? — Ma mission est bien autrement sainte que celle de M. de Bubna! — M. de Bubna est venu à moi de la part de l'empereur. — J'y viens, moi, de celle de Dieu!

Napoléon regarda Corvisart en l'interrogeant de l'œil; celui-ci fit un signe qui voulait dire « Continuez. »

— Et si je ne vous eusse pas écouté, quelle était alors votre intention? demanda l'empereur se retournant vers Staps. — De vous tuer. — Quel mal vous ai-je fait? — Vous opprimez mon pays. — Votre pays s'est soulevé contre moi; je l'ai vaincu, c'est la chance de la guerre! Alexandre a vaincu et opprimé les Perses, César a vaincu et opprimé les Gaulois, Charlemagne a vaincu et opprimé les Saxons. — Perse, j'eusse poignardé Alexandre! Gaulois, j'eusse poignardé César! Saxon, j'eusse poignardé Charlemagne! — Est-ce le fanatisme religieux qui vous a déterminé? — Non, c'est le patriotisme national. — Avez-vous des complices? — Mon père lui-même ignore mon projet. — M'aviez-vous déjà vu ? — Trois fois avant celle-ci, qui fait quatre : la première à Abensberg, la deuxième à Ratisbonne, la troisième dans la cour du palais de Schœnbrunn. — Êtes-vous franc-maçon? — Non. — Illuminé? — Non. — Appartenez-vous à quelque société secrète d'Allemagne? — Je vous ai dit que je n'avais pas de complices. — Connaissez-vous le major Schill? — Non. — Connaissez-vous Brutus? — Lequel? Il y en a deux. — Oui, dit Napoléon avec un sourire expressif, il y a celui qui a tué son père et celui qui a tué ses fils... Avez-vous eu connaissance des conspirations de Moreau et de Pichegru? — Je n'en sais que ce qu'en ont rapporté les journaux. — Que pensez-vous de ces hommes? — Qu'ils ne travaillaient que pour eux et craignaient la mort. — On a trouvé sur vous un portrait de femme? — J'ai prié qu'on me le laissât, et l'on s'est rendu à ma prière. — Quelle est cette femme? — A quoi cela importe-il? — Je désire savoir qui elle est. — C'est une jeune fille que je devais épouser. — Vous aimiez! vous aviez un père, une fiancée, et vous vous êtes fait assassin! — J'ai cédé à la voix qui me disait : « Frappe! » — Mais après avoir frappé espériez-vous donc vous échapper? — Je n'en avais pas même le désir. — D'où vous vient ce dégoût de la vie? — De ce que la fatalité m'a rendu la vie impossible. — Si je vous pardonnais, quel usage feriez-vous de votre liberté? — Comme je suis convaincu que vous voulez la perte de l'Allemagne, j'attendrais une autre occasion, je choisirais mieux mon temps, et peut-être cette fois réussirais-je!

L'empereur haussa les épaules.

— Tenez, Corvisart, dit-il, le reste vous regarde; examinez-le, dites-moi ce que vous en pensez.

Corvisart tâta le pouls du jeune homme, appuya son oreille contre sa poitrine, plongea son regard dans ses yeux.

— C'est un fanatique de la famille des Cassius et des Jacques Clément, dit-il. — Et pas de folie? demanda Napoléon. — Aucune. — Pas de fièvre? — Quatre pulsations de plus que dans l'état ordinaire. — Alors il est calme? — Parfaitement calme....

L'empereur marcha droit au jeune homme, et fixant sur lui son regard profond :

— Voyons, lui dit-il, veux-tu vivre? — Pourquoi faire? — Pour être heureux. — Je ne puis plus l'être. — Promets-moi de retourner près de ton père, près de ta fiancée, de demeurer tranquille et inoffensif, et je te fais grâce.

Le jeune homme regarda Napoléon d'un air étonné. Puis, après une pause :

— Je vous ferais une promesse vaine, dit-il. — Comment cela? — Je ne la tiendrais pas. — Tu sais que tu vas être jugé par un conseil de guerre, et que par conséquent dans trois jours tout sera fini? — Je suis prêt à mourir. — Écoute, je pars demain : tu vas donc être jugé et fusillé en mon absence... — Serais-je fusillé? demanda Staps avec une sorte de joie. — Oui... à moins, comme je te l'ai dit, que tu ne veuilles m'engager ta parole. — C'est un engagement pris avec Dieu, dit le jeune homme en secouant la tête. — Mais peut-être au moment de quitter la vie la regretteras-tu? — Je ne crois pas. — C'est possible, cependant. — Sans doute; l'homme est faible! — Eh bien, si tu étais, non pas faible, mais repentant... — Que ferais-je? — Tu ferais la promesse que je te demande. — A qui? — A Dieu. — Et puis?... — Et puis tu montrerais ce papier au président de la commission.

Et Napoléon, écrivant quelques mots sur un papier, le plia et le donna à Staps ; celui-ci le prit, et, sans le lire, le mit dans la poche de son gilet.

— Une dernière fois, Corvisart, demanda Napoléon, vous êtes sûr que cet homme n'est pas fou ? — Il ne l'est pas, sire. — Rapp!

Rapp reparut.

— Reconduisez l'accusé en prison, dit l'empereur; que l'on assemble une commission militaire qui connaîtra de son crime.

Puis, se tournant vers Corvisart :

— Docteur, poursuivit-il, comme si sa pensée ne conservait aucun souvenir de ce qui venait de se passer, dites-moi une chose. — Laquelle, sire? — Un homme de quarante ans peut-il avoir des enfants ? — Pourquoi pas? répondit Corvisart. — Et un homme de cinquante ? — Encore. — Et un homme de soixante ? — Quelquefois. — Et un homme de soixante et dix? — Toujours.

L'empereur sourit.

— Il me faut un enfant! il me faut un fils! dit Napoléon. Si ce fou m'avait tué, à qui revenait le trône de France?

Puis, laissant tomber sa tête sur sa poitrine :

— Il y a une chose qui m'épouvante, murmura-t-il : c'est que ce n'est plus la révolution française, mais moi que l'on hait et que l'on poursuit comme l'auteur du mal universel, comme l'agent de ce trouble incessant et terrible qui ébranle le monde; et cependant, Dieu m'est témoin que ce n'est pas moi qui veux la guerre! Qu'ont-ils donc de plus que moi, tous ces rois qui trouvent des fanatiques pour les adorer et des assassins pour les défendre ?.. Ce qu'ils ont de plus que moi, ajouta-t-il, ils sont nés sur le trône... Ah! si j'étais seulement mon petit-fils!

Et, retombant sur son fauteuil, il resta pendant quelques minutes pensif et le front appuyé dans sa main.

Que se passa-t-il pendant ces quelques minutes dans cette tête profonde, et quel flot de pensées vint assaillir cet esprit inébranlable comme le rocher?

C'est un de ces secrets qui demeurèrent entre lui et Dieu.

Enfin, il tira lentement à lui une feuille de papier, prit une plume, la trempa dans l'encre, la tourna et la retourna plusieurs fois entre ses doigts, et écrivit :

AU MINISTRE DE LA POLICE.

« Schœnbrunn, le 12 octobre 1809.

« Un jeune homme de dix-sept ans *, fils d'un ministre luthérien d'Erfurt, a cherché, à la parade d'aujourd'hui, à s'approcher de moi; il a été arrêté par les officiers, et, comme on a remarqué du trouble dans ce petit jeune homme, cela a excité des soupçons : on l'a fouillé, et on lui a trouvé un poignard.

« Je l'ai fait venir, et ce petit misérable, qui m'a paru assez instruit, m'a dit qu'il voulait m'assassiner pour délivrer l'Autriche de la présence des Français. Je n'ai découvert en lui ni fanatisme religieux, ni fanatisme politique; il ne m'a pas paru bien savoir ce que c'était que Brutus. La fièvre d'exaltation a empêché d'en savoir davantage. On l'interrogera lorsqu'il sera refroidi et à jeun. Il serait possible que ce ne fût rien.

* La lettre existe autographe. Est-ce avec intention, et pour faire croire, non pas à l'action d'un homme, mais à l'action d'un enfant, que Napoléon ôtait trois ans à son assassin?

« J'ai voulu vous informer de cet événement, afin qu'on ne le fasse pas plus considérable qu'il ne paraît l'être. J'espère qu'il ne pénétrera pas; s'il en était question, il faudrait faire passer cet individu pour fou. Gardez cela pour vous secrètement; cela n'a fait à la parade aucun esclandre; moi-même, je ne m'en suis pas aperçu.

« NAPOLÉON.

P.-S. Je vous répète de nouveau, et vous comprendrez bien qu'il ne doit être aucunement question de ce fait. »

Puis, sonnant :

— Appelez Rapp, dit-il à l'huissier. — Le général est là, sire. —Qu'il entre alors!

Rapp entra.

— Rapp, dit Napoléon, faites partir un courrier sûr, et qu'il remette cette lettre à M. Fouché.

Rapp, avec une promptitude militaire et une obéissance toute passive, prit la lettre et tourna les talons.

— A lui seul, à lui-même! cria l'empereur.

XI

L'EXÉCUTION.

Le lendemain du jour où, selon le programme qu'il avait donné à M. de Bubna, Napoléon avait quitté Vienne, le bruit se répandit, vers le soir, que le conseil de guerre, convoqué par ordre du maréchal Berthier, venait de condamner Frédéric Staps à la peine de mort.

L'accusé avait tout avoué, n'avait en rien essayé de repousser l'accusation, et, après avoir entendu sa sentence, n'avait réclamé ni grâce ni sursis.

Seulement, une fois rentré dans sa prison, il avait demandé qu'on voulût bien prier le lieutenant rapporteur, qui était un jeune officier de chasseurs nommé Paul Richard, de venir le voir le lendemain, quelques instants avant l'exécution.

Puis il avait fait sa prière, avait recommandé qu'on le réveillât de bonne heure, et avait donné au geôlier, en récompense de ses bons soins, quatre frédérics d'or qu'il avait sur lui, et qui composaient toute sa fortune.

Après quoi il s'était couché, avait tiré un médaillon de sa poitrine, l'avait tendrement baisé à plusieurs reprises; puis enfin s'était endormi en appuyant ce médaillon sur son cœur.

A six heures du matin, le geôlier était entré dans sa chambre et l'avait réveillé.

Alors Staps avait ouvert les yeux en souriant, avait remercié celui qui venait, pour si peu de temps, de le rendre au sentiment de son existence, avait fait sa toilette avec une sorte de recherche, avait peigné ses beaux cheveux avec une coquetterie toute particulière, et lorsqu'on lui avait demandé ce qu'il désirait pour son déjeuner, avait répondu :

— Je crois qu'une tasse de lait suffira.

Il venait de vider cette tasse, quand le jeune officier dont il avait sollicité la veille un entretien *in extremis* parut sur le seuil de la porte.

Il était évident que le jeune lieutenant de chasseurs, quoiqu'il ne laissât voir aucun embarras, eût autant aimé que le choix du condamné fût tombé sur un autre que lui.

— Je vous remercie, Monsieur, dit Staps, d'avoir bien voulu vous rendre à mon invitation : j'ai un service à vous demander. — Et me voici prêt à vous le rendre, Monsieur, répondit le jeune officier.— Ce n'est pas la première fois que nous nous voyons, lieutenant. — Hélas! non, Monsieur, et je regrette que le sort m'ait choisi pour être rapporteur dans votre affaire. — Oh! ce n'est point seulement aux trois séances du conseil de guerre où j'ai comparu que je fais allusion, Monsieur; nous nous étions vus auparavant. — Il se peut, Monsieur; mais j'ai complétement oublié où et quand notre entrevue a eu lieu.— Rien de plus naturel : j'étais masqué, et vous ne l'étiez pas. — Ah! dit Paul Richard en tressaillant, c'était dans les ruines d'Abensberg? — C'était là, oui Monsieur; et un instant vous avez pu croire que, vous aussi, vous alliez être fusillé. — Par malheur, ce qui était un jeu vis-à-vis de moi est une réalité vis-à-vis de vous! dit le lieutenant. — Soit; mais vous ignoriez que ce fût un jeu, et vous avez résolûment marché jusqu'au bout. Lieutenant Richard, vous êtes un brave, et l'on a eu raison de vous baptiser, ce soir-là, Richard *Cœur de Lion.*

Le jeune officier pâlit.

— Savez-vous pourquoi j'étais là, Monsieur? dit-il.—Non, lieutenant; mais je sais qu'un soldat est esclave de sa consigne, comme un honnête homme est esclave de sa parole... Eh bien, peu m'importe le reste! j'ai reconnu votre visage, et je me suis dit : « Tous les cœurs puissants sont frères; tu as là un frère, Staps, et tu peux hardiment lui demander un dernier service. » — Et vous ne vous êtes pas trompé : tout ce qu'il sera humainement possible de faire pour vous, dans les limites de mon devoir, je le ferai.— Oh! soyez tranquille, répondit le prisonnier : je n'ai rien à vous demander qui puisse vous compromettre. — Parlez, dit le jeune homme. — J'aimais une jeune fille, reprit Staps; sans les événements qui viennent de se passer, elle eût été ma femme; son père et mon père sont amis; notre mariage était arrêté... — Oui, dit le jeune officier ; mais c'est alors que vous êtes entré dans l'association du *Tugendbund;* c'est alors que le sort vous a désigné pour frapper l'empereur, et c'est alors que toutes vos espérances d'amour ont été perdues? — Non, Monsieur, répondit Staps avec mélancolie. — Continuez, dit l'officier. — En effet, les minutes me sont comptées... Soyez tranquille, je ne me ferai pas attendre.

Le lieutenant inclina la tête en signe de conviction.

— Vous savez, continua Staps, qu'on a trouvé sur moi un portrait de femme? —Oui, Monsieur.— J'ai demandé que ce portrait me fût laissé jusqu'à l'heure de ma mort. — Et l'on a satisfait à cette demande sans hésitation. — Eh bien, Monsieur, quand je mourrai, ce portrait sera là, sur mon cœur.

Et le prisonnier appuya sa main contre sa poitrine.

— Vous désirez être enterré avec ce portrait? —Non, je désire qu'après ma mort un ami le prenne, et me fasse la grâce de le remettre un jour ou l'autre à ma fiancée, à laquelle il dira de quelle façon je suis mort, et surtout que je suis mort en pensant à elle. — Elle habite la Bavière? — Non, Monsieur : à la suite d'une catastrophe terrible, son père et elle ont quitté la Bavière, et sont allés s'établir à Wolfach, petite ville du duché de Bade; c'est là que vous la retrouverez. — Bien; au moment de mourir, vous me remettrez son portrait. — Je vous ai dit que je désirais mourir en le pressant contre mon cœur : vous le reprendrez sur mon cadavre, après ma mort. — Le nom de la jeune fille? — Il est écrit derrière le portrait. — Est-ce tout, Monsieur? — Non : un dernier service. Je tiens, Monsieur, à ne pas être confondu avec les assassins vulgaires. Après avoir pris le portrait sur ma poitrine, vous ouvrirez ma main droite; elle tiendra un papier que vous aurez l'obligeance de communiquer aux officiers qui formaient le conseil de guerre devant lequel j'ai comparu, et au colonel qui le présidait. — Cela sera fait comme vous le désirez. Est-ce tout? — Oui. — Alors, je n'ai plus qu'à vous tendre la main, Monsieur, et à vous souhaiter bon courage. — J'accepte la main et le souhait, Monsieur, quoique le souhait, comme vous pouvez le voir, soit au moins inutile. Où vous retrouverai-je? — Sur le lieu de l'exécution. — Sur l'esplanade, alors? — Sur l'esplanade.

Le jeune homme et le prisonnier se serrèrent une dernière fois la main, et l'officier sortit.

La prison militaire où l'on avait enfermé Staps était située sur l'esplanade même. L'exécution devait avoir lieu à huit heures; il était sept heures trois quarts; l'esplanade était donc couverte de monde.

Cette foule appartenait en partie à l'armée française, en partie à la population viennoise.

Quand on vit Paul Richard sortir de la prison, on l'entoura et on lui demanda des nouvelles du prisonnier.

Paul répondit que le prisonnier, l'ayant reconnu pour l'avoir rencontré à Abensberg, l'avait fait demander, comme la seule personne à laquelle il pût confier ses dernières volontés.

— On l'exécute donc décidément ce matin? demanda un capitaine qui avait fait partie du conseil de guerre. — Oui, lui dit Paul; vous savez, capitaine, que les arrêts de la justice militaire sont exécutoires sans sursis? — Certainement; mais je sais aussi que le colonel a fait dire au prisonnier qu'il pouvait se pourvoir en grâce devant le maréchal Berthier, et le colonel m'a dit, à moi, après la lecture du jugement, qu'en cas de demande de ce genre, le prince de Neuchâtel avait reçu tous pouvoirs de l'empereur. — Eh bien! dit Paul, le condamné n'a pas profité de l'avis du colonel. — Et il n'en profitera pas? demandèrent plusieurs voix. — Non; je crois que le malheureux a, pour désirer la mort, quelque raison qui n'est connue que de lui et de Dieu.

En ce moment huit heures sonnèrent.

La porte de la prison s'ouvrit.

Un sergent passa le premier, puis quatre hommes le suivirent.

Derrière ces quatre hommes venait le condamné.

Il avait laissé sa redingote et son gilet dans sa prison, et n'était vêtu que de sa chemise, de son pantalon collant et de ses bottes.

Son visage était pâle, mais calme, sans expression d'orgueil ni de faiblesse.

On le voyait, c'était un homme froidement préparé à la mort.

Cet homme savait où il allait ; quoiqu'il eût sacrifié sa vie à vingt ans, l'enhousiasme ne l'exaltait point; et, si c'était là le sentiment qui lui avait fait commettre son crime, en face de la mort, ce sentiment factice et fiévreux avait fait place à une résolution inébranlable, que l'on pouvait lire dans le léger froncement de ses sourcils et dans les plis du menton et des lèvres, qui donnaient à sa bouche l'apparence d'un sourire.

Derrière le condamné marchait le reste du peloton, c'est-à-dire six hommes.

A peine eut-il fait trois pas hors du bastion, qu'il regarda autour de lui, comme cherchant quelqu'un.

Ses yeux rencontrèrent ceux du lieutenant Richard, qui semblait lui dire : « Me voilà; vous voyez que je vous tiens parole. »

Alors il salua de la tête, et la légère trace d'inquiétude qui avait, pendant une seconde, assombri son visage, disparut.

On continua de s'avancer vers le lieu de l'exécution.

Tout à coup le canon retentit.

— Qu'est-ce là ? demanda Staps. — C'est la paix, signée cette nuit, et que le bruit du canon annonce à l'Allemagne.— La paix? répéta le prisonnier. Est-ce bien vrai, ce que vous me dites là ? — Sans doute, lui répondit-on. — Alors, dit-il, laissez-moi remercier Dieu. — De quoi? — De ce qu'il rend enfin la tranquillité à l'Allemagne.

Et le jeune homme, mettant un genou en terre, fit, entre les deux rangs de soldats qui le conduisaient, une courte prière.

Au moment où il se relevait, Richard s'approcha et lui dit :

Cela change-t-il quelque chose à vos dispositions? — A quel propos me faites-vous cette question, Monsieur? — C'est que si vous demandiez votre grâce, il est possible...

Le condamné l'arrêta.

— Vous savez quel service j'attends de vous, lieutenant? — Oui. — Êtes-vous toujours disposé à tenir votre promesse? — Sans doute. — Eh bien, votre main alors.

Richard lui tendit la main.

Staps passa, de sa main droite dans sa main gauche, un objet que Richard ne put voir; après quoi, il serra cordialement la main du jeune officier.

Tout cela fut fait simplement, sans ostentation, mais avec la même fermeté que Richard avait jusque-là remarquée en lui.

Puis le cortége se remit en chemin. Il y avait à peu près trois cents pas à faire de la porte de la prison à l'endroit où devait avoir lieu l'exécution.

On ne fut pas moins de dix minutes à accomplir ce trajet.

Pendant ces dix minutes, le canon tira régulièrement de minute en minute. Staps put voir alors qu'on ne l'avait pas trompé, et s'assurer, par la régularité des coups, qu'il s'agissait de quelque grande solennité.

On arriva sur le glacis. Le détachement fit halte.

— C'est ici? demanda Staps. — Oui, Monsieur, répondit le sergent. Puis-je choisir le côté vers lequel je désire me tourner en mourant?

Le sergent ne comprenait pas bien.

Richard s'approcha de nouveau.

Staps répéta sa demande, que Richard expliqua au sergent : le condamné désirait mourir les yeux tournés vers l'occident, c'est-à-dire regardant Abensberg.

NAPOLÉON ET STAPS.

Cette demande lui fut accordée.

— Monsieur, dit Staps à Richard, je sais que je deviens bien exigeant; mais comme je n'ai pas la prétention de commander le feu moi-même, n'étant point militaire, je désirerais qu'il fût commandé par la voix d'un ami que j'ai en ce moment parmi tous ceux qui sont venus me voir mourir.

Richard regarda le sergent.

— Faites, mon lieutenant, dit celui-ci.

Richard répondit à Staps par un mouvement de tête qui signifiait que son désir serait satisfait.

— Maintenant je suis prêt, dit le condamné.

Un soldat s'approcha de lui avec un mouchoir.

— Oh! lieutenant, dit Staps, croyez-vous qu'il soit besoin de cela?

Le lieutenant Richard fit un signe.

Le soldat s'éloigna, emportant le mouchoir.

Alors, d'une voix moins ferme qu'il n'avait fait pour lui-même dans les ruines d'Abensberg :

— Attention! dit le lieutenant.

Au milieu du vaste silence qui planait sur le glacis, on entendit le froissement des fusils.

— Portez armes!

Un coup de canon retentit dans l'espace.

— Présentez armes!... En joue...

Puis, comme le lieutenant hésitait à prononcer le dernier mot :

— Feu! dit Staps d'une voix ferme.

Les soldats ne firent point attention si l'ordre leur était donné par le lieutenant ou par le condamné, ils obéirent.

La fusillade éclata, Frédéric Staps tomba frappé de huit balles.

Le lieutenant Richard avait détourné les yeux.

Lorsqu'il ramena son regard vers le condamné, vivant une minute auparavant, et qui déjà n'était plus qu'un cadavre, il vit que le jeune homme était mort la main gauche appuyée sur sa poitrine, et la main droite fermée.

Il s'approcha du cadavre.

— Mes amis, dit-il, c'est moi que ce malheureux a chargé de ses dernières instructions. Il a sur sa poitrine un portrait de femme, et, dans sa main, un billet.

Les soldats s'écartèrent avec respect.

Alors Richard mit un genou en terre, souleva le corps de Frédéric Staps, ouvrit le bouton de sa chemise, aperçut une petite chaîne en cheveux mince comme un fil, et la tira hors de la poitrine du jeune homme.

Un médaillon était suspendu à cette chaîne.

Le lieutenant, avec une certaine hésitation, chercha des yeux le portrait, et, en le voyant, jeta un cri.

— Marguerite Stiller! dit-il. Oh! je m'en doutais!

Puis, se précipitant sur la main droite du cadavre, qu'il ouvrit avec un certain effort, il en arracha un papier et le déplia.

Le papier ne contenait que ces quatre mots :

« Je fais grâce.

« NAPOLÉON. »

— Oh! le malheureux! s'écria Paul Richard, il a voulu mourir!

Puis il ajouta d'un voix sombre, et en serrant d'une main convulsive le médaillon et le papier :

— Et c'est moi, moi qui suis cause de sa mort!...

XII

LA RETRAITE.

Le 14 septembre 1812, du haut du mont du Salut, Napoléon, aux rayons d'un beau soleil d'été, avait vu reluire les dômes dorés de la ville sainte; et toute l'armée, diminuée d'un quart par la bataille de la Moscowa, mais forte encore de quatre-vingt-dix mille hommes, avait battu des mains à cette vue, en criant : « Moscou! Moscou! » comme quatorze ans auparavant, tentant l'Orient par la porte opposée, elle avait crié : « Les Pyramides! les Pyramides! »

Le même soir, Napoléon entra dans Moscou déserte. Les Gaulois, du moins, en prenant le Capitole, où les guida ce Brenn inconnu du titre duquel les historiens latins firent un nom d'homme en l'appelant Brennus, les Gaulois, disons-nous, en prenant le Capitole, trouvèrent du moins les sénateurs assis sur leurs chaises curules : c'était quelque chose à tuer.

Il n'en avait pas été ainsi à Moscou : on n'y avait trouvé que les négociants français, qui venaient, épouvantés, nous annoncer cette étrange nouvelle : « Moscou est déserte ! »

Puis, la même nuit, Napoléon fut, non pas éveillé, Napoléon ne dormait pas, mais surpris par le cri : « Au feu ! »

A ce cri, il s'approche d'une des fenêtres du Kremlin dominant la ville : le palais du commerce est en flammes!

Il attribue d'abord l'incendie à une imprudence; il accuse Mortier d'avoir mal fait la police de l'armée ; il accuse un soldat ivre d'avoir mis le feu; il ordonne que ce soldat soit recherché, puni, fusillé! Mais on lui dit que ce n'est point ainsi que la chose s'est passée : qu'entre minuit et une heure, un globe de feu s'est abaissé, à travers les airs, sur le palais, et que de là vient non-seulement l'incendie, mais encore le signal incendiaire.

En effet, c'est un signal; car, presque en même temps le feu apparaît, se lève, grandit sur trois autres points de la ville.

Napoléon doute encore; mais les rapports se succèdent : le feu vient d'éclater à la Bourse, et l'on a vu des hommes de la police l'attiser avec des lances goudronnées! Dans vingt, dans trente, dans cent maisons différentes, des obus cachés au fond des poêles ont fait explosion quand ces poêles ont été allumés, ont tué ou blessé les soldats français, et incendié les maisons! Mieux ou pis encore : des troupes de bandits parcourent les rues de la ville des torches à la main ; ils propagent le feu avec l'acharnement de l'ivresse, ou peut-être avec l'ivresse du patriotisme ; la vue des Français n'a fait que les exalter; les menaces, que les exciter à poursuivre l'œuvre de destruction; on n'a pu leur arracher les torches des mains, et, à coups de sabre, il a fallu abattre tout ensemble les mains et les torches!

Napoléon écoute tous ces récits avec un profond étonnement; il n'y veut pas croire, il repousse l'évidence, et se contente de murmurer :

— Oh ! les misérables ! les barbares! les Scythes!

Le jour vint, moins brillant que la nuit : la nuit était éclairée par la flamme, le jour était obscurci par la fumée.

On ne pouvait pas détourner Napoléon de ce spectacle; il allait de fenêtre en fenêtre, criant :

— Éteignez ce feu! mais éteignez-le donc!

Et, pour la seconde fois, sa voix, si puissante sur les hommes, était impuissante sur les éléments.

Il avait jeté un cri à peu près pareil à Vienne, le jour de la bataille d'Essling, quand le Danube avait soulevé et emporté ses ponts; mais, enfin, il avait vaincu le Danube!

Dompterait-il le feu, ainsi qu'il avait dompté l'eau?

Non! comme alimenté par une force invisible, l'incendie étendait son cercle immense, et allait toujours se rapprochant. Napoléon est littéralement entouré d'une mer de flammes; chaque maison est une vague qui monte, et la terrible marée gagne incessamment et commence à battre les murailles du Kremlin.

La journée s'écoule ainsi dans la contemplation terrible. On se presse autour de l'empereur, on l'adjure de quitter le Kremlin; mais lui, comme s'il craignait qu'on ne veuille l'entraîner de force, se cramponne aux barres des fenêtres. La nuit vient, et l'incendie est si proche que la réverbération de la flamme flotte sur le visage en courroux de cet autre Jupiter assiégé par les Titans.

Tous ceux qui croient avoir une influence sur lui sont accourus : son confident intime le prince de Neuchâtel, puis son beau-frère Murat, puis son beau-fils le prince Eugène ; c'est à qui le priera, le suppliera : il semble sourd, insensible, muet! Toutes ses facultés sont concentrées dans un seul sens : la vue! les bras croisés, la tête nue, le visage doré d'un reflet couleur de cuivre, il regarde...

Tout à coup un murmure passe de bouche en bouche, chacun le transmet plus rapide à son voisin, et le pousse devant soi pour qu'il arrive enfin jusqu'à l'empereur.

— Le feu est au Kremlin!

Cela ne suffit pas encore.

— Qu'on l'éteigne! dit l'empereur.

On obéit : le feu est éteint.

Dix minutes après, le même murmure se renouvelle plus menaçant.

— Éteignez! éteignez! répète Napoléon.

Mais, une troisième fois, l'incendie se rallume ; il éclate dans la tour de l'arsenal. Cette fois, on a pris l'incendiaire : c'est un soldat de la police.

On l'amène devant Napoléon, qui l'interroge.

L'homme obéit à un ordre reçu ; de qui a-t-il reçu cet ordre? De son chef; et de qui son chef l'a-t-il reçu? Du sien.

Ainsi, l'ordre vient d'en haut; ainsi, ce n'est pas le fanatisme individuel de quelques misérables qui incendie la capitale de la Russie : c'est un ordre supérieur qui s'exécute, c'est un plan arrêté qui s'accomplit.

Napoléon hausse les épaules, et, avec un geste de dégoût, fait signe qu'on éloigne de ses yeux l'incendiaire. On emmène celui-ci dans une cour, et on le poignarde à coups de baïonnettes; il meurt en riant, et en prononçant en russe des paroles de menace.

Ces paroles, un Polonais les a entendues; il monte tout effaré les degrés du palais, et parvient jusqu'à la chambre où s'obstine à rester Napoléon.

— Le Kremlin est miné! dit-il; les Russes ont l'espoir de faire sauter l'empereur et tout son état-major! — Sire, dit Eugène, contre les hommes, on lutte comme César et comme Alexandre; contre les dieux, on lutte comme Diomède et comme Achille; mais on ne lutte pas contre le feu! — Allons! dit Napoléon se décidant, où est l'escalier du Nord?

Les portes s'ouvrent rapidement; des guides s'élancent pour indiquer le chemin, pressés qu'ils sont eux-mêmes d'échapper au danger, et l'on descend le fameux escalier du Nord, immortalisé par le massacre des Strélitz.

— Où l'empereur veut-il transporter son quartier général? demanda Berthier. — Sur la route de Pétersbourg, dit Napoléon, dans le château impérial de Pétrovsky.

Ainsi, malgré l'incendie, les flammes, la mine menaçante; malgré le volcan ouvert sous ses pieds, il ne battra point en retraite, il ne reculera pas du côté de la France; au contraire, il fera une lieue de plus sur le chemin de Pétersbourg.

Mais arriverait-on à Pétrovsky? On avait attendu bien tard! tout à l'heure on n'était qu'assiégé par l'incendie : maintenant, on est bloqué par le feu.

Grâce à une espèce de couloir creusé à travers les rochers, on gagne une poterne, et l'on sort enfin du Kremlin.

Mais une fois sorti du Kremlin, on n'est que plus près des flammes; on se trouve au centre d'un immense brasier; les rues disparaissent, enveloppées dans des tourbillons de fumée; l'air, chargé de cendres, cesse d'être respirable et brûle la poitrine.

On s'engouffra au hasard dans ce qui ressemblait le plus à une rue. Par bonheur, en effet, c'en était une, mais étroite, tortueuse, enflammée des deux côtés.

L'empereur s'avançait à pied, au milieu d'une vingtaine d'hommes; devant lui, agitant l'air avec leurs chapeaux pour le rendre plus respirable, marchaient Murat et Eugène; Berthier le suivait, le même partout, restant derrière, là comme ailleurs; passant où l'empereur passait, n'allant ni en avant ni de côté; recevant son impulsion, mais n'ayant jamais d'initiative.

On allait ainsi entre deux murailles de feu, sous une voûte de feu, sur une terre de feu! Des poutres enflammées tombaient à droite et à gauche; le fer et le plomb fondus roulaient des toits comme fait la pluie en un jour d'orage. Les flammes, se courbant sous le vent, venaient, du bout de leurs langues dévorantes, lécher les plumets des officiers; puis, se relevant tout à coup, remontaient vers le ciel comme autant de banderoles ardentes.

Il fallait sortir, trouver une issue, ou étouffer.

Cinq minutes encore, personne ne sortait de ce soupirail de l'enfer!

On eut un instant l'idée de retourner en arrière; mais plusieurs maisons s'écroulèrent tout à coup, et l'on vit s'amonceler une barricade enflammée qui barrait la retraite.

— En avant donc! en avant! dit Murat. — En avant! répéta Eugène. — En avant! dit Napoléon lui-même.

Mais ceux qui formaient l'avant-garde, saisissant leur tête à deux mains, répondirent d'une voix étouffée :

— Impossible! nous n'y voyons plus; le feu partout!

En ce moment on entendit, du milieu de la fumée, une voix qui criait :

— Par ici, sire! par ici!

Un jeune homme de trente ans, le visage sillonné par un coup de sabre, encore pâle de sa blessure récente, apparut à la gauche de l'empereur, sortant d'un tourbillon de fumée.

— Guidez-nous, dit Napoléon.

— Par ici, sire! reprit le jeune homme.

Et, se replongeant dans le tourbillon de fumée :

— Par ici, répéta-il, par ici! je réponds de tout!

Napoléon appuya son mouchoir sur sa bouche : l'air était devenu insupportable, suffocant, mortel.

— Par ici, sire! disait toujours la voix.

Au bout de quelques pas en effet la flamme était moins ardente, la fumée moins épaisse : on se trouvait dans un quartier brûlé depuis le matin.

Un officier général, porté sur une litière, allait s'engager dans le foyer dévorant d'où l'on venait de sortir comme par miracle : c'était le maréchal Davoust, blessé à la Moscowa, qui se faisait porter au Kremlin pour obtenir de Napoléon qu'il quittât ce palais fatal.

En apercevant l'empereur, il se souleva et tendit les bras vers lui; l'empereur le reçut reconnaissant, mais calme, comme s'il venait d'accomplir un trajet ordinaire.

En ce moment on vit paraître, à cinquante pas, un convoi de poudre qui défilait à travers le feu.

— Laissez passer l'empereur! cria le jeune officier.

— Laissez passer la poudre, Monsieur, dit l'empereur. La poudre, en cas d'incendie, ajouta-t-il en essayant de sourire, est toujours ce qu'il y de plus urgent à sauver.

Un caisson éclata.

Ceux qui entouraient l'empereur se pressèrent autour de lui.

Un second caisson, puis un troisième, puis un quatrième, éclatèrent comme le premier; les débris retombaient en pluie enflammée!

Il y en avait cinquante : on attendit qu'ils fussent passés, puis on se remit en route. En arrivant à la porte de Pétrovsky :

— N'est-ce pas le lieutenant Richard, que vous m'aviez envoyé à Donauwœrth, qui marche devant nous, et qui est arrivé si à propos pour nous montrer notre chemin au milieu des flammes? demanda l'empereur. — Oui, sire, dit Davoust; seulement, il est devenu capitaine. — Il ne faut pas qu'il s'arrête là, Davoust; et, en attendant que vous le fassiez chef de bataillon, donnez-lui votre croix d'officier de la Légion d'honneur.

Le maréchal appela le jeune officier, et, détachant sa croix d'or :

— Capitaine Richard, lui dit-il, de la part de l'empereur!

Le capitaine Richard s'inclina, et Napoléon, en passant, lui fit de la main un signe qui voulait dire : « Je t'ai reconnu, et je ne t'oublierai pas! »

Le jeune homme se retira, prêt à mourir pour l'empereur, sans un regret, sans une plainte.

Le lendemain, en s'éveillant, Napoléon courut à la fenêtre donnant du côté de Moscou; il espérait trouver l'incendie éteint ou du moins calmé : toute la ville n'était qu'une nappe de feu, qu'un nuage de fumée! Cette Moscou qu'on était venu chercher si loin, qui semblait s'éloigner et fuir devant nous comme les mirages du désert; cette Moscou, lorsque enfin on avait mis la main dessus, n'était qu'un monceau de cendres! Ce n'étaient plus seulement les armées du czar qui étaient insaisissables, c'étaient ses villes elles-mêmes.

Que va faire l'homme de 1805, de 1806, de 1809; l'homme aux résolutions rapides, l'homme qui a abandonné le camp de Boulogne pour aller gagner la bataille d'Austerlitz, l'homme qui a quitté les Tuileries en annonçant quel jour il entrerait à Berlin, l'homme qui a laissé l'Espagne, traversé la France, et marché au pas de course jusqu'à Vienne?

Il va marcher sur Pétersbourg; il le dit du moins.

Sur une table est dépliée la carte qui indique le chemin de la seconde capitale de l'empire moscovite; mais sur une table voisine est ouverte la carte qui indique le chemin de Paris.

Il attendra huit jours avant de prendre une résolution : il faut huit jours pour que sa lettre à l'empereur Alexandre arrive à Pétersbourg et provoque une réponse. On n'est qu'au 19 septembre, il fait beau : on a le temps de prendre un parti.

Puis, au bout des trois premiers jours, la ville était consumée, c'est vrai, mais l'incendie éteint; le Kremlin, sauvé, était redevenu habitable.

L'empereur rentra dans le Kremlin; il lui sembla, en y rentrant, qu'une seconde fois il prenait Moscou.

De là, il put voir le terrible spectacle d'une armée affamée, dévorant les débris d'une ville.

Pendant les trois jours que Moscou avait mis à se consumer et à s'éteindre, Murat avait perdu la trace du général Koutousof qu'il poursuivait; mais on ne devait point tarder à avoir de ses nouvelles.

Koutousof, après avoir fui vers l'orient, avait tourné tout à coup vers le midi, et s'était rabattu entre Moscou et Kalouga.

Napoléon ordonna à Murat de le poursuivre. Murat obéit et joignit son adversaire le 29 septembre, puis le 11 octobre.

Le bruit de deux batailles vint faire tressaillir Napoléon au milieu de ses espérances. Ce qui lui arrivait était inattendu comme ce qui arrive parfois dans un de ces beaux jours d'été où l'on entend tout à coup retentir le tonnerre, sans qu'on voie au ciel le nuage d'où il sort.

Excepté dans sa dernière campagne d'Autriche, l'empereur avait toujours vu, avec la capitale prise, la guerre terminée; pourquoi n'en serait-il point de cette campagne comme des autres campagnes, de Moscou comme des autres capitales?

Mais, là, il y avait une chose ou plutôt trois choses effrayantes que Napoléon n'avait point rencontrées ailleurs; trois silences : le silence de Moscou, le silence de ce désert qui entourait Moscou, enfin le silence d'Alexandre, qui semblait ne pas s'inquiéter de Moscou. Napoléon compte les jours : il y a onze jours, onze siècles que ce silence dure!

Soit! alors on luttera d'entêtement ; Napoléon passera l'hiver à Moscou.

Il nomme un intendant à la capitale de l'empire russe, il organise des municipalités; les ordres sont donnés pour l'approvisionnement de l'armée, on fera de la ville un grand camp retranché : le pain et le sel, ces deux grands réparateurs des forces humaines, n'y manqueront pas; les chevaux qu'on ne pourra nourrir, on les fera saler; si les logements manquent, on s'établira dans les caves; les premiers acteurs de Paris viendront jouer à Moscou comme ils ont été jouer à Dresde. C'est cinq mois qu'il faut rester là; cinq mois sont bientôt passés. Au printemps, les renforts arriveront; la Lithuanie tout entière accourra nous rejoindre en armes, et l'on achèvera la conquête.

Oui ; mais que dira Paris, qui, pendant cinq mois, n'aura plus de nouvelles de son empereur et d'une armée de cent cinquante mille hommes? que feront les Prussiens et les Autrichiens, ces alliés si peu sûrs, et qui peuvent d'un moment à l'autre devenir des ennemis.

C'est un rêve auquel il faut renoncer.

Le 3 octobre, une nouvelle résolution est prise : on brûlera les restes de Moscou, on marchera par Tver sur Pétersbourg; Macdonald y rejoindra le gros de l'armée; Murat et Davoust commanderont l'arrière-garde.

Ce nouveau plan est lu aux généraux par Eugène; les généraux, maréchaux, princes, rois, se regardent; ils se demandent des yeux si leur empereur devient insensé.

Non ; seulement, sa fortune commence à lui manquer. Autrefois, quand il était obligé de faire un pas en arrière, il la sentait près de lui, il s'appuyait sur elle : aujourd'hui elle n'est plus là, et son bras ne trouve que le vide!

En effet, ce n'est point tout cela qu'il lui faut, c'est la paix.

L'empereur fait venir Caulaincourt; Caulaincourt, qui a été deux ans ambassadeur près d'Alexandre, et que le czar a constamment traité en ami, obtiendra de lui de bonnes conditions. Mais Caulaincourt refuse; il connaît Alexandre : Napoléon n'aura pas un mot de réponse de son ennemi qu'il n'ait complétement évacué son territoire.

On enverra Lauriston. Lauriston accepte, part pour le camp de Koutousof, afin de demander au vieux général un laisser-passer pour Pétersbourg; mais les pouvoirs de Koutousof ne s'étendent pas jusque-là; il propose de dépêcher le comte Volkonsky à Pétersbourg, ne doutant point que cela ne revienne absolument au même. Il a raison ! ni Volkonsky, ni Lauriston, ni Caulaincourt ne rapporteront une réponse ; cette réponse, c'est l'hiver qui est chargé de la faire.

Vers le 14 octobre, elle arrive : on a vu les premières neiges.

L'empereur comprend enfin l'avertissement : il donne l'ordre de dépouiller les églises de tous les ornements qui peuvent servir de trophée à l'armée française. Les Invalides seront bien partagés : ils auront pour leur dôme la croix d'or du grand Ivan, qui domine le dôme principal du Kremlin.

Le 16, sans qu'il soit encore question de retraite, le mot fatal qui marque la décroissance de la fortune impériale ne sera pas même prononcé, le 16, on *achemine* sur Mojaïsk la division Claparède, les trophées de la campagne et tous les blessés ou les malades en état d'être transportés.

Les malades et les blessés qui ne pourraient soutenir la fatigue de la route sont laissés à l'hôpital des Enfants-Trouvés. Il y a au reste dans cette maison de douleur autant de Russes que de Français; les chirurgiens, qui les ont soignés les uns et les autres avec un soin égal et une philanthropie qui ne connaît point de différence entre les nations, et pour qui les hommes sont des hommes, les chirurgiens demeureront avec eux.

Tout à coup le canon, qui du reste n'a point cessé de tonner sur un point ou sur un autre, gronde plus rapproché de Moscou.

L'empereur, qui passe dans la cour du Kremlin la revue des divisions de Ney, entend le funèbre écho, mais fait semblant de n'avoir rien entendu; et le soir, comme personne n'ose lui annoncer la terrible nouvelle, Duroc se hasarde : il entre chez l'empereur, et lui dit que Koutousof a attaqué Murat à Voronovo, a tourné la gauche du roi de Naples, a coupé sa retraite, lui a pris douze canons, vingt caissons, trente fourgons, lui a tué deux généraux, et mis hors de combat quatre mille hommes ; le roi de Naples lui-même a été blessé en faisant des miracles pour rétablir la bataille, qui, grâce à Poniatowsky, à Claparède et à Latour-Maubourg, n'a été qu'à moitié perdue.

C'est ce qu'attendait Napoléon; il lui fallait un prétexte pour quitter Moscou : ce prétexte, il l'a trouvé.

Il s'agit de châtier Koutousof.

Pendant la nuit du 18, l'armée est mise en mouvement sur Voronovo, et, le lendemain 19, l'empereur quitte lui-même la ville sainte en étendant la main vers Kalouga, et en disant :

— Malheur à ceux qui se trouveront sur ma route!

On était resté trente-cinq jours à Moscou; on en sortait avec cent quarante mille hommes, cinquante mille chevaux, cinq cents canons, deux mille voitures d'artillerie, quatre mille caissons, calèches, voitures et chariots de toute espèce.

Quatre jours après, dans la nuit du 22 au 23 octobre, vers une heure du matin, quoique l'armée fût déjà à trois marches de Moscou, l'air fut ébranlé par une violente explosion, et le sol secoué comme par un tremblement de terre.

Ceux qui veillaient autour de l'empereur se levèrent en sursaut, tout épouvantés, se demandant quelle était la catastrophe qui pouvait causer un pareil ébranlement.

Duroc entra dans la chambre de l'empereur qui s'était jeté tout habillé sur son lit. L'empereur ne dormait point, et, au bruit que fit le grand maréchal en entrant, il retourna la tête.

— Avez-vous entendu, sire? demanda Duroc. — Oui, répondit Napoléon. — Eh bien? — Ce n'est rien : c'est le Kremlin qui saute.

Et il retourna sa tête du côté de la muraille.

Duroc sortit.

XIII

AU PAS ORDINAIRE.

C'était le 19 novembre, un mois juste après la sortie de Moscou.

Une colonne française, forte de quatre à cinq mille hommes à peu près, traînant avec elle une douzaine de canons, s'étendait comme une longue ligne noire, à une journée en deçà de Smolensk, entre Korytnia et Krasnoï.

Trois cents cavaliers marchaient sur les flancs de cette colonne.

Ces cavaliers, ralliés à Smolensk, appartenaient à toutes les armes ; par un effort de courage seulement, ils s'étaient réunis et s'étaient remis en route. Ce qu'étaient devenus leurs régiments et même les corps d'armée dont ils faisaient partie, c'est ce que personne ne savait : ce qu'ils étaient devenus? ce que deviendrait, au printemps prochain, cette neige sur laquelle on marchait.

En effet, à l'instant même où nous jetons les yeux sur ce malheureux débris d'un des plus beaux corps de l'armée, Napoléon, qui le précédait de trois journées de marche, venait d'entrer dans Orcha avec six mille hommes de la vieille garde, reste de trente-cinq mille; Eugène, avec dix-huit cents soldats, reste de quarante-deux mille; Davoust, avec quatre mille combattants, reste de soixante et dix mille! C'était là ce que Napoléon, marchant lui-même un bâton à la main pour donner l'exemple du courage et de la patience, s'obstinait à nommer la *grande armée*...

O chutes d'Annibal! lendemains d'Attila!

En partant de Smolensk, le 14 novembre, l'empereur avait résolu que le prince Eugène et les maréchaux Davoust et Ney n'en sortiraient après lui que successivement : Eugène le premier, Davoust le second, et Ney le troisième. Il avait, de plus, ordonné qu'on mît un jour d'intervalle entre chaque départ. En conséquence, lui étant parti le 14, Eugène partit le 15; Davoust, le 16; Ney, le 17.

Il avait été enjoint à ce dernier de faire scier les tourillons des pièces d'artillerie qu'il abandonnerait, de détruire toutes les munitions, de pousser devant lui les traînards de l'armée, et de faire sauter en quatre endroits les remparts de la ville.

Ney avait religieusement exécuté ces ordres; puis, le dernier, il s'était avancé sur cette route, déjà ruinée par les trois armées qui précédaient la sienne. Il est vrai que ce n'étaient point des armées, que ces six mille gardes de Napoléon, que ces dix-huit cents soldats d'Eugène, que ces quatre mille combattants de Davoust; mais c'était bien pis : c'étaient des hommes affamés par trente et un jours de retraite à travers la neige et le désert, et dont chacun ne gardait de discipline que ce qu'il croyait nécessaire à sa conservation personnelle.

C'était donc le reste des quatre divisions commandées par Ney au commencement de la campagne qui s'avançait, comme nous l'avons dit, entre Korytnia et Krasnoï, réduites à quatre ou cinq mille baïonnettes et à deux ou trois cents cavaliers.

Tout à coup les quelques éclaireurs qui marchent en avant s'arrêtent et regardent la terre; Ney court à eux, et reconnaît ce qui fixe leur attention : ce sont les traces récentes d'un champ de bataille; la neige est couverte de sang, parsemée d'armes brisées, de cadavres mutilés; les morts, en longues files, marquent les rangs que, vivants, ils occupaient.

Soudain, un des cavaliers qui, sous une peau d'ours, cache les restes d'un uniforme d'officier des chasseurs de la garde, saute à terre.

— Oh! murmure-t-il, c'est le corps d'armée du prince Eugène qui a combattu ici! voilà, sur les plaques des shakos brisés, les numéros de ses régiments.

Et il suit, avec anxiété, les longues files de morts qui sont couchés comme des épis au bord d'un sillon; mais la recherche est inutile : les morts sont là par milliers! La nuit vient, d'ailleurs, et il faut se remettre en route.

Sans doute le combat a eu lieu depuis la veille au matin, car aucun blessé ne répond aux cris que poussent les nouveaux venus pour faire rouvrir les yeux qui ne seraient pas tout à fait fermés. La nuit a passé sur le champ de bataille, et, par les trente degrés de froid qu'il fait, la nuit sans feu est mortelle. Aussi tout est-il silencieux sur cette surface d'une ou deux lieues, toute parsemée de cadavres.

Du moins la trace funèbre indiquait-elle la route qu'il fallait suivre : on la suivit deux heures encore, puis on s'arrêta.

Il fallait passer la nuit, bivaquer, faire les feux.

C'était, chaque soir, une chose terrible que cette halte; alors, chacun errait au hasard, cherchant quelque cabane à démolir, quelques vivres à marauder. Beaucoup partaient, et l'on était toujours étonné du peu qui revenait : le froid tuait les uns, la lance des Cosaques tuait les autres, quelques-uns étaient emmenés prisonniers.

Ce soir-là, les longues courses furent inutiles : une forêt de sapins fournissait du bois, les chevaux tués fournissaient de la viande; on n'avait quitté Smolensk que la veille, on avait encore du pain.

L'officier que nous avons vu sauter à bas de son cheval et chercher parmi les morts, fut un des premiers à retourner sur le champ de bataille; mais, depuis qu'on y avait passé, une troupe de loups y était venue avec la nuit, et il fallut l'en chasser.

Par bonheur, les animaux carnassiers préfèrent la chair de l'homme à celle des animaux : les chevaux étaient donc à peu près intacts, et fournirent un abondant repas à la troupe que nous suivons.

On alluma les feux, on posa les sentinelles, et, à part les hurlements des loups, la nuit fut assez tranquille.

Le lendemain, au point du jour, le maréchal donna le signal du départ; âme de feu dans un corps d'acier, il était toujours le dernier couché, le premier debout.

Comme d'habitude, quelques centaines d'hommes restèrent couchés autour des feux, mal éteints et fumants : ils en arrivaient, pendant leur sommeil, à un degré d'engourdissement qui les mettait si près de la mort, qu'ils regardaient, au moment du réveil, comme plus court et moins douloureux de descendre tout à fait jusqu'à elle que de remonter vers la vie.

On se remit en marche; il avait neigé pendant la nuit, il neigeait encore; on marchait au hasard, avec une boussole, tournant le dos au nord, sur un océan de glace. En tête de la colonne étaient Ney, le général Ricard et deux ou trois autres officiers généraux, précédés eux-mêmes d'hommes, non pas formant une avant-garde, mais débandés, et plus pressés d'arriver que les autres.

Alors, un mouvement singulier attire les regards de Ney : ces hommes qui le précèdent se sont arrêtés subitement, se groupant effarés, les plus avancés commençant à reculer sur ceux qui les suivent. Ney met son cheval au galop, leur demande ce qui se passe, et à travers une éclaircie de la neige, qui, pour un moment, tombe moins épaisse, ils montrent à leur général les montagnes qui les entourent toutes noires de Russes.

On a été donner en plein dans le flanc de l'armée de Koutousof, c'est-à-dire dans les quatre-vingt mille hommes qui poursuivent Napoléon! On ne les a pas vus parce qu'il neige, parce qu'on marche la tête basse; mais, eux, des hauteurs où ils sont placés, depuis une heure ils suivent des yeux la petite colonne qui vient imprudemment se livrer elle-même.

En effet, l'immense demi-cercle que forme l'armée russe n'a qu'à joindre ses deux extrémités, et les cinq ou six mille hommes de Ney seront pris comme dans un vaste amphithéâtre.

Ney ordonne de préparer les armes.

En ce moment, on voit se détacher un officier enveloppé d'un manteau; il vient droit aux Français. C'est un parlementaire.

On l'attend...

A cinquante pas des premiers rangs, il soulève et agite son chapeau : non-seulement c'est un parlementaire, mais encore c'est un Français.

A l'instant où ce mot court dans les rangs : « Un Français! un Français! » l'officier de chasseurs qui a reconnu les cadavres du dernier champ de bataille qu'on a traversé pour appartenir à l'armée du prince Eugène, pousse en avant, saute à bas de son cheval, et se jette dans les bras du parlementaire.

Les deux officiers échangent quelques paroles.

— Paul!... Louis!... Mon frère!...

Puis ces hommes qui, chacun de son côté, se sont cherchés parmi les morts, remercient Dieu dans une étreinte fraternelle de se retrouver vivants.

Pendant ce temps, on est accouru à eux, on les a entourés.

Le jeune officier descendu des hauteurs explique alors sa mission : il est officier d'ordonnance du prince Eugène; il a été pris à cette même bataille qui a laissé ces morts si bien alignés à leurs rangs, et dont, la veille, on a traversé le théâtre; le vieux feld-maréchal russe a reconnu Ney, et il lui fait proposer de se rendre.

— Et c'est vous, un Français, qui vous êtes chargé de cette mission? dit Ney au jeune homme. — Attendez, monsieur le maréchal, et laissez-moi achever, répondit celui-ci. Je vais d'abord vous répéter les paroles du feld-maréchal, et j'y ajouterai les miennes. Il n'oserait, m'a-t-il dit, faire une telle proposition à un si grand général, à un guerrier si renommé, s'il restait à cet ennemi qu'il honore une seule chance de salut; mais quatre-vingt mille Russes et cent pièces de canon sont devant et autour de lui, et il lui a envoyé un prisonnier français, pensant que la parole de celui-ci trouverait sans doute plus de créance que la parole d'un officier russe. — C'est bien, reprit Ney, vous avez parlé pour les Russes; parlez pour vous, maintenant. — Si je parle pour moi, monsieur le maréchal, je dirai qu'hier au matin, même proposition a été faite au prince Eugène, et que le prince Eugène a répondu en chargeant, avec six mille hommes, quatre-vingt mille hommes à la baïonnette. — A la bonne heure! dit Ney; vous commencez à parler français, Monsieur. — Si nous avions à faire à Miloradovich, je vous dirais : « Nous sommes perdus! mourons ensemble! » Nous avons affaire à Koutousof; nous perdrons un quart, un tiers, la moitié de nos hommes, mais nous échapperons. — Eh bien, reprit

Ney, retournez vers Koutousof, et dites-lui ce que vous eussiez dû lui dire tout d'abord : c'est qu'un maréchal de France se fait tuer, mais ne se rend pas. — Oh ! je lui ai dit cela, répondit simplement le jeune officier.

Puis, se tournant vers son frère :

— Maintenant, Paul, dit-il, une arme quelconque! que je puisse, au milieu de la mêlée, me débarrasser de ceux qui me garderont, et vous rejoindre.

L'officier de chasseurs tira de dessous sa peau d'ours un long poignard de Toula à lame persane, à poignée damasquinée d'or, et, le donnant à son frère :

— Tiens, dit-il, je t'attends.

Le jeune officier d'ordonnance salua le maréchal et remonta vers les Russes.

Alors Ney profite de ce moment de répit pour réunir tous ses hommes.

D'un côté, quatre-vingt mille Russes, des rangs pleins, profonds, nourris, des lignes redoublées, une cavalerie superbe, une artillerie formidable, enfin, ce qui double tout cela, la supériorité de la position; de l'autre, cinq mille soldats appartenant à toutes les armes, une colonne perdue dans le désert, des hommes mutilés, languissants, mourants de froid et de faim.

N'importe! ce sont les cinq mille hommes qui attaqueront les quatre-vingt mille! Ney donne le signal.

Quinze cents soldats, débris de la division Ricard, sont en tête : le général Ricard et ses quinze cents hommes feront d'abord la trouée; Ney et le reste de l'armée s'y jetteront ensuite.

Au premier pas que fait Ricard vers les Russes, toutes ces collines, un instant auparavant froides et muettes, tonnent et s'enflamment comme autant de volcans. Ricard et ses quinze cents hommes gravissent, sous ce feu, la colline qui est en face d'eux; ils trouvent un ravin où ils enfoncent dans la neige jusqu'au cou, le traversent et vont heurter la ligne russe, qui les repousse, écrasés, dans le ravin.

Mais alors Ney est déjà au milieu d'eux; Ney les rallie, les réforme, et s'avance à leur tête, en ordonnant à quatre cents Illyriens, parmi lesquels se jette l'officier de chasseurs, de prendre en flanc l'armée ennemie.

Cela paraît presque insensé, n'est-ce pas? quatre cents hommes prenant en flanc quatre-vingt mille hommes! un homme attaquant deux cent cinquante hommes!

C'était cependant ainsi dans ce temps de guerres épiques.

Avec ses trois mille hommes, Ney monte à l'assaut de cette citadelle vivante, et, avec ses quatre cents Illyriens, le capitaine Paul Richard attaque l'armée en flanc.

Ney n'a point harangué ses soldats : il n'a pas dit une parole; il s'est mis à leur tête, et il a marché : tous l'ont suivi.

Le première ligne est attaquée à la baïonnette, et renversée.

La seconde est à deux cents pas plus loin.

— En avant! crie Ney.

Mais au moment où il va atteindre cette seconde ligne, trente pièces de canon mises en batterie tonnent sur ses deux flancs; la colonne, tranchée en trois morceaux comme un serpent, tourbillonne et se rejette en arrière, entraînant avec elle son maréchal.

On a tenté l'impossible!

— En arrière! au pas ordinaire! crie le maréchal. — Entendez-vous, soldats? cria à son tour le général Ricard; le maréchal a dit : « Au pas ordinaire. »

Et ces hommes reculent au pas ordinaire, traversent le ravin au pas ordinaire, et se retrouvent, toujours marchant au pas ordinaire, à l'endroit d'où ils sont partis; seulement ils sont partis cinq mille, et sont revenus deux mille.

Mais, en revanche, voici que, du flanc de la montagne, redescendent les quatre cents Illyriens, plus nombreux qu'ils ne sont partis : ils ont rencontré une colonne russe de cinq mille hommes conduisant trois cents prisonniers français, allemands, polonais; ils se sont rués sur la colonne, l'ont attaquée avec la furie du désespoir; et, après un instant de lutte, la colonne a fait un pas en arrière, les prisonniers ont été délivrés, et les deux frères, Paul et Louis Richard, se sont retrouvés dans les bras l'un de l'autre.

C'est alors qu'on a vu Ney et ses deux mille hommes rétrogradant et se réformant sous le feu de l'artillerie de Koutousof. Le mouvement manqué sur le centre, le capitaine Paul Richard a donné l'ordre de rejoindre le corps du maréchal.

Que va-t-on faire? Se former en carré, et mourir!

Mais les prisonniers arrivent; ils connaissent Koutousof : Koutousof qui a laissé passer Napoléon, qui a laissé passer Eugène, Koutousof laissera passer Ney; il ne s'agit que de faire un détour. Koutousof ne poursuivra point, il se fie à l'hiver de son pays : l'hiver, selon lui, est un ennemi plus rapide et plus sûr que le boulet. « L'hiver, dit-il, est mon général en chef; je ne suis que le lieutenant de l'hiver. »

En ce moment, comme pour aider à la retraite, la neige recommence à tomber.

Ney réfléchit un instant, et donne l'ordre de rétrograder vers Smolensk.

Chacun reste muet, interdit: ainsi, on rentre dans le nord, on remonte vers le froid, on tourne le dos à Napoléon!

— Vers Smolensk, et au pas ordinaire! répète Ney.

On comprend qu'il y a un plan arrêté là-dessous, probablement le salut de la colonne. On reprend les rangs, et l'on marche sous la mitraille de cinquante pièces d'artillerie, mais sous la mitraille seulement.

En effet, la prédiction des prisonniers s'est accomplie : Koutousof, le Fabius scandinave, est resté sur ses collines. Un seul corps russe se laissant rouler des hauteurs dans la plaine, et venant heurter les deux mille hommes, tout était fini! aucun d'eux n'osa bouger de sa place sans l'ordre du général en chef.

Mais l'artillerie tonnait, et la mitraille pleuvait sur ce pauvre débris d'armée, presque aussi drue que la neige, qui forçait les artilleurs de viser au hasard. Les tués tombaient, et s'étendaient avec la roideur des cadavres; les blessés tombaient aussi, se relevaient, marchaient, retombaient, essayaient de se relever, retombaient encore, s'agitaient; puis peu à peu la neige faisait pour eux ce qu'elle avait fait pour les morts : elle les couvrait de l'immense linceul que tissait l'hiver russe pour ensevelir l'orgueil de la France.

De place en place, la route se parsemait de légères éminences qui, rouges d'abord, blanchissaient peu à peu : ces éminences, c'étaient les cadavres de l'armée.

Au milieu de cette marche, aveuglé à la fois par les biscaïens et la neige, on alla heurter une masse noire et épaisse : c'était une nouvelle colonne russe.

— Arrêtez ! Qui êtes-vous ? cria le général qui commandait cette colonne. — Feu ! dit le maréchal. — Silence ! dit un prisonnier polonais qu'on venait de délivrer.

Puis s'avançant :

— Ne nous reconnaissez-vous pas ? dit-il en russe ; nous sommes du corps d'Ouvarof, et nous tournons les Français, qui sont pris dans le ravin.

Le général russe se contenta de cette réponse, et laissa passer, tant l'obscurité faite par cette neige, tant le désordre fait par cette mitraille étaient grands, et laissa passer la colonne française, qui ne fit halte qu'à deux lieues de là, sur le champ de bataille du prince Eugène.

Elle était hors de la portée des canons russes, et hors de la vue du feld-maréchal.

XIV

LA CONFESSION.

Au nombre des blessés restés en arrière était le capitaine Paul Richard : un biscaïen lui avait brisé la cuisse, et, du même coup, avait tué son cheval. Au milieu du désordre, il était tombé sans que sa chute eût été remarquée de son frère ; mais, de même que, de minute en minute, les regards de Paul cherchaient Louis, de minute en minute aussi les regards de Louis cherchaient Paul. Louis s'aperçut donc bientôt que son frère n'était plus là ; il s'informa de lui : un Allemand l'avait vu tomber avec son cheval.

Louis était à pied ; il prit sa course en arrière, appelant Paul de toutes ses forces.

Une voix lui répondit.

Au milieu de ce flot de neige qui tombait, il s'achemina du côté de la voix ; une éminence commençait à se former, couvrant un cavalier et son cheval. Paul était tombé, la jambe engagée sous sa monture ; ne pouvant s'aider de son autre jambe brisée, il attendait tranquillement la mort, quand la voix de son frère parvint jusqu'à lui. Louis, avec une force surhumaine, souleva le cheval, qui n'était plus qu'un cadavre, et dégagea la jambe de son frère ; puis il tira son frère à lui, le prit dans ses bras comme un enfant, et essaya de l'emporter.

Mais Paul lui ayant fait comprendre l'impossibilité de suivre ainsi la colonne, il le reposa assis contre le cadavre du cheval, et reprit sa course vers ses compagnons.

Paul tira ses pistolets des fontes de son cheval, et s'apprêta à brûler la cervelle aux deux premiers Cosaques qui s'approcheraient de lui.

Louis rejoignit la colonne, sur laquelle l'artillerie russe tirait toujours à mitraille; il se mêla, lui piéton, aux rangs des cavaliers. Il en restait cent cinquante à peu près. Le premier qui fut tué, et qui laissa tomber les rênes, les laissa tomber dans les mains de Louis, qui n'attendait que le moment; celui-ci aida le cadavre à vider les arçons, sauta sur la selle vide, tourna la tête de l'animal du côté de l'armée russe, et revint pour la seconde fois sur ses pas.

Il s'arrêtait de temps en temps, et appelait de toutes ses forces : il avait compté sur un énorme sapin qui devait lui servir de direction ; mais les flocons de neige formaient devant ses yeux un réseau tellement épais, qu'à dix pas de distance il était impossible de rien voir. Il continua d'appeler : pour la seconde fois, une voix répondit à la sienne ; il se dirigea vers la voix.

L'artillerie tirait toujours ; mais la misère et le froid étaient si grands, qu'on ne faisait plus attention aux balles et aux biscaïens. Bienheureux ceux qui étaient tués roides! Ce qu'on craignait, c'était la neige, c'était le froid, c'étaient les loups, venant manger les blessés à moitié morts.

De cris en cris, les deux frères se retrouvèrent.

Louis prit de nouveau Paul dans ses bras, et le hissa sur le cheval; soit puissance sur lui-même, soit que le capitaine ne sentît pas sa jambe brisée, il ne poussa pas une plainte. Louis saisit le cheval par la bride; Paul se cramponna au pommeau de la selle, et l'on se remit à la poursuite de la colonne française.

Pendant une demi-lieue à peu près, comme dans ce conte de fée où les cailloux indiquent leur chemin à de pauvres enfants, les cadavres ou plutôt les éminences et les traces de sang indiquèrent la piste de la colonne.

Passé la demi-lieue, il n'y eut plus que du sang : c'étaient les blessés qui avaient pu continuer leur route, et qui laissaient ainsi leurs traces; puis le sang, recouvert par la neige, disparut à son tour.

On était hors de la portée des boulets russes; il fallut marcher au hasard.

Au bout de deux heures, le cheval, qui n'avait pas mangé depuis Smolensk, commença de butter à chaque pas, et, enfin, s'abattit; à force de coups, Louis le força deux ou trois fois à se relever.

Alors Paul supplia son frère de l'abandonner; sain et sauf comme l'était celui-ci, enveloppé d'un bon manteau, il pouvait, en ajoutant à ses vêtements la peau d'ours dont son frère était couvert, rejoindre la colonne et se sauver avec elle, si toutefois elle parvenait à se sauver; mais Louis haussa les épaules.

— Frère, dit-il, tu vois bien que le maréchal fait une fausse marche; il va laisser à l'armée de Koutousof le temps de s'écouler, puis il reviendra sur ses pas, gagnera le Dnieper, qui doit être pris, et rejoindra l'armée française à Liady ou à Orcha.

A son tour, Paul secoua la tête.

— Et quand crois-tu que la colonne revienne sur ses pas? — Cette nuit, ou demain matin au plus tard, répondit hardiment Louis. — Alors, faisons un marché. — Lequel? — T'engages-tu d'honneur à le tenir? — Parle. — J'accepte ton aide jusqu'à demain au jour; demain au jour, si la colonne ne nous a pas rejoints, tu m'abandonnes? — Nous verrons. — Demain au jour, tu m'abandonnes? — Eh bien, oui, répondit Louis, pour briser la résistance de son frère, c'est convenu. — Ta main. — La voici. — Fais ce que tu voudras de moi jusqu'à demain matin.

Louis jeta les yeux autour de lui : une armée, probablement celle du prince

Eugène, avait bivaqué là ; une baraque, une seule, était encore debout dans ce désert; sans doute avait-elle servi d'abri au vice-roi. Louis prit son frère dans ses bras, l'appuya à la paroi la plus profonde de la cabane ; puis il s'orienta pour faire du bois.

Quelques sapins maigres, tristes, blancs comme des fantômes, s'élevaient de place en place; beaucoup avaient été rasés par les boulets. Louis en prit une large brassée qu'il rapporta dans la cabane; puis il ramassa quelques bribes de paille amoncelées dans un coin du bivac.

Paul comprit l'intention de son frère, et pour allumer le feu lui offrit un de ses pistolets; mais Louis l'invita à les garder : c'était une défense suprême contre les loups, qui, peut-être, viendraient les visiter la nuit, et contre les Cosaques, qui, certainement, viendraient les visiter le lendemain.

Il alla ensuite au cheval qui s'était abattu, et fouilla dans les fontes : il y trouva non-seulement une paire de pistolets, mais encore, dans un sac, de la poudre et des balles.

Il revint enchanté de sa trouvaille.

Le blessé le suivait des yeux avec une profonde tendresse. Pour rassurer son frère, Louis paraissait sans inquiétude, presque joyeux. Il secoua la neige des branches résineuses, fit un amas de ces branches au milieu de la cabane, un autre amas dans un coin, fourra tout ce qu'il put trouver de paille sous les branches, prit dans sa poche un reste de papier, y enveloppa une charge de poudre, déchargea avec la baguette à tire-bourre un des pistolets, n'y laissa qu'une demi-charge de poudre sans bourre, approcha le canon du papier, et lâcha le chien du pistolet qui fit flamme sans bruit. Cette flamme mit le feu à la poudre renfermée dans le papier, lequel s'alluma aussitôt.

Alors Louis approcha vivement sa bouche et souffla; le papier et la paille s'enflammèrent d'abord, puis, avec un peu de résistance, les branches de sapin.

Cinq minutes après le bûcher était en flammes; il ne s'agissait plus que de ne pas le laisser éteindre.

— Et maintenant, dit Paul, qu'allons-nous manger? — Attends, répondit Louis.

Et il retourna vers le cheval, pour en couper un morceau avec ce poignard de Toula que lui avait donné son frère, et qui lui avait si bien servi pour se débarrasser des Russes; mais le pauvre animal n'était pas mort encore, et, comme s'il eût pressenti ce qui allait lui arriver, il fit un effort, se releva, se traîna du côté du feu, entra dans la cabane, et se mit à brouter les pousses vertes du sapin.

— Ah ! gourmand ! dit Louis.

Mais il n'eut pas le courage de le tuer; d'ailleurs Paul s'y opposa : si on pouvait rendre à la pauvre bête un peu de force, on l'utiliserait le lendemain.

Louis alla à la découverte, laissant à son frère une gourde dans laquelle restaient quelques gouttes d'eau-de-vie. Il trouva un mélèze aux branches moins amères que le sapin ; il coupa l'arbre tout entier, et revint le traînant vers la cabane. Les pousses les plus tendres servirent de provende au cheval ; les branches et le tronc furent mis de côté pour alimenter le feu.

Puis la nuit vint.

— Avec tout cela, demanda Paul, que mangerons-nous? — Sois tranquille, dit Louis, j'ai mon projet.

Tout à coup, de quatre ou cinq côtés à la fois on entendit des hurlements.

— Tiens, dit Louis, voilà notre souper qui vient à nous!

Au bout d'un instant, on vit passer sur la neige des ombres noires; parfois une de ces ombres se retournait, regardait le feu, et, comme si la flamme se reflétait dans ses yeux, les yeux jetaient deux éclairs.

— Je comprends, dit Paul : le premier qui viendra à portée de la cabane tu le tueras? — Justement, frère. — Prends mes deux pistolets; ce sont des pistolets de Versailles : ils valent mieux que les tiens. — Non pas! les Cosaques rôdent peut-être autour d'ici : ils entendraient un coup de feu, et accourraient. — Que vas-tu donc faire?

Louis enveloppa son bras gauche avec la chabraque du cheval, qui, après avoir mangé ses pousses de mélèze, s'était couché dans un coin de la cabane; puis il prit son poignard de la main droite, se fit lier le poignet avec son mouchoir, et alla se placer derrière un tronc d'arbre, à dix pas de la cabane.

Il n'y était pas depuis cinq minutes qu'un loup énorme l'avait éventé, et venait se poster à six pas de lui, le regardant avec des yeux de flammes et faisant claquer ses dents.

Louis marcha droit au loup : celui-ci recula, mais lentement, sans fuir, les yeux toujours fixés sur le jeune officier, et prêt à s'élancer sur lui s'il faisait un faux pas.

Tout à coup il sembla à Louis que la terre manquait sous ses pieds, et qu'il tombait dans un abîme de neige.

En effet, il venait de s'engloutir dans un ravin : la neige, qui n'avait pas fléchi sous les pieds légers du loup, s'était effondrée sous les siens.

En même temps il lui sembla qu'un poids pesait sur sa tête, et que des dents aiguës s'enfonçaient dans son épaule. Instinctivement il leva son bras armé du poignard, et aussitôt il sentit se desserrer les dents du loup, et une liqueur chaude couler sur son visage : il venait de plonger le poignard jusqu'au manche dans la poitrine de l'animal. La lutte ne fut plus qu'une lutte d'angoisse.

Le loup voulut fuir; mais au bout de dix pas il se coucha sanglant sur la neige; quant à Louis, pendant qu'il se débattait, ses pieds avaient cassé une couche de glace et il était entré dans l'eau jusqu'au genou.

Il s'agissait de regagner la plaine en gravissant le talus; grâce à son poignard, dont il se fit un appui en l'enfonçant dans la berge, il y parvint. Il courut vers le loup, qui à son approche essaya vainement de fuir, puis il le prit par les pattes de derrière et le traîna du côté de la cabane.

— Eh bien? demanda Paul. — Eh bien, dit Louis, voilà, sans compter la fourrure, un rôti comme plus d'un roi, plus d'un prince et plus d'un maréchal de France n'en aura pas ce soir à souper! — Mais qu'est-ce que ce sang dont tu es couvert? — Ce n'est rien, c'est celui du loup.

Il y avait bien un peu de son sang mêlé à celui de l'animal, mais Louis n'en parlait pas.

Il éventra et dépouilla le loup, puis il en découpa le filet. Par bonheur, depuis la retraite de l'armée française, les loups avaient fort engraissé.

Enfin, Louis tira du foyer une couche de braise, y étala la chair saignante, et se tournant vers son frère :

— Eh bien, que dis-tu de mon rôti? — Je dis, murmura le blessé, que j'aimerais mieux un verre d'eau! — Tu vas être servi à souhait, frère!

Et, détachant une des fontes de la selle du cheval, mettant dans cette fonte sept ou huit balles de plomb et la suspendant à ses aiguillettes déroulées, Paul s'en alla vers le ravin, laissa glisser la fonte jusque dans le ruisseau dont ses pieds avaient brisé la glace, et la retira pleine d'eau.

Une bande de loups le suivait; s'il eût fait un faux pas, pour le coup il était dévoré. La chair grillée, dont le fumet se répandait autour de la cabane, avait attiré ces animaux d'un quart de lieue à la ronde.

Louis revint sain et sauf, et donna la fonte pleine d'eau à son frère, qui la vida d'un trait, comme il eût fait d'un verre ordinaire. Louis retourna au ravin, mais en tenant, cette fois, de la main gauche un tison enflammé. Quelques-uns des maraudeurs rugissants l'avaient flairé de si près à son retour, qu'il avait cru devoir prendre cette précaution : le tison les tint à distance, et, comme la première fois, Louis rentra sain et sauf.

Quant à être assiégé dans la cabane, on n'avait point à le craindre : tant que le feu brûlerait, les loups n'approcheraient pas, et Louis avait amassé assez de bois pour entretenir le feu jusqu'au lendemain matin.

La provision de bois et d'eau étant donc faite, Louis se coucha près de son frère, piqua avec la pointe de son poignard un des filets du loup, qui lui parut suffisamment rôti, et se mit à le dévorer avec le même appétit que si c'eût été un bifteck cuit au foyer de la taverne la plus confortable de Londres.

Paul le regardait faire d'un œil mélancolique.

— Tu ne manges pas? lui dit Louis. — Non; je n'ai que soif. — Bois! reprit Louis en présentant la fonte à son frère.

Celui-ci la prit, et but avidement quelques gorgées.

— Bois tout! dit Louis; la fontaine n'est pas loin. — Non, merci, répondit Paul; d'ailleurs, j'ai à te parler.

Louis regarda son frère.

— Oui, frère, et sérieusement! ajouta le blessé. — Parle, dit Louis. — Il est possible que tu te sois trompé, frère, en espérant que la colonne reviendra sur ses pas. — C'est impossible qu'elle fasse autrement, dit Louis. — N'importe; admettons qu'elle ne revienne pas. — Je ne l'admets point, reprit Louis en insistant. — Mais moi je l'admets, dit Paul; ou plutôt, voyons, pour ne point trop te contrarier, je le suppose. — Eh bien? reprit Louis en regardant son frère avec inquiétude. — Eh bien, si demain au jour elle n'est pas revenue, c'est toi qui te mettras à sa recherche. — Hum! fit Louis d'un air qui signifiait : « Ce n'est pas bien sûr. » — Chose convenue, frère! d'ailleurs, nous discuterons cela demain matin. — Soit. — En attendant, comme, au bout du compte, tu as quelques chances de plus que moi de revoir la France, laisse-moi te faire une confession. — Une confession? — Oui... Écoute, frère, j'ai dans ma vie commis une mauvaise action. — Toi? Impossible! — C'est ainsi, cependant; et, pour que je meure sans remords... — Pour que tu meures? interrompit Louis. — Enfin, si je dois mourir, pour que je meure sans remords, il faut que, cette mauvaise action, tu me promettes de la réparer. — Parle! et ce qu'un homme peut faire pour un autre homme, je le ferai. — Frère, il existe en Allemagne une jeune fille... la fille d'un pasteur... du pasteur d'Abensberg, tu sais, de ce village où l'on a tiré sur l'empereur?... — Eh bien?... — Cette jeune fille, qu'on appelle Marguerite Stiller, je l'ai déshonorée! — Toi? — Je t'avais prévenu... C'est plus qu'une mauvaise action, frère : c'est un crime! Tiens, je ne sais pourquoi, j'y pense souvent, c'est vrai, mais je pensais à cette jeune fille quand ce biscaïen m'a frappé. « C'est une punition du ciel ! » me suis-je dit. Et je suis tombé. — Frère... — J'avais grande envie de t'appeler en tombant pour te dire, en deux paroles, ce que je te dis longuement dans ce moment-ci; mais j'ai réfléchi que, t'appeler, c'était te perdre avec moi, et je me suis tu.—Ah! oui; mais, moi, j'ai remarqué ton absence... — Et tu es venu en frère dévoué! Je ne te remercie pas, Louis : ce que tu as fait pour moi, je l'eusse fait pour toi; mais, dans ton retour, j'ai vu une faveur du ciel qui me permet peut-être de réparer mes torts... Cette jeune fille que j'ai déshonorée, prise de force, violée, que veux-tu? j'étais ivre de poudre et de colère! cette jeune fille, elle avait un fiancé; ce fiancé, c'était ce Frédéric Staps qui a voulu tuer l'empereur à Schœnbrunn. — Staps? — Hélas! oui... cela ressemble à un roman. Ce Frédéric Staps, qui m'avait vu dans une réunion d'illuminés, je n'ai pas le temps de te raconter comment j'étais là, me fit demander dans sa prison; je m'y rendis. Il me pria de l'accompagner sur le lieu de l'exécution, et là, quand il serait mort, de prendre un médaillon qu'il aurait sur la poitrine, et de lire un papier qu'il tiendrait dans sa main droite; après avoir lu ce papier, je devais le faire passer au colonel présidant le conseil de guerre qui l'avait condamné à mort. Je lui promis tout; je l'accompagnai jusqu'au lieu de l'exécution : il tomba, percé de cinq ou six balles. — Et tu pris le portrait? — Et je pris le portrait, et je lus le papier... Le portrait, c'était celui de Marguerite Stiller! — Oh! — Attends... Le papier, c'étaient trois mots et une signature : « Je fais grâce, NAPOLÉON. » — Frère! — Tu comprends, il n'avait pas voulu de cette grâce! Qu'en eût-il fait? Sa maîtresse avait été déshonorée par un misérable... Ce misérable, frère, c'est moi! — Paul! Paul! — Ce misérable, frère, c'est moi! répéta Paul. Maintenant, tu entends? si je meurs, tu es mon héritier; nous avons chacun deux cent mille francs de fortune à peu près; tu n'as pas besoin de mes deux cent mille francs; je te dis donc : « Frère, je ne sais pas si tu pourras retrouver cette femme, mais, une fois de retour en France, tu partiras pour l'Allemagne, n'est-ce pas? — Oui, frère. — Tu chercheras Marguerite Stiller... Son père, je te le répète, était pasteur à Abensberg en 1809. — Oui, frère. — Quand tu l'auras trouvée, tu lui diras ce qui arrive, comment Dieu m'a puni, comment, dans une cabane déserte, au bruit des hurlements des loups et des hourras des Cosaques, je t'ai raconté cette misérable aventure; comment tu m'as promis de réparer mon crime, autant toutefois qu'un pareil crime est réparable, et cela en lui donnant toute ma fortune. Pour t'aider à la reconnaître, voici son portrait.

Et il tira de sa poitrine le médaillon qu'il avait pris sur la poitrine de Staps. Louis passa à son cou la chaîne de cheveux; puis :

— Sois tranquille, frère! dit-il. — Ta main, fit Paul. — La voici. — Maintenant, tâche de dormir; tu as besoin de tes forces pour demain. — Comment veux-tu que je dorme? — Bon! essaye! je vais bien essayer, moi!

Louis se leva, jeta une brassée de branches de sapin et de mélèze sur le feu près de s'éteindre; puis, prenant un tison au foyer, il l'envoya, tournoyant, au milieu des loups qui, attirés par la chair grillée, mais tenus à distance par le feu, étaient rangés en demi-cercle autour de la cabane, tandis que d'autres venaient souffler à travers les interstices des planches.

Les loups, effrayés par le tison qui roulait au milieu d'eux, s'enfuirent en hurlant.

Le foyer jeta une grande lueur; Louis s'enveloppa de son manteau, et se coucha près de son frère avec l'intention de ne pas s'endormir; mais, au bout d'un quart d'heure, la fatigue, le besoin de sommeil, si impérieux dans la jeunesse, commencèrent par confondre les objets à ses yeux et les idées dans son esprit, tout devint indistinct et vague, puis tout s'éteignit à ses regards comme dans son cerveau : il dormait.

Au point du jour, il se réveilla sous la pression d'une main.

Il rouvrit les yeux : c'était Paul qui le tirait de son sommeil.

— Frère, dit le blessé, j'ai soif!

Louis se frotta les yeux, rappela ses souvenirs, ramassa la fonte qui lui servait de gourde, et s'achemina vers le ravin.

A peine était-il sorti de la cabane, qu'il entendit derrière lui la détonation d'une arme à feu.

Il revint sur ses pas, frappé d'un sinistre pressentiment.

Paul, sentant qu'avec sa cuisse brisée il était un obstacle à la fuite de son frère, venait de se faire sauter la cervelle!

XV

LE DNIEPER.

Louis Richard ne s'était point trompé dans ses conjectures : Ney, en se dirigeant vers le nord, n'avait eu qu'une intention, celle de dépister les Russes; étranger aux détails que nous avons indiqués, détournant la tête pour ne pas voir tomber ses morts, bouchant ses oreilles pour ne pas entendre les cris de ses blessés, il marchait droit devant lui, plus insoucieux de cette grêle de biscaïens et de boulets qu'il ne l'était de ces flocons de neige qui lui dérobaient les traces auxquelles il eût pu reconnaître son chemin.

Au bout de trois heures, le maréchal s'arrêta; il se trouvait dans un village abandonné, comme l'étaient tous les villages; une ou deux, peut-être même trois armées avaient déjà passé par là : il ne restait ni une porte ni une fenêtre; tout ce qui pouvait faire du feu avait été brûlé. Aussi, ne veut-il pas prolonger sa halte : avant le jour, il repartira. Le Dnieper doit couler en face de lui; mais, en face de lui, sont les Russes : il marchera droit à l'est, puis se rabattra par un angle droit vers le midi, et il trouvera le fleuve.

Vers neuf heures, le canon retentit. Est-ce un corps d'armée qui, le sachant perdu, vient à sa recherche sur un ordre de Napoléon?

Non, les salves ont trop de régularité : ce sont les Russes qui célèbrent leur triomphe dans leur camp.

Sans bateaux, sans équipages de pont, il faut que Ney et les deux mille hommes qui lui restent continuent à suivre la route; et quatre-vingt mille hommes sont à cheval sur cette route! Ney ne peut donc leur échapper.

Ce qu'annoncent les pièces d'artillerie, c'est la prise de Ney...

Le maréchal explique cela à ses soldats.

— Maintenant, dit-il, il s'agit de les faire mentir : demain, avant le jour, nous partirons; demain, avant la nuit, nous aurons rejoint l'armée.

La nuit fut moins mauvaise qu'elle ne l'eût été en plaine : quoique fenêtres et portes fussent brisées, c'était toujours une espèce d'abri que ces chaumières.

A quatre heures du matin, les chefs réveillèrent les soldats sans l'aide du tambour ni des trompettes.

Il y eut une heure de lutte pour réveiller ces malheureux, et les forcer à se remettre en route ; trois ou quatre cents restèrent là, que ni prières, ni supplications, ni menaces ne purent déterminer à se lever.

On reprit le chemin de la veille en appuyant seulement sur la gauche. Depuis deux heures, on marchait ainsi, quand tout à coup les soldats qui formaient la tête de colonne s'arrêtèrent et parurent se consulter.

Ney accourut.

— Qu'y a-t-il? demanda le maréchal, et qui vous inquiète ?

Les soldats lui montrèrent un point rouge sur la neige, et, au-dessus de ce point rouge, une colonne de fumée qui montait noire dans le ciel gris.

N'allait-on pas donner dans un avant-poste de Cosaques?

Un homme se dévoua, fit un détour, et revint en disant que ce qu'on apercevait là était une cabane isolée qui devait servir d'habitation à quelque moujik; il n'y avait point traces de Russes ni de Cosaques aux environs.

On marcha droit à la cabane; quand on n'en fut plus qu'à vingt pas, on en vit sortir un homme tenant un pistolet de chaque main.

— Qui vive ? demanda cet homme. — Un Français! un Français! crièrent ensemble cinq cents voix.

L'homme rentra dans la cabane.

On ne comprenait rien à cette indifférence. Ce Français devait être perdu ; comment accueillait-il si froidement des frères? On s'avança, on entra dans la cabane et on le trouva à genoux près d'un cadavre.

— Le capitaine Louis Richard! murmurèrent quelques voix. — Celui qui appelait son frère, dit l'Allemand qui avait vu tomber Paul.

Ney entra à son tour.

Louis le reconnut.

— Monsieur le maréchal, dit-il, vous cherchez le Dnieper, n'est-ce pas? — Oui, répondit le maréchal. — Eh bien, faites enterrer mon frère, et je vous conduirai droit au fleuve. — D'aussi braves soldats que lui, répondit le maréchal, sont restés sans sépulture; si peu de temps que nous perdions à creuser la terre, ce sera du temps perdu. — Monsieur le maréchal, j'ai vu, cette nuit, les loups dévorer les cadavres, et je ne veux pas que mon frère soit dévoré par les loups. Le temps que nous perdrons, je vous promets de vous le faire rattraper. — Que l'on s'informe s'il reste des pionniers avec des pioches et des bêches.

On retrouva quatre ou cinq hommes ayant conservé leurs instruments.

— Ceux qui creuseront la fosse de mon frère auront une peau d'ours et mon manteau, dit Louis Richard.

Deux hommes se mirent à la besogne, et parvinrent à creuser une espèce de fosse; on y déposa le corps du capitaine Paul Richard, et on le recouvrit de terre; puis quatre hommes déchargèrent leurs fusils sur la fosse.

Pas un général n'avait eu de pareils honneurs funèbres depuis la sortie de Moscou.

— La! dit Louis Richard; marchons, maintenant!

Et, conduisant le maréchal au ravin dans lequel il avait roulé pendant la nuit, et qui était encore tout rouge du sang du loup et du sien :

— Tenez, monsieur le maréchal, dit Louis en montrant l'eau qui coulait vers l'est, voici incontestablement un affluent du Dnieper; en suivant ce ruisseau, nous trouverons le fleuve.

C'était si probable, que personne ne fit la moindre observation. On suivit le ravin : il conduisit à un village abandonné comme les autres.

On traversa ce village, et, en en sortant, on aperçut le fleuve.

— Maintenant, dit Louis Richard, reste à savoir si le fleuve sera pris. — Il le sera, répondit Ney.

On s'approcha silencieusement du rivage. Le fleuve serait-il ou ne serait-il pas pris? C'était une question de vie ou de mort pour deux mille hommes...

Le fleuve était pris! Jusque-là, il charriait; mais, contrariés tout à coup par un brusque contour de ses rives, les glaçons s'étaient soudés les uns aux autres, il y avait une heure peut-être. Au-dessus et au-dessous, on voyait des glaçons flottants.

— Il ne reste plus, dit le maréchal, qu'à nous assurer s'il porte. Un homme de bonne volonté, qui risque sa vie pour le salut de deux mille Français!

Il n'avait pas achevé, qu'un homme se hasardait sur la flexible surface : c'était Louis. Cette terrible douleur qu'il venait d'éprouver de la mort de son frère l'avait rendu insouciant : il eût joué sa vie sur un coup de dé; il ne regardait donc point comme un mérite de la risquer pour un pareil résultat.

L'armée tout entière le suivait des yeux, haletante et pleine d'angoisses; sans se donner la peine de faire un détour pour éviter le danger, il atteignit l'autre bord.

C'était tout ce que l'on pouvait attendre de l'intrépide jeune homme; des cris de remerciement parvinrent à lui sur l'autre rive.

Alors, ce qu'on ne lui demandait pas, on le vit de nouveau s'engager sur le fleuve, et, avec la même insouciance de sa vie, revenir vers la colonne.

— Les hommes à pied passeront, monsieur le maréchal, pourvu qu'ils passent avec précaution et un à un; peut-être aussi quelques chevaux atteindront-ils l'autre bord; mais il faudra abandonner le reste, et se presser : la glace commence à se dissoudre.

Ney regarda autour de lui : à peine avait-il mille hommes. Cette colonne, composée de soldats affaiblis, blessés, malades, suivie de femmes et d'enfants, s'était désunie afin de chercher des vivres.

— Je donne trois heures pour le ralliement, dit Ney. — Passez toujours, monsieur le maréchal; moi, je resterai et je surveillerai le passage de la colonne, dit le général Ricard. — Je passerai le dernier, répondit Ney; seulement, comme j'ai veillé toute la nuit, pendant ces trois heures je dormirai. Quand le moment du passage sera venu, qu'on m'éveille.

Et, s'enveloppant de son manteau, il se coucha sur la neige, et s'endormit comme eussent fait César, Annibal ou Alexandre; car il avait ce tempérament robuste des grands hommes de guerre, cette santé indomptable qui complète les héros.

Au bout de trois heures, on l'éveilla. Tout ce qui devait se rallier était au bord du fleuve : seulement, il n'y avait plus que deux heures de jour : il fallait se hâter.

Louis Richard repassa le premier, et avec le même bonheur ; mais ceux qui le suivirent annoncèrent qu'ils sentaient plier la glace sous eux ; un peu plus loin, ils crièrent que la glace s'enfonçait, et qu'ils marchaient dans l'eau jusqu'aux genoux ; puis ils n'eurent plus besoin de rien dire : on entendit craquer la glace.

— Qu'on ne passe qu'un à un ! cria le maréchal.

Le sentiment de la conservation fit qu'on obéit.

On vit alors une longue file de soldats marchant à distance se hasarder sur le fleuve, dont la surface mouvante ondulait sous leur poids.

Les premiers atteignirent l'autre bord ; mais, là, un talus rapide, glissant, couvert de verglas, sembla les repousser dans le fleuve. Ils allaient quitter la terre de la vieille Russie, et on eût dit que la terre de la vieille Russie voulait garder les vivants avec les morts !

Beaucoup, à moitié chemin du talus, perdirent pied, roulèrent, et, brisant sous leur choc la glace trop frêle, disparurent dans le fleuve.

Puis vers onze heures du soir, on avait mis cinq heures à accomplir ce lent et dangereux passage, vers onze heures du soir vint le tour des malades, des femmes et des enfants ; jusque-là transportés dans des voitures, ces malheureux ne voulaient pas en descendre, car elles renfermaient tout ce qu'ils possédaient, et, d'ailleurs, comment voyageraient-ils après les avoir quittées ?

On avait trouvé un point un peu plus solide où quelques chevaux avaient passé ; le maréchal permit que, sur ce point, les voitures essayassent de passer à leur tour.

Deux ou trois se risquèrent.

Tout alla bien jusqu'au tiers du fleuve ; là, la glace commença à plier et à craquer ; là, les cris commencèrent à se faire entendre ; mais on ne pouvait pas tourner : il n'y avait de salut qu'à la condition qu'un poids considérable ne demeurât pas longtemps à la même place.

On poussa les chevaux en avant, et, malgré leur instinct, qui leur disait de ne pas s'aventurer sur la surface mobile, les chevaux, désespérés comme les hommes, vainquirent leur terreur, et s'avancèrent en soufflant avec bruit.

Ceux qui étaient déjà passés, ceux qui restaient à passer encore suivaient des yeux avec anxiété ceux qui passaient... Tout à coup ils virent ces masses, à peine perceptibles dans les ténèbres, s'arrêter indécises ; les chevaux battirent l'eau de leurs pieds ; des cris d'angoisse retentirent, puis des gémissements entrecoupés, puis des plaintes qui allèrent s'affaiblissant, et qui bientôt s'éteignirent tout à fait... Alors, les regards qui s'étaient détournés avec épouvante se reportèrent sur la glace : la glace était vide ; tout avait disparu, englouti dans l'abîme ! A deux ou trois places, l'eau bouillonnait, voilà tout.

Force fut donc de quitter ces chariots précieux, et d'y choisir ce que l'on voulait sauver ; le choix fut long : la terreur le prolongeait. Puis les femmes portant leurs enfants, les blessés s'appuyant les uns aux autres, les malades se traînant avec peine, commencèrent à défiler comme une suite de silencieux fantômes.

Un tiers resta dans le fleuve, deux tiers passèrent.

On eût dit une répétition en petit du terrible drame de la Bérésina.

Enfin, à minuit, tout était passé ou englouti.

Il restait à peu près quinze cents hommes en état de porter les armes, et trois ou quatre mille traînards, blessés, malades, femmes, enfants.

Quant aux canons, on n'essaya pas même de les sauver : on les noya.

Ney passa le dernier, comme il l'avait dit; puis, arrivé sur l'autre bord du fleuve, il poussa tout ce troupeau lamentable en avant.

Louis Richard marchait le premier ; la profonde douleur morale qu'il éprouvait semblait le rendre insensible au froid et au danger.

Au bout d'un quart de lieue, il se baissa et tâta le chemin : on venait d'atteindre une route frayée; de profondes ornières indiquaient que de l'artillerie, des caissons, des chariots, avaient passé par là.

On avait donc évité une armée, combattu un jour le froid, un jour les hommes, un jour le fleuve, pour combattre encore!

On était à bout de forces; depuis longtemps, on était à bout d'espérances! n'importe! Ney cria : « En avant! » et l'on marcha.

Ce chemin conduisit à un village que l'on surprit.

Alors, il se fit un instant de joie dans la horde errante, comme il se fait une seconde de jour quand, pendant l'orage, l'éclair brille; on venait de retrouver tout ce qui manquait depuis Moscou : des vivres, de chaudes demeures, des vivants! Ces vivants étaient des ennemis, c'est vrai; mais le silence, le désert, la mort, étaient des ennemis bien autrement redoutables!

On s'arrêta deux heures dans le village, puis on se remit en route : on avait, à vingt ou trente lieues devant soi, Orcha, où l'on espérait retrouver l'armée française.

A dix heures, tandis que l'on se reposait dans un village, c'était le troisième que l'on rencontrait depuis une heure du matin, on voit les sombres forêts de sapins, qui semblent marcher avec la colonne fugitive, se remplir de mouvement et de bruit : ce sont les cosaques de Platof qui ont éventé l'armée de Ney, si l'on peut appeler une armée douze ou quinze cents combattants, cinq ou six mille traînards.

Un autre village côtoyait le Dnieper : on s'y réfugie; la gauche, du moins, sera garantie par le fleuve.

Depuis le jour, six ou huit mille hommes et vingt-cinq pièces de canon suivent le flanc droit de la colonne. Pourquoi n'ont-ils pas chargé? pourquoi n'ont-ils pas profité de deux ou trois passages désavantageux pour nous attaquer?

Le chef était ivre : il ne pouvait donner des ordres, et les soldats n'osaient point s'en passer! Cette fois, la Providence ne fut pas pour les ivrognes.

Cependant, le moment était venu : il fallait combattre, on le croyait du moins; mais Ney connaissait ces misérables.

— Soldats, dit-il à ses hommes, qui étaient en train de manger, achevez tranquillement votre repas; deux cents d'entre vous, parmi les mieux armés, suffiront à maintenir l'ennemi.

Deux cents hommes réunis par Louis Richard entourèrent le maréchal.

Ney ne se trompait pas : avec ces deux cents hommes, il tint en respect les six mille Cosaques. Sans doute, leur chef n'avait pas encore repris sa raison.

En même temps, l'ordre est donné de se mettre en mouvement aussitôt le repas fini.

Au bout d'une heure, la colonne reprend sa marche.

Peut-être les Cosaques ont-ils voulu ménager le village; car aussitôt qu'un espace se fait entre la dernière cabane et le dernier traînard, toutes les lances s'abaissent et brillent, tous les canons grondent; la colonne, enveloppée d'un nuage de Cosaques, est attaquée de tous côtés.

En outre, les blessés, les traînards, les maraudeurs, les femmes, les enfants, prennent l'épouvante et se ruent sur le flanc de la petite armée, où ils viennent chercher un abri, et qu'ils manquent de jeter dans le fleuve.

Ney ordonne de leur présenter la baïonnette; sur ces baïonnettes ils sont forcés de s'arrêter.

Alors, au lieu de devenir une cause de ruine, ils deviennent une cause de salut; au lieu d'être un obstacle, il sont un rempart.

Les lances fouillent cette masse, les canons la sillonnent; mais les coups s'y perdent, et n'atteignent pas le cœur, ne blessent pas la vie : les faibles protégent les forts, boucliers vivants et involontaires, mais efficaces.

Pendant ce temps, le maréchal presse le pas, protégé d'un côté par le fleuve, de l'autre par cette masse où se perdent les coups.

Parfois, cependant, les difficultés du terrain le repoussent des bords du fleuve, et une ligne de Cosaques passe entre le fleuve et lui; mais une décharge en fait justice. D'autres fois, pour ne pas user ses munitions, Ney, l'épée à la main, charge à la tête de cinq ou six cents baïonnettes; alors, on pousse les Cosaques devant soi, on précipite hommes et chevaux dans le fleuve : amis et ennemis, Français et Russes, rouleront dans les mêmes eaux vers la mer Noire.

On marche deux jours ainsi; on fait vingt lieues de cette façon; on a l'air d'une population assiégée mais mouvante. Tel fuit un taureau assiégé par les taons qui le piquent.

La troisième nuit vint enfin; on s'y enfonça, comme dans une espérance de repos; seulement, on ne pouvait s'arrêter : il fallait laisser là ceux qui tombaient; quelques-uns, assassins sublimes, avaient la force, sur sa demande, de briser la tête à un ami!

Ney voyait tout cela, et comprimait de ses deux mains son cœur prêt à se rompre, et détournait ses yeux prêts à pleurer.

La nuit était venue, disons-nous; on s'avançait à tâtons au milieu d'un bois de sapins dont, en heurtant les tiges, on faisait pleuvoir la neige. Tout à coup la sombre forêt s'éclaire, une décharge d'artillerie éclate, la mitraille passe en sifflant, brisant les hommes et les sapins, qui jettent chacun leurs cris de douleur.

La colonne recule, se mêle, tourbillonne.

— Ah! nous les tenons enfin ! s'écrie Ney. En avant, amis! en avant!

Et, avec cinquante soldats, cet homme-titan, ce héros d'Homère, cet Ajax qui veut échapper malgré les dieux, se jette en avant, et, au lieu de fuir, met en fuite ceux qui l'attaquaient.

M. de Ségur a fait de tout cela un grand poëme. Pourquoi n'a-t-il donc fait que ce poëme, et pas autre chose? Est-ce l'Académie qui lui défend d'écrire?

Non, c'est qu'il avait vu le spectacle terrible, et que, les sensations éprouvées, il voulait les rendre; c'est que, comme Énée, il pouvait dire : *Et quorum pars magna fui !*

Le matin venu, on retrouva les lances et les boulets des cosaques de Platof. Il est vrai qu'on avait la forêt pour s'abriter : faible rempart, dont avec les fusils on ne pouvait éloigner les assaillants; eux nous côtoyaient à demi portée de canon, nous escortant et nous détruisant, allumant une ligne de feu égale en longueur à celle que nous parcourions. Il fallait attendre et recevoir la mort sans la donner : on attendait, et l'on mourait.

On marchait sous le feu, on s'arrêtait sous le feu, on mangeait sous le feu; on était tué, en marchant, en s'arrêtant, en mangeant ; on eût dit que la Mort seule ne se lassait point.

La nuit vint, la quatrième nuit; on résolut de ne pas s'arrêter, de marcher toujours. Les Français devaient être proches.

Il restait une vingtaine de chevaux, une vingtaine de cavaliers; Louis Richard, qui avait passé au milieu de mille morts sans recevoir une égratignure, se mit à la tête de ces cavaliers, et s'avança dans la direction où l'on supposait que devait être Orcha, c'est-à-dire l'armée française.

XVI

Ma couronne pour un cheval !

RICHARD III.

Trois cents millions pour Ney !

NAPOLÉON.

Le 14 novembre, comme nous l'avons dit, Napoléon avait quitté Smolensk.

Le premier jour, on n'avait pas rencontré d'autre ennemi que le terrain, ennemi assez fort, assez terrible, assez acharné à lui seul pour détruire une armée. On était parti la nuit et en silence; seulement, ce silence était interrompu par les imprécations des soldats du train, par les coups dont ils accablaient leurs chevaux, par le bruit que faisaient canons et caissons parvenus à grand'peine au sommet de quelque pli de terrain, et qui, arrivés là, dominant la force par le poids, retombaient pêle-mêle les uns sur les autres, s'écrasant et se démontant au fond du ravin.

L'artillerie de la garde mit vingt-deux heures à faire cinq lieues!

L'armée s'étendait sur un espace de dix lieues à peu près, c'est-à-dire de Smolensk à Krasnoï.

Les hommes pressés de fuir atteignaient déjà Krasnoï, que les traîneurs sortaient à peine des portes de Smolensk.

Korytnia est à moitié chemin de Smolensk à Krasnoï, par conséquent à cinq lieues de Smolensk, à cinq lieues de Krasnoï. Napoléon comptait s'arrêter à Korytnia; mais là une autre route, la route d'Elnia, croisait celle de Krasnoï, et par cette route s'avançait une autre armée, armée autant en ordre que la nôtre était en désordre, aussi nombreuse que la nôtre était réduite, aussi vivace que la nôtre était languissante.

Cette armée se composait de quatre-vingt-dix mille hommes, et était commandée par Koutousof.

Son avant-garde nous avait précédés à Korytnia.

On annonça cette nouvelle à Napoléon.

— C'est à Korytnia que je compte m'arrêter, dit-il; qu'on en déloge les Russes!

Un général, on ne sait lequel, les grands noms surnageaient seuls dans ce désastre, comme les grands débris seuls attirent les yeux dans un naufrage, un général se mit à la tête d'un millier d'hommes, et délogea les Russes de Korytnia.

Le désespoir ou plutôt l'insouciance de la mort avait quintuplé les forces : ce que l'on faisait à peine autrefois avec dix mille hommes, on le faisait maintenant avec cinq cents!

Au moment où Napoléon entrait à Korytnia, on vint lui apprendre qu'une autre avant-garde prenait son poste derrière un ravin, à trois lieues au delà du village; cette avant-garde était celle de Miloradovich, qui arrivait, de son côté, au pas de course avec vingt-cinq mille hommes.

C'étaient donc cent quinze mille hommes qu'il fallait trouer pour rentrer en France!

Napoléon écoutait ce rapport dans la seule maison qui restât debout de tout le village de Korytnia. On s'était dit que cette maison restée seule était peut-être un piége où l'on avait voulu attirer Napoléon; qu'elle était peut-être minée; que quelque moujik sacrifié viendrait peut-être, au moment propice, mettre le feu à une mèche cachée, et qu'alors le demi-dieu qui avait fait sur la terre plus d'orages que Jupiter n'en avait jamais fait au ciel, disparaîtrait, comme Romulus, dans une tempête! Napoléon entendit ou n'entendit pas ce qui se disait; il alla s'asseoir devant une table où étaient déployées des cartes de routes, cartes de pays inconnus, et qui n'étaient jamais qu'approximatives.

Un aide de camp du général Sébastiani entra.

Il avait trouvé à Krasnoï l'avant-garde d'une troisième armée appartenant, celle-là, on ne savait à qui; Sébastiani allait la culbuter pour rendre le passage libre : c'est ce qu'il faisait dire à Napoléon.

On avait, en outre, entendu dire, et c'était le même aide de camp qui apportait cette nouvelle, on avait, en outre, entendu dire qu'à Liady, village situé à trois lieues au delà de Krasnoï, une quatrième avant-garde, qu'on supposait appartenir à quelque corps irrégulier de cosaques, avait enlevé des hommes qui marchaient isolément, et, parmi ces hommes, deux généraux.

On s'attendait à ce que Napoléon, en apprenant tous ces mouvements hostiles qui s'accomplissaient autour de lui et en avant de lui, enverrait l'ordre aux corps d'Eugène, de Davoust et de Ney, restés à Smolensk, de hâter leur marche, afin d'opposer quinze ou vingt mille hommes au moins à deux cent mille : Napoléon resta pensif et ne donna aucun ordre.

Le lendemain, on se mit en mouvement, comme si les éclaireurs étaient venus annoncer que la route était libre; la colonne, ayant Napoléon à son centre, avançait sans précaution, comme si l'étoile qui guidait vers Marengo et vers Austerlitz ces conquérants du monde brillait encore dans le ciel neigeux de la Russie.

Les maraudeurs et les fuyards formaient l'avant-garde ; les malades et les blessés, l'arrière-garde. Là seulement où était Napoléon, le cœur battait.

Tout à coup on se trouve en face d'une ligne immobile, rempart d'hommes et de chevaux élevé sur une plaine de neige.

Maraudeurs et fuyards s'arrêtent; leur refoulement vient heurter le cheval de Napoléon, qui relève la tête, fixe sa lunette sur la ligne noire, et se contente de dire :

— Ce sont les Cosaques. Lancez une douzaine de tirailleurs contre eux; qu'ils fassent un trou, et nous passerons !

Un officier prend une douzaine d'hommes et perce ce rideau ; toute la bande s'enfuit comme une volée d'oiseaux effarouchés : le passage est libre.

Mais voici qu'une batterie de canons éclate à gauche; les boulets prennent la colonne en flanc, et laboure la route sur laquelle elle s'écoule.

Tous les yeux se tournent vers Napoléon.

— Eh bien ? demande-t-il. — Voyez, sire !

Et on lui montre trois hommes emportés par le même boulet, à dix pas de lui.

— Enlevez cette batterie, dit-il.

Excelmans, blessé, se met à la tête de sept à huit cents Westphaliens, et va attaquer la batterie, tandis que ce qui reste de la vieille garde se presse autour de Napoléon pour amortir les coups.

On passe tranquille et insouciant sous ce feu ; les musiciens de la garde jouent l'air : *Où peut-on être mieux qu'au sein de sa famille ?*

Mais l'empereur étend la main, la musique s'arrête.

— Mes amis, dit-il, jouez : *Veillons au salut de l'empire !*

Et, pendant que tonne cette canonnade à laquelle on ne peut répondre que par ce froid et hautain courage, la musique de la garde, calme comme à une parade, joue l'air demandé par Napoléon.

Les feux s'éteignirent avant que la musique eût cessé.

Excelmans avait gravi la colline, et culbuté artillerie et artilleurs.

— Voyez, dit Napoléon, voilà les ennemis auxquels nous avons affaire !

Ce jour-là, le sol avait été plus difficile à vaincre que l'ennemi : à peine avions-nous perdu une centaine d'hommes; mais chaque pli de la route nous avait arraché un canon, un caisson, un chariot.

Par malheur, quoique les traînards eussent le temps de piller les bagages, ils n'avaient pas le temps d'enclouer les canons : chaque pièce abandonnée pouvait, une heure après, être tournée contre nous.

Napoléon arriva à Krasnoï; mais, derrière lui, cette armée qui, des hauteurs, nous avait regardés passer, descendit dans la plaine, et les vingt-cinq mille hommes de Miloradovich se trouvèrent entre Napoléon et les trois corps d'armée qui le suivaient.

Aussi, après avoir passé la nuit à Krasnoï, le lendemain, au moment où l'on allait se remettre en route, entendit-on gronder le canon à cinq ou six lieues en arrière : c'était Eugène qui, attaqué par Miloradovich, semait de morts ce champ de bataille où devait, à son tour, passer le maréchal Ney, et parmi les cadavres duquel nous avons vu Paul Richard, maintenant cadavre lui-même, chercher le corps de son frère.

Napoléon donna l'ordre d'arrêter la marche des colonnes; depuis longtemps Eugène, son fils bien-aimé, avait réparé les échecs de Pordenone et de Sacile : l'empereur ne laisserait pas Eugène aux mains de l'ennemi.

Toute la journée Napoléon attendit; Eugène ne parut point.

Le soir, la canonnade s'éteignit.

Napoléon avait un espoir, et il l'exprima tout haut, afin d'augmenter sa confiance de l'adhésion des autres : Eugène s'était sans doute replié sur Davoust et sur Ney, et, le lendemain, on verrait les trois corps réunis percer la ligne russe et se rallier à notre arrière-garde.

La nuit passa, le jour vint, rien ne parut; seulement, le canon se réveilla : c'était Koutousof qui écrasait Ney du haut de ces mêmes collines d'où, la veille, il avait écrasé Eugène.

Napoléon appelle Bessières, Mortier et Lefebvre, les trois maréchaux qu'il a près de lui; quant à Berthier, il n'a pas besoin de l'appeler : Berthier ne le quitte pas; Berthier, c'est l'ombre de Napoléon.

Il est évident que l'armée française a derrière elle toute l'armée russe; celle-ci a cru envelopper Napoléon : elle l'a laissé passer; elle croit César pris : elle ne tient que ses lieutenants.

En poussant en avant, et tandis qu'il s'acharnera sur Eugène, Davoust et Ney, on peut gagner une marche, deux marches, trois marches peut-être sur l'ennemi : alors on est sauvé, car on est en Lithuanie, en pays ami, et ce sont les Russes, à leur tour, qui seront en pays ennemi.

Mais on aura lâchement abandonné de valeureux compagnons; on aura sauvé la tête aux dépens des membres! Ne vaut-il pas mieux mourir tous ensemble, ou tous ensemble se sauver?

Napoléon n'ordonne plus : il questionne; il ne dit plus : « Je veux! » il dit : « Voulez-vous? »

Un seul lui répond : « Allons! »

Alors, le sanglier aux défenses d'acier se retourne; mais, en ce moment on vient lui dire que le général russe Ojarowski l'a dépassé avec une avant-garde ; on ne peut pas rentrer en Russie avec des Russes derrière soi.

L'empereur appelle Rapp.

— Marche sur cette avant-garde, lui dit-il, sans tarder d'une minute; attaque-la tout au travers de l'obscurité; pas un coup de fusil, tu comprends? rien que la baïonnette! Je veux que, pour la première fois qu'ils montrent tant d'audace, ils s'en souviennent longtemps!

On ne savait qu'obéir quand Napoléon commandait: sans répondre une parole, Rapp s'élança en avant; mais à peine avait-il fait dix pas que Napoléon le rappela.

Tout un monde de pensées avait traversé son cerveau en une minute.

— Non, dit-il, reste ici, Rapp : je ne veux pas te faire tuer dans une pareille échauffourée; j'aurai, l'an prochain, besoin de toi à Dantzick. Que Roguet te remplace.

Et Rapp s'en alla, tout pensif à son tour, porter cet ordre au général Roguet; tout pensif, disons-nous, car, en effet, il y avait de quoi s'étonner que, tout près de rentrer en Russie, entouré de cent cinquante mille Russes, quand les autres parlaient de la France comme d'une terre imaginaire, lui, Napoléon, vît ce qu'il ferait dans un an, et assignât à l'un de ses lieutenants la ville que celui-ci défendrait à cent quatre-vingt-cinq lieues de l'endroit où lui-même semblait ne plus pouvoir se défendre!

Roguet partit, attaqua l'ennemi à la baïonnette, le chassa de Chirkova et de Malievo, et lui imprima un tel choc, que l'armée russe recula de dix lieues, et suspendit son mouvement pendant vingt-quatre heures.

Vers le milieu de la nu ', on signala Eugène.

Le prince arrivait seul; il s'était fait jour à travers les Russes, mais il ignorait complétement ce qu'étaient devenus Davoust et Ney. Ils se battaient probablement, car toute la journée il avait, sur sa droite, entendu le canon. Koutousof était décidément la providence de l'armée française : le vieillard, aussi glacé que son hiver, se contentait de détruire avec ses canons, comme l'hiver détruisait avec la neige et le vent.

Napoléon profita de l'inertie de Koutousof et de la secousse donnée par Roguet à Ojarowski, pour faire filer, sur Orcha et Borisof, Victor avec trente mille hommes, et Schwarzenberg avec les dépôts; mais lui n'abandonnera pas plus Davoust et Ney qu'il n'a abandonné Eugène : il s'efforcera de les joindre; seulement ce n'est plus, comme à Eckmühl, pour remporter une grande victoire qu'il fera ce suprême mouvement; ce sera pour sauver deux maréchaux et les débris de deux armées.

Le 17, il ordonna d'être prêt à cinq heures du matin; puis, quand toute l'armée, ce qui reste de l'armée, croit qu'on va marcher vers la Pologne, Napoléon tourne le dos à la Pologne et se dirige vers le nord.

— Où va-t-on? demandent toutes les voix, et quel chemin nous fait-on prendre? — On va sauver Davoust et Ney! on prend le chemin du dévouement.

Et toutes les voix se taisent; on a trouvé la chose toute simple, on obéit.

Napoléon arrachera ses deux lieutenants à la Russie, ou il y restera avec eux. Eugène, sauvé, continuera son chemin vers Liady; après l'effort qu'il a fait, il peut marcher encore, mais il ne peut plus combattre. Le général Claparède, avec les malades et les blessés, défendra Krasnoï : des malades et des blessés sont suffisants pour tenir en respect un ennemi qui s'écroule dès qu'on le touche.

Au jour, Napoléon se trouve entre trois armées : il en a une à sa droite, une à sa gauche, une devant lui. Ces armées n'avaient qu'à marcher, qu'à se réunir, et elles étouffaient entre cent vingt mille soldats, Napoléon et ses onze mille hommes! elles n'avaient qu'à faire approcher leurs batteries, qu'à faire feu pendant une journée, et elles les écrasaient! Pas un seul n'eût échappé! Les hommes restèrent en place; les canons se turent.

Il y avait des défenseurs invisibles aux yeux de nos soldats qui se dressaient menaçants à ceux des Russes : c'étaient Rivoli, les Pyramides, Marengo, Austerlitz, Iéna, Friedland, Eckmühl et Wagram.

Il fallut trois années de revers pour que l'on comprît la vulnérabilité de cet autre Achille; il fallut l'Angleterre, cette ennemie acharnée, pour venir enfoncer dans le cœur du lion mourant le poignard de ses *horse-guards;* il fallut le grand ravin de Waterloo pour servir de tombe à la garde impériale!

Enfin, le canon commença d'éclater : c'était par derrière, c'était à Krasnoï. L'ennemi, qui respectait Napoléon, attaquait Claparède.

On se trouvait enfermé de quatre côtés.

Sans doute était-ce un signal : les trois autres côtés s'enflammèrent à leur tour.

On continua d'aller en avant; c'était, en grand, quelque chose comme le Kremlin : on marchait contre le feu, entre deux murailles de feu.

Tout à coup cette muraille ardente s'ouvrit, miraculeusement percée par Davoust et ses hommes !

Il ne restait plus que Ney à rejoindre et à dégager.

Davoust n'avait pas entendu parler de lui : il savait seulement que son collègue devait être d'un jour en arrière. Or, il était impossible de l'attendre un jour sous ce feu : l'armée y eût fondu tout entière comme un bronze dans la fournaise.

Napoléon appelle Mortier.

Il lui ordonne de défendre Krasnoï, d'y attendre Ney le plus longtemps possible, tandis que lui va ouvrir par Orcha et Liady la route de l'armée.

Avec Napoléon est la force, nous l'avons dit, et il faut une terrible machine de guerre pour enfoncer les quarante mille Russes qui, pendant le mouvement que Napoléon vient de faire vers Smolensk, se sont glissés entre lui et la Pologne.

L'empereur et ce qui reste de la vieille garde prennent la route de Krasnoï; Mortier, Davoust et Roguet soutiennent la retraite. Roguet et la jeune garde, qui faisaient la veille tête de colonne à Chirkova et Malievo, faisaient le lendemain l'arrière-garde à Krasnoï: aussi, en rentrant dans la ville, du 1er de voltigeurs, d'un régiment tout entier qui deux fois avait monté à l'assaut contre une batterie russe, il ne restait plus que cinquante soldats et onze officiers!

Napoléon arriva le soir à Liady; le lendemain, à Orcha.

A Smolensk, il avait encore vingt-cinq mille hommes, cent cinquante canons, un trésor, des vivres : à Orcha, il n'avait plus que dix mille hommes, vingt-cinq canons et un trésor pillé.

Ce n'était plus une retraite, c'était une déroute; il ne s'agissait plus de reculer, il fallait fuir.

On envoya le général Éblé, avec huit compagnies de sapeurs et de pionniers, assurer le passage de ces dix mille hommes sur la Bérésina.

Peut-être Napoléon devrait-il quitter Orcha ; mais, en quittant Orcha, c'est Ney qu'il quitte ; et, plus malheureux qu'Auguste, qui pouvait au moins redemander ses légions à Varus, c'est à lui-même qu'il redemande Ney.

A toute heure de la nuit il ouvre sa porte et demande :

— A-t-on des nouvelles de Ney ?

A chaque bruit qu'il entend dans la rue, il ouvre sa fenêtre et demande :

— Est-ce Ney qui arrive?

Tous les regards se tournaient du côté du nord : on ne voyait rien que les lignes, s'épaississant toujours, des bataillons russes. On écoutait, et l'on n'entendait plus même le canon : c'était le silence de la tombe; si Ney vivait, Ney se battrait... Ney était mort!

Et, comme si cette mort fût avérée, on commençait à se répéter les uns aux autres :

— Moi, je l'ai vu le 15, et voici ce qu'il m'a dit... — Moi je l'ai vu le 16, et voici ce qu'il m'a répondu...

Et Napoléon, lui, disait :

— Ney! mon brave Ney! tout ce que j'ai de millions dans mes caves des

Tuileries, pour racheter mon duc d'Elchingen, mon prince de la Moskowa!

Tout à coup, au milieu de la nuit, on entend le pas d'un cheval qui arrive au galop, puis des cris auxquels se mêle le nom de Ney.

— Ney? crie Napoléon, qui m'apporte des nouvelles de Ney?

On pousse devant l'empereur un jeune homme couvert des lambeaux d'un uniforme bleu brodé d'argent.

Napoléon reconnaît un officier d'ordonnance d'Eugène.

— Ah! c'est vous, monsieur Paul Richard! dit Napoléon. — Non, sire : c'est moi, Louis Richard... Mon frère Paul est mort! Mais le maréchal vit, sire. — Où est-il? — A trois lieues d'ici; il demande du secours. — Davoust! Eugène! Mortier! au secours de Ney! venez, mes maréchaux! on a des nouvelles de Ney... Toutes nos pertes sont réparables : Ney est sauvé!

Eugène entre le premier.

— Une croix d'officier de la Légion d'honneur pour ce messager de bonnes nouvelles, Eugène. — Voici celle de mon frère, sire, dit le jeune homme en tirant de sa poitrine la croix qu'il a détachée, après sa mort, de l'habit de Paul. — Ah! c'est vous, mon brave Louis! dit Eugène. La nouvelle est bonne; mais le messager la rend meilleure encore! — Sire, dit en entrant Mortier, me voici prêt à partir. — Et moi aussi, dit Eugène. — Je suis l'ancien du prince, dit Mortier. — Sire, reprit Eugène, je suis roi : je réclame la prérogative de mon rang ; personne ne donnera avant moi la main à Ney.

Mortier fit un pas en arrière.

— Donne-moi la main, à moi, lui dit l'empereur.

Mortier prit la main de Napoléon, et la baisa avec un soupir.

— Je te ferai roi un jour, Mortier; et alors, toi aussi, tu diras : « Je veux! »

Deux heures après, Napoléon voyait entrer Ney dans sa chambre, et lui tendait les bras en criant :

— J'ai sauvé mes aigles, puisque tu es vivant, mon brave Ney!

Puis, à ceux qui le regardaient et qui l'entouraient :

— Messieurs, dit-il, j'eusse donné trois cents millions, il y a trois heures, pour cette minute de joie que Dieu vient de me donner pour rien!

XVII

LE RETOUR.

Il y a trois ans, presque jour pour jour, qu'au début de ces scènes militaires, nous avons introduit nos lecteurs dans le cabinet particulier de Napoléon aux Tuileries; prions-les de nous y attendre au milieu de cette triste et muette obscurité des palais vides de leurs maîtres ; nous sommes au 18 décembre 1812 : ils ne resteront pas longtemps dans les ténèbres et le silence.

En effet, dans ce moment une mauvaise calèche de voyage est arrêtée devant le guichet des Tuileries donnant sur la rue de l'Échelle, et, depuis dix minutes, essaye vainement de se faire ouvrir.

Enfin le concierge, réveillé par les soldats de garde plutôt que par les coups frappés à la porte, s'est décidé à s'informer des causes de ce bruit, et il est

LE RETOUR DE RUSSIE.

LE CAPITAINE RICHARD.

TYP. J. CLAYE.

resté stupéfait à la vue du mameluk Roustan, revêtu de son uniforme égyptien, et qui, à travers les grilles, lui crie, impatient :

— Mais dépêchez-vous donc! c'est l'empereur!

Le concierge se précipite vers la porte, qui roule aussitôt sur ses gonds: la voiture passe sous le guichet, coupe diagonalement la cour, et va s'arrêter près du vestibule.

Deux hommes, l'un de haute, l'autre de moyenne taille, tout enveloppés de fourrures, descendent de la calèche et montent rapidement les escaliers.

Le mameluk Roustan les précède, ne disant que ce mot :

— L'empereur! l'empereur! l'empereur!

Un valet de pied, arrivé en même temps que l'illustre voyageur, prend un candélabre des mains d'un de ses confrères qui vient au-devant du bruit, et va droit au cabinet de travail de Napoléon.

Il sait que le sommeil n'est que le second besoin de cet homme de fer auquel on obéit.

L'empereur traverse ce cabinet où, trois ans auparavant, il s'est arrêté et endormi un instant; où la pauvre Joséphine, légère comme une ombre, est venue à lui, et, douce comme un rêve caressant, a effleuré son front d'un baiser.

Cette fois, il ne s'arrête pas, ne s'endort pas; il passe en disant d'une voix brève :

— L'archichancelier!

C'est toujours Cambacérès qu'il demande; seulement, il ne demande que lui.

Après quoi il s'engage, suivi de l'homme à la haute taille, dans le couloir qui conduit chez l'impératrice.

L'impératrice allait se coucher, triste et souffrante; elle venait de congédier sa femme de chambre madame Durand et se mettait au lit, lorsque cette femme de chambre, qui allait se coucher elle-même dans la chambre contiguë à celle de l'impératrice, entend des pas dans le salon, ouvre la porte, et pousse un cri en voyant entrer deux hommes.

Puis, ne comprenant pas comment deux hommes ont pu, à une pareille heure, pénétrer jusque-là, mal rassurée sur les intentions de ces mystérieux personnages enveloppés de leurs manteaux comme des conspirateurs, elle se précipite pour défendre la chambre de l'impératrice, quand, un des deux hommes jetant son manteau sur un fauteuil, elle reconnaît Napoléon.

— L'empereur! s'écrie-t-elle, l'empereur!

Et elle s'écarte respectueusement.

L'empereur, alors, fait signe à son compagnon de l'attendre, et passe dans la chambre en disant :

— C'est moi, Louise, c'est moi.

Car l'impératrice, ce n'est plus l'aimable créole à la taille svelte malgré ses quarante ans, au charmant sourire, au teint mat, à l'œil et aux cheveux noirs, bon génie qui n'a reçu qu'une couronne, et qui a rendu une auréole; ce n'est plus la bien-aimée, la populaire Joséphine; l'impératrice, c'est une femme de vingt-trois ans, blonde, grasse, froide, aux yeux bleus à fleur de tête, au teint blanc et rose, à la lèvre inférieure pendante; c'est la fille de François II, la nièce de Marie-Antoinette, qui a fait Napoléon neveu de Louis XVI; c'est l'antipathique et impopulaire Marie-Louise.

Pourquoi Napoléon attendait-il l'autre? pourquoi vient-il chercher celle-là? Mystère du cœur humain inexplicable pour tous, mais qui est le même chez l'empereur que chez le dernier de ses sujets.

— L'empereur! s'était écriée Marie-Louise étonnée.

« Bonaparte! » se fût écriée Joséphine joyeuse.

Elle avait raison, la blonde fille d'Arminius, la descendante des Césars aux lèvres pendantes, ce n'était plus Bonaparte : c'était l'empereur.

Comment avait-il franchi la distance qui d'Orcha, où nous l'avons quitté, où il venait de retrouver Ney, le séparait encore de Paris?

En deux mots nous allons le dire.

Dans une courte halte que l'empereur avait faite à Korytnia, un courrier de France était arrivé jusqu'à lui. Ce courrier était porteur d'une lettre du comte Frochot; cette lettre, l'empereur, qu'on n'avait pas vu pâlir depuis Moscou, cette lettre, l'empereur la lut en pâlissant.

Puis il saisit une plume, attira devant lui du papier, écrivit une longue réponse; mais, craignant sans doute que son messager ne fût supris par les Russes, il déchira ce qu'il avait écrit, et, à Orcha, il brûla avec ses autres papiers la lettre du comte Frochot, que personne ne vit, dont personne ne sut jamais le contenu; puis l'impression produite par cette lettre, sans s'éteindre dans son esprit, s'effaça peu à peu sur son visage, qui redevint en quelques heures impassible comme de coutume.

Napoléon avait décidé que la retraite s'opérerait par Borisof, et l'on se rappelle qu'il avait envoyé Éblé pour jeter des ponts sur la Bérésina.

Le 22 novembre, on s'était mis en chemin par une large route bordée de bouleaux tristes et effeuillés; on marchait dans une boue liquide où l'on entrait jusqu'aux genoux. Chose incroyable! beaucoup étaient si faibles, que, tombés dans cette fange, ils ne purent se relever et s'y noyèrent!

Puis, tout le long de la route, les nouvelles arrivaient terribles.

Le soir, on aperçut un officier qui accourait à toute bride, demandant l'empereur.

L'empereur, pour donner du courage à tous, marchait à pied comme le dernier de ses soldats, un bâton à la main.

On montra l'empereur à l'officier.

Messager de mauvaise nouvelle, il venait annoncer que Borisof était tombé au pouvoir de Tchitchakoff.

L'empereur écouta impassible; mais, quand le récit fut achevé, il frappa la terre de son bâton en s'écriant :

— Il est donc écrit là-haut que tout sera contre nous?

Alors Napoléon s'était arrêté, ordonnant qu'on brûlât toutes les voitures inutiles et la moitié des fourgons, pour donner les chevaux à l'artillerie; qu'on s'emparât de toutes les bêtes de trait, et même de ses propres chevaux, plutôt que de laisser au pouvoir des Russes un canon ou un caisson.

Puis, donnant l'exemple, il s'était enfoncé dans l'obscure et immense forêt de Minsk. Douze ou quinze mille hommes y entrèrent avec lui, mornes et silencieux, et peu à peu l'ombre de la grande armée se perdit à travers les arbres.

Tout cela suivait Napoléon comme les Hébreux fugitifs suivaient la colonne de feu; d'ailleurs, ces hommes, ces spectres, ce n'était plus l'ennemi qui les effrayait : c'était l'hiver. Les Russes ! qu'était-ce que cela ? on était habitué à passer au travers de leurs escadrons ; mais le froid, la neige, les glaces, la faim, la soif, la boue, là étaient les vrais obstacles !

On arriva à la Bérésina, et l'on passa malgré les Russes. Le monstre qui prit l'armée par les pieds et qui l'attira à lui, le gouffre qui en dévora une partie, ce fut la rivière : on y laissa douze mille hommes, car on avait rejoint le corps d'armée de Victor et d'Oudinot, mais on passa.

Le 29, l'empereur avait quitté les bords de la rivière fatale.

Trois fleuves barrèrent sa route d'une façon terrible, à trois époques différentes : le Danube, à Essling, la Bérésina, à Borisof ; l'Elster, à Leipzick.

Le 30 novembre, il était à Pleszczénity ; le 4 décembre, à Bienitza ; le 5, à Smorgony.

Là, il réunit tous ses maréchaux, fit à chacun d'eux la part d'éloges qui lui était due, et à lui, leur chef, sa part de blâme, en ajoutant cependant ces mots :

— Si j'étais un Bourbon, il m'eût été facile de ne point commettre de faute.

Puis, après leur avoir fait lire par Eugène le vingt-neuvième bulletin, il leur annonça officiellement son départ.

Ce départ devait avoir lieu la nuit même ; sa présence à Paris était indispensable : de Paris seulement il pouvait secourir l'armée, contenir les Autrichiens et les Prussiens, et s'organiser de manière à se retrouver, trois mois après, avec cinq cent mille hommes sur la Vistule.

Quant au commandement, il le laissait au roi de Naples.

Il était dix heures du soir ; l'empereur se leva, embrassa ses lieutenants et partit.

Il s'enferma dans une mauvaise voiture avec Caulaincourt et l'interprète Vonsovich ; derrière lui, dans un traîneau, venaient Lobau et Duroc ; pour toute suite, il emmenait Roustan et un valet de pied.

D'abord, il avait passé à Miedniky, où le duc de Bassano l'avait rassuré sur les approvisionnements ; les rations de pain, de viande, d'eau-de-vie et de fourrage étaient là par cent mille, l'armée pouvait y séjourner huit jours.

De Kovno et de Vilkovisky, où il prit un traîneau, il avait expédié des courriers tandis qu'on relayait. A Varsovie, il s'était arrêté, avait conféré avec les ministres polonais, leur avait demandé une levée de dix mille hommes, leur avait accordé quelques subsides, leur avait promis son retour à la tête de trois cent mille hommes, et avait repris son chemin. A Dresde, il avait vu le roi de Saxe, et avait écrit à l'empereur d'Autriche ; puis il avait dicté à M. de Saint-Aignan, son ministre à Weimar, qui se trouvait momentanément dans la capitale de la Saxe, des lettres pour tous ses collègues de la confédération du Rhin, et pour les principaux commandants militaires d'Allemagne.

Là, il laissa son traîneau, et M. de Saint-Aignan lui donna une de ses voitures. Enfin, le 18, à onze heures du soir, il était aux Tuileries, comme nous l'avons dit.

De Moscou à Smorgony, il n'avait été que Xénophon, dirigeant sa fameuse retraite ; de Smorgony à la frontière française, il n'avait été que Richard Cœur de Lion retournant de Palestine, et que le premier duc d'Autriche venu pouvait arrêter et jeter en prison ; à Paris, aux Tuileries, il se retrouvait, momentanément du moins, le maître de l'Europe.

Nous l'avons vu entrer, traverser son cabinet, se précipiter dans la chambre de Marie-Louise. Il y était encore quand on vint lui dire que Cambacérès se tenait à ses ordres.

En repassant par le salon, il trouva Caulaincourt qui s'était endormi en l'attendant : lui seul pouvait se passer de sommeil.

— Oh ! c'est donc vous, sire ! s'écria l'archichancelier. — Oui, mon cher Cambacérès, répondit Napoléon ; j'arrive comme il y a quatorze ans j'arrivais d'Égypte, presque fugitif, après avoir été tenté l'Inde par le nord, comme je l'avais déjà tenté par l'orient !

Mais ce que ne disait pas Napoléon, c'est qu'au retour d'Égypte sa fortune était à son aurore, et qu'au retour de Russie sa destinée était froide et sombre comme la contrée qu'il abandonnait.

Cambacérès attendit ; il savait qu'en pareille circonstance Napoléon, ayant beaucoup de choses à dire, avait besoin de parler.

Napoléon se promena un instant les mains derrière le dos ; puis tout à coup, s'arrêtant et s'adressant à Cambacérès comme si celui-ci eût pu suivre sa pensée, ainsi qu'un voyageur penché sur le bord d'une rivière suit le cours de l'eau :

— La guerre que je soutiens, s'écria-t-il, est une guerre politique ; je l'ai faite sans animosité ; j'eusse voulu épargner à la Russie les maux qu'elle-même s'est faits... J'aurais pu armer contre elle la plus grande partie de sa population, en proclamant la liberté des esclaves : je me suis refusé à cette mesure, qui aurait voué à la mort et aux plus horribles supplices des milliers de familles.

Puis, répondant toujours à sa pensée, qui le ramenait des marais de la Bérésina à Paris d'une course bien autrement rapide que le traîneau de Vilkovisky :

— C'est à l'idéologie, continua-t-il, que la France doit tous les malheurs qu'elle a éprouvés. Ses erreurs devaient la conduire, et l'ont effectivement conduite au régime des hommes de sang, qui ont proclamé le principe de l'insurrection comme un devoir, qui ont adulé le peuple en l'élevant à une souveraineté qu'il était incapable d'exercer. Lorsqu'on est appelé à régénérer un État, ce sont des principes tout opposés qu'il faut suivre ; c'est dans l'histoire qu'il faut chercher les avantages et les inconvénients des différentes législations ; voilà ce que les magistrats d'un grand empire ne doivent jamais perdre de vue : ils doivent, à l'exemple des présidents Harlay et Molé, être toujours prêts à défendre le souverain, le trône et les lois. La plus belle mort serait celle d'un soldat qui tombe au champ d'honneur, si la mort d'un magistrat qui périt en défendant son souverain, le trône et les lois, n'était plus glorieuse encore... Mais, ajouta-t-il en s'animant, au contraire de cela, il y a des magistrats pusillanimes qui restent constamment au-dessous de leur devoir !

Et, se retournant tout à coup vers Cambacérès :

— Voyons, vous qui êtes mon ami, dit-il, comment cela s'est-il passé ?

Cambacérès avait senti monter le flot ; il avait vu où tendait cette marée de paroles : il comprit qu'il était question de la conjuration Malet, dont la nouvelle, reçue à Korytnia, avait si fort préoccupé l'empereur.

Votre Majesté veut des détails ? demanda Cambacérès. — Oui, voyons, dites-moi tout, fit l'empereur en s'asseyant. — Votre Majesté connaissait-elle Malet ? — Non... de vue seulement ; une fois je l'ai aperçu, et l'on m'a dit :

« Voilà le général Malet. » Je savais qu'il était de la société des Philadelphes, grand ami d'Oudet, qui a été tué à Wagram, et dont on a pas manqué de me mettre la mort sur le dos... En 1808, pendant que j'étais en Espagne, ce Malet avait déjà conspiré contre moi ; je pouvais le faire fusiller alors, j'avais Dieu merci assez de preuves pour cela, mais, que voulez-vous? j'ai horreur du sang... Ce petit Staps, c'est lui qui a voulu mourir ; moi, je lui avais fait grâce. Ils croient qu'on me tue comme cela, les insensés! Mais, revenons à cet homme... Il était dans une maison de santé où j'avais permis son transfert... Vous voyez, Cambacérès, voilà ce que c'est que de me parler toujours clémence ! Avec cela que je suis un tyran bien dur! Où était cette maison de santé? — A la barrière du Trône, sire. — Comment s'appelle le propriétaire? — Le docteur Dubuisson. — Ami ou ennemi? — Le docteur? — Oui, je vous demande s'il était de la conspiration. — Ah ! bon Dieu, le pauvre homme ! il ne s'en doutait pas. — Enfin il a ouvert la porte? — Eh! non, Malet a passé par-dessus le mur. — Seul? — Avec un abbé Lafon, un Bordelais; ils avaient un portefeuille tout rempli d'ordres, de sénatus-consultes, de proclamations. Deux de leurs complices les attendaient dans la rue : Boutreux, un précepteur; Rateau, un caporal. — Et ce sont ces drôles-là qui se sont permis de jouer, l'un le rôle de préfet de police, l'autre celui d'aide de camp? — Oui, sire. — Il me semble qu'il y avait encore un autre prêtre... Les prêtres.., j'ai cependant assez fait pour eux! — Celui-là était Espagnol. — Alors, cela ne m'étonne plus... — C'était une ancienne connaissance de prison de Malet; il demeurait à la Place-Royale. C'est chez lui qu'étaient cachés les armes et l'uniforme de général, une écharpe d'aide de camp, une ceinture de commissaire de police... — Ils avaient tout prévu! s'écria Napoléon avec impatience. Après? — Malet, une fois habillé, armé, va frapper à la porte de la caserne Popincourt, se fait annoncer au colonel sous le nom du général Lamotte... — Ainsi, murmura Napoléon, c'est sous un nom emprunté, ignoré, inconnu, qu'on peut faire de pareilles choses ! Et le colonel? — Le colonel, sire, était dans son lit, malade de la fièvre; le général Malet l'aborda par ces mots : « Eh bien, colonel, il y a du nouveau : Bonaparte est mort! » — Bonaparte! répéta Napoléon. Oui, pour certaines gens, je suis toujours Bonaparte ! Mais à quoi m'ont donc servi quatorze ans de succès, le 18 brumaire, le sacre, mon alliance avec la plus vieille maison d'Europe, pour que, le jour où le premier venu vient dire : « Bonaparte est mort! » tout soit fini?... Bonaparte est mort! Mais Napoléon II, qu'en faisait-on? Napoléon II était vivant, ce me semble? — Sire, répondit Cambacérès, vous savez ce que c'est que le soldat; il voit un ordre, il ne le discute pas, il obéit. — Oui, mais quand l'ordre est faux?... — Le colonel le croyait vrai ; il appelle son major ; l'ordre est relu par le prétendu général Lamotte; la cohorte est rassemblée et mise à la disposition de Malet. Avec cette cohorte, qui ne possède pas une cartouche, et qui n'a à ses fusils que les pierres de bois dont on se sert pour l'exercice, Malet se rend à la Force, s'en fait ouvrir les portes, appelle un Corse nommé Boccheciampi... — Un Corse? interrompit Napoléon ; je suis bien sûr que celui-là n'a pas été dupe! Et puis? — Et puis les généraux Lahorie et Guidal. — Guidal! encore un que je pouvais faire juger par un conseil de guerre et envoyer à Toulon : ses communications avec les Anglais étaient flagrantes à celui-là, j'espère! — Eh bien, oui; mais au lieu de cela, c'est un brevet de sénateur qu'on lui apporte ; puis vient

Lahorie, à qui l'on remet sa nomination de ministre de la police, et l'ordre d'arrêter son prédécesseur Rovigo. — Celui-là, reprit Napoléon avec ce sentiment d'exacte justice qui pouvait s'altérer parfois, mais qui, cependant, était dans son caractère, celui-là pouvait s'y tromper : réveillé à quatre heures du matin, délivré par la force armée, il avait une excuse... Voyons, Cambacérès, voyons ce que tout cela devient. — Ici, sire, l'action se partage : tandis que le nouveau ministre de la police va faire arrêter l'ancien, Malet commence par expédier une ordonnance à la caserne Babylone, avec un paquet à l'adresse des sous-officiers qui y sont en quartier; ce paquet renfermait une copie des sénatus-consultes, et l'ordre de relever, avec une compagnie nouvelle, les postes de la Bourse, du Trésor, de la Banque et des barrières. — Quel était le colonel de ce régiment? demanda Napoléon. — Le colonel Rabbe. — Il a résisté, celui-là, j'espère? — Il a été trompé comme le colonel Soulié, sire, et il a obéi.

Napoléon frappa ses deux mains l'une contre l'autre.

— Enfin, murmura-t-il, voyons, voyons! — Pendant ce temps, Lahorie marchait sur l'hôtel de la police générale, après avoir détaché Boutreux sur la préfecture; le préfet est arrêté et conduit à la Force... — Dans la chambre de Guidal... C'est bien fait! pourquoi se laissait-il arrêter? — Cependant, sire, au milieu du tumulte, le baron Pasquier avait eu le temps de dépêcher un messager au duc de Rovigo; mais le messager ne put pénétrer jusqu'à celui-ci. Lahorie marchait vite, et procédait en enfonçant les portes: il venait d'enfoncer celle du cabinet du ministre, quand le ministre lui-même parut à la porte en face. — Mais Lahorie et Rovigo n'étaient-ils pas amis? Je ne sais plus dans quelle circonstance Rovigo m'avait recommandé cet homme. — Ils se tutoyaient, sire; et c'est en tutoyant le ministre que Lahorie lui cria : « Rends-toi, Savary! tu es mon prisonnier; je ne veux point te faire de mal. » — Et Savary? — Voulut résister, sire; Savary, vous le savez, n'est point un homme qu'on arrête facilement; mais Lahorie crie : « Saisissez-le! » et dix hommes se jettent sur le ministre, qui n'avait pas d'armes, et que Guidal, à son tour, conduit tout rugissant à la Force. — Allez, allez! J'écoute. — Cependant Malet, introduit chez le comte Hullin, commandant de Paris, l'avait arrêté par ordre du ministre de la police, et, sur la première observation que le comte Hullin lui avait faite, avait renversé celui-ci à ses pieds d'un coup de pistolet dans la mâchoire. De là, il passe chez l'adjudant général Doucet, chef de l'état-major, lui annonce que le nouveau gouvernement le maintient dans ses fonctions, et lui trace la marche qu'il doit suivre. Tout à coup un homme s'avance, et interrompant l'orateur au milieu de son discours : « Vous n'êtes pas le général Lamotte, dit-il; vous êtes le général Malet! Vous étiez hier, cette nuit encore peut-être, prisonnier d'État. » — A la bonne heure! en voilà donc un! s'écria Napoléon. Et il s'appelle?... — L'adjudant de place Laborde, chef de la police militaire... Alors Malet tire son second pistolet, et va faire feu sur Laborde, quand le général Doucet lui arrête le bras et pousse Laborde dehors. Laborde en sortant rencontre Pâques, inspecteur général du ministre, qui vient pour s'entendre avec l'adjudant de place, sur le transfert de Guidal à Toulon. A son grand étonnement, Pâques apprend de Laborde que Guidal est sénateur, Lahorie ministre de la police, Boutreux préfet, et que le général Hullin a été grièvement blessé d'un coup de pistolet que lui a tiré le général

Malet, chef du gouvernement provisoire... Cinq minutes après, grâce à Laborde et à Pâques, Malet était prisonnier à son tour, et l'on arrêtait Lahorie, qui, de bonne foi jusqu'au bout, ne pouvait comprendre pourquoi on l'arrêtait. Guidal ne fut pris que dans la soirée; Boutreux, huit jours après. — Et aujourd'hui, demanda Napoléon, que reste-t-il de tout cela? — Il reste le colonel Rabbe, qui a obtenu un sursis, et le caporal Rateau, dont l'oncle est procureur général à Bordeaux. — Et les autres? — Les autres? — Oui, les conspirateurs. — Les trois généraux, le colonel Soulié, le major Piquerel, quatre officiers de leurs corps et deux du régiment de Paris ont été fusillés le 20 octobre.

Napoléon demeura un instant pensif; puis, avec une certaine hésitation :

— Et comment sont-ils morts? reprit-il en fixant sur Cambacérès un œil qui voulait dire : « Je demande la vérité. » — Bien, sire, et ainsi qu'il convient à des militaires, même coupables : Malet plein d'ironie, mais aussi plein de conviction ; les autres calmes, fermes, mais s'étonnant d'aller au supplice avec un homme et pour un complot qu'ils ne connaissaient pas. — Ainsi, vous avez cru devoir permettre cette exécution, monsieur l'archichancelier? — J'ai cru devoir, le crime étant grand, réclamer une prompte justice. — Peut-être avez-vous eu raison... à votre point de vue. — A mon point de vue, sire? — Oui, d'archichancelier, c'est-à-dire de haut justicier; mais à mon point de vue, à moi...

Napoléon s'arrêta.

— Pardon, sire, dit Cambacérès insistant pour connaître toute la pensée de Napoléon. — Eh bien, à mon point de vue, à moi, reprit l'empereur, c'est-à-dire au point de vue politique, j'eusse agi autrement. — Sire... — Je dis *moi*, et non pas vous, mon cher Cambacérès. — Alors, Votre Majesté eût fait grâce? — A tous les complices, comme ayant cru obéir à des ordres supérieurs. — Et à Malet? — Malet, c'est autre chose : je l'eusse fait enfermer à Charenton, comme fou! — De sorte que le colonel Rabbe et le caporal Rateau?... — Qu'ils soient mis en liberté demain matin, mon cher Cambacérès. Que l'on sache ainsi que je suis de retour à Paris.

Puis, avec un de ces signes de familiarité dont Napoléon honorait seulement ses intimes :

— Bonsoir, mon cher archichancelier! dit-il. A demain, au conseil d'État!

Et rentrant chez lui il murmura :

— Lahorie, Lahorie... un ancien aide de camp de Moreau! Je ne serais pas étonné que Moreau croisât devant le Hâvre avec la flotte anglaise.

Il ne se trompait que d'un an : l'année suivante, Moreau devait quitter l'Amérique pour venir, devant Dresde, se faire couper les deux jambes par un boulet français!

Le 1er mai 1813, ainsi qu'il l'avait annoncé à ses maréchaux en quittant Smorgony, l'empereur est dans la plaine de Lutzen, à la tête d'une armée de trois cent mille hommes.

Il en aurait cinq cent mille si la Prusse ne l'avait pas abandonné, si l'Autriche n'était pas toute prête à le trahir.

Ce n'est donc ni sa faute ni celle de la France, s'il a deux cent mille hommes de moins qu'il n'avait dit.

Dès le 29 avril, les premiers coups de canon ont été tirés.

Le 2 mai, la victoire de Lutzen l'a rendu maître de toute la rive gauche de l'Elbe, depuis la Bohême jusqu'à Hambourg!

XVIII

LE CHEMIN DE L'EXIL.

Le samedi 23 septembre 1815, un bâtiment de haut bord, portant à sa corne le pavillon anglais, et à son grand mât le pavillon amiral, traversait la ligne par 0 de latitude, 0 de longitude, et 0 de déclinaison; il venait d'Europe, et, à la marche qu'il suivait, semblait faire route pour l'Amérique du Sud ou pour l'Inde.

C'était jour de *grande barbe,* comme disent les Anglais; aussi y avait-il fête à bord.

Cette fête, célébrée en pareille circonstance sur tous les bâtiments des nations civilisées, était celle du *bonhomme Tropique;* seulement, la même par le fond dans toutes les marines, elle varie parfois dans la forme.

A bord du bâtiment anglais, comme toujours, le commandement semblait suspendu et abandonné à l'équipage, qui, d'une voix unanime, l'avait déféré au plus vieux matelot, lequel, armé d'un trident, décoré d'une longue barbe, et le front ceint d'une couronne de papier doré, était assis sur un trône dressé au pied du grand mât..

Là, Sa Majesté Tropicale se faisait amener tous ceux qui traversaient la ligne pour la première fois, leur faisait enduire le visage de goudron, leur faisait passer sur les joues et le menton un gigantesque rasoir en fer-blanc, et, quand ils étaient ainsi barbifiés, sur un signe de lui, une immense tonne à bière, qui ne le cédait en grandeur qu'au fameux tonneau d'Heidelberg, versait, par un mouvement de bascule, sur la tête du patient une douche d'eau salée équivalent à la cascade de Pisse-Vache.

Sur quoi la barbe était finie, et le passager, l'officier ou le matelot arrosé pouvait aller se sécher au soleil de l'équateur, tandis que le secrétaire du dieu Neptune lui délivrait un certificat constatant qu'il avait payé le passage au bonhomme Tropique.

Au milieu de la cérémonie, un officier français apparut tout à coup sur le pont, et, s'approchant du dieu Neptune :

— Majesté, lui dit-il en assez bon anglais, voici cent pièces d'or qui sont envoyées de la part de l'empereur Napoléon. — L'empereur Napoléon? dit le dieu, je ne connais pas cela : je ne connais que le général Bonaparte. — Eh bien, soit! dit l'officier en souriant; j'oublie toujours que le général Bonaparte a été dix ans empereur... Je me reprends donc, et je dis : Majesté, voici cent napoléons qui sont envoyés de la part du général Bonaparte. — Alors, c'est autre chose! dit le dieu en tendant sa large main.

Mais une main blanche, fine, aristocratique s'interposa entre la main de l'officier français et celle du matelot anglais, et reçut les cent napoléons en disant :

— Donnez-moi cette bourse, général; je crois plus prudent de n'en faire la répartition que ce soir.

Le dieu Neptune gronda dans sa barbe de roseaux; mais il se soumit, et la cérémonie de la *grande barbe* allait continuer, quand un matelot cria :

— Ohé! de l'arrière, un requin! — Au requin! au requin! crièrent toutes les voix.

Et le dieu Neptune, abandonné, se leva de son trône, et s'en alla, comme les autres, voir ce qui allait se passer à l'arrière.

Avec la permission de l'amiral, car, ainsi que l'indiquait le pavillon flottant au grand mât, le bâtiment était monté par un amiral, avec la permission de l'amiral, disons-nous, les matelots s'établirent à l'arrière, réservé, on le sait, aux seuls officiers supérieurs.

L'un d'eux amorça, avec une tranche de lard, un hameçon gigantesque pendu à une chaîne de fer, puis il jeta la chaîne à l'eau.

L'horrible squale, dont on voyait la nageoire dorsale à fleur d'eau, plongea rapidement, et au bout de quelques secondes les matelots, qui venaient d'attacher la chaîne à la barre du timonier, sentirent une effroyable secousse, puis ils virent la chaîne se tendre avec rapidité dans trois ou quatre directions différentes : les anneaux craquaient en roulant sur la muraille du bâtiment, et l'on eût pu croire qu'elle allait se briser.

Enfin les secousses s'adoucirent peu à peu, et l'on aperçut quelque chose de blanc qui s'agitait au bout de la chaîne violemment tendue : c'était le ventre du requin agonisant.

Alors de grands cris retentirent, poussés par tout l'équipage; cris de triomphe, plus grands que n'avaient été les cris de joie qui les avaient précédés aux moments les plus enthousiastes de la fête du bonhomme Tropique.

Aussi, à ces cris, vit-on sortir de l'escalier d'arrière un homme qui n'avait pas encore paru sur le pont.

Cet homme était vêtu du petit chapeau traditionnel et de l'habit vert des chasseurs de la garde, sur lequel brillaient la plaque de la Légion d'honneur et la simple croix de chevalier, accouplées à la Couronne-de-Fer; il était suivi du général qui avait remis les cent napoléons, et d'un autre officier de quarante-cinq à cinquante ans, portant l'uniforme de la marine française.

Cet homme, c'était Napoléon; le général qui le suivait, c'était Montholon; l'officier qui portait l'uniforme de la marine française, c'était Las-Cases.

On était à bord du *Northumberland*, commandé par l'amiral Cockburn, et faisant voile pour Sainte-Hélène, avec ordre aux matelots, aux officiers, et même à l'amiral, de ne donner à Napoléon que le titre de *général Bonaparte;* on était sous voiles depuis le 7 août : il y avait, par conséquent, quarante-sept jours que l'on avait quitté la rade de Plymouth.

On venait de traverser la ligne; mais, par une attention de l'amiral, ni l'empereur, tout réduit qu'il était au rang de général Bonaparte, ni aucune des personnes qui l'accompagnaient n'avaient été soumis à la ridicule cérémonie du baptême; seulement, ayant entendu les cris changer d'expression, l'illustre prisonnier était monté sur le pont, et venait voir de quoi il s'agissait.

Tout est une distraction à bord : quand Napoléon sut qu'un requin venait d'être pris et suivait le bâtiment à la remorque, il alla s'asseoir sur le canon qui était son siége habituel, et attendit.

Un instant après, les cris des matelots annoncèrent qu'on était en train de hisser l'animal; puis on vit paraître, au-dessus de la muraille du navire, sa tête pointue et sa gueule armée d'une triple rangée de dents ; un dernier effort l'amena sur le pont; mais, au moment où il y retombait, les matelots s'écartèrent précipitamment : aucun ne se souciait d'assister de trop près à son agonie.

En effet, à peine le requin fut-il sur le pont, que, rencontrant un point d'appui, il bondit à la hauteur de la misaine; puis, trouvant l'affût d'un canon à la portée de sa gueule, il le mordit de manière que, ses dents étant entrées dans le bois, il resta immobile, pris un instant par sa propre morsure.

Le chef charpentier en profita : il s'approcha du squale, et lui déchargea sur la tête un terrible coup de hache.

L'animal arracha ses dents du bois de l'affût, où elles laissèrent une profonde empreinte, et, d'un seul bond, passa de tribord à bâbord. Trois ou quatre hommes qu'il rencontra sur son chemin furent renversés par le choc ; un d'eux demeura sans connaissance. Les autres sautèrent sur le bastingage, et du bastingage grimpèrent dans les haubans avec l'agilité d'une troupe de singes.

Tout cela se passait au milieu des cris et des rires de l'équipage, la mascarade des matelots rendant la lutte et les évolutions qu'elle amenait on ne peut plus pittoresques.

Napoléon trouva d'abord un certain amusement dans cette espèce de bataille; puis, au milieu du mouvement, des cris, des clameurs, il finit par tomber dans une profonde rêverie.

Quand il en sortit, le requin avait la tête coupée, le ventre ouvert; un matelot tenait le cœur de l'animal dans sa main, et le chirurgien du bord, tandis que ce corps sans tête gisait ouvert d'un bout à l'autre, constatait que le cœur séparé du corps continuait de se contracter, tant est grande la puissance vitale chez ces terribles animaux.

Napoléon fut pris d'un mouvement de pitié pour cette gigantesque souffrance : il détourna les yeux, et ses yeux, en se détournant, rencontrèrent le comte de Las-Cases.

— Venez, dit-il, que je vous dicte un chapitre de mes Mémoires.

Las-Cases suivit l'empereur; mais, comme il allait disparaître dans l'entrepont, le commandant Ross se pencha vers le comte, et lui demanda :

— Pourquoi donc le général Bonaparte s'en va-t-il ? — L'empereur s'en va, répondit Las-Cases, parce qu'il ne peut supporter la vue des souffrances de cet animal.

Les Anglais se regardèrent étonnés : on leur avait dit qu'après chaque combat, Napoléon se promenait sur les champs de bataille pour repaître ses yeux de la vue des morts, et réjouir ses oreilles des gémissements des blessés.

Lorsque l'étonnement fut passé, on lava le pont couvert de sang, et l'on reprit la fête interrompue par l'apparition du requin.

Pendant ce temps, Napoléon dictait les pages où il réfute l'empoisonnement des pestiférés de Jaffa.

C'était une idée qui était venue à l'empereur par ennui, que celle d'écrire l'histoire de ses campagnes.

La saison était chaude, la journée monotone; l'empereur, au commencement de la traversée, montait rarement sur le pont, jamais avant le déjeuner; et, comme en campagne, il déjeunait à des heures irrégulières.

Quant aux Anglais, ils déjeunaient à huit heures précises, et les Français à dix.

De l'heure du déjeuner à quatre heures, l'empereur lisait ou causait avec Montholon, Bertrand ou Las-Cases; à quatre heures il s'habillait, passait dans la salle commune et faisait une partie d'échecs; à cinq heures l'amiral venait lui-même annoncer que le dîner était servi.

Alors on se mettait à table.

Le dîner de l'amiral durait, d'habitude, près de deux heures; c'était une heure cinquante minutes de plus que ne duraient les dîners de Napoléon. Aussi dès le premier jour, au moment où l'on apporta le café, l'empereur se leva-t-il; le grand-maréchal et Las-Cases, invités à la table de l'amiral, se levèrent également et sortirent.

L'étonnement fut grand; l'amiral était tout près de se fâcher; il prononça quelques plaintes en anglais sur le manque de savoir-vivre de l'empereur; mais madame Bertrand, restée en arrière, répondit dans la même langue :

— Monsieur l'amiral, vous oubliez, ce me semble, que vous avez affaire à celui qui a été le maître du monde, et que quand il se levait de table, soit à Paris, soit à Berlin, soit à Vienne, les rois à qui il faisait l'honneur de les inviter à sa table se levaient derrière lui et le suivaient. — C'est vrai, Madame, reprit l'amiral; mais comme nous ne sommes point des rois, et que nous ne sommes ni à Paris, ni à Berlin, ni à Vienne, nous ne trouverons pas mauvais que le général Bonaparte se lève de table avant la fin du dîner, seulement il trouvera bon que nous y restions.

A partir de ce jour, liberté entière fut prise et accordée.

Ce fut pendant ces longues conversations de bord que Las-Cases recueillit de la bouche même de l'empereur toutes les anecdotes qu'il cite, dans son *Mémorial*, sur l'enfance et la jeunesse du prisonnier de Sainte-Hélène; puis le moment vint où ce genre de conversation s'épuisa, où Napoléon se lassa de raconter, quoique son auditeur ne se lassât point d'entendre; et, le samedi 9 septembre, il avait commencé à dicter ses campagnes d'Italie.

Sauf cette distraction, qui lui prit d'abord une demi-heure, puis une heure, puis deux heures, puis même jusqu'à trois, les journées s'écoulaient dans une uniformité monotone, et l'on compta ainsi depuis le lundi 7 août jusqu'au samedi 13 octobre.

Ce jour-là, en dînant, l'amiral annonça que, le lendemain, vers six heures du soir, il espérait avoir connaissance de Sainte-Hélène. Ce fut, on le comprend bien, une grande nouvelle à bord : on avait soixante-sept jours de mer!

Le lendemain en effet, pendant que l'on était à table, le matelot qu'on avait placé, dès deux heures de l'après-midi, en vigie dans les barres de perroquet, cria : « Terre! » On était au dessert; on se leva et l'on monta sur le pont.

L'empereur gagna l'avant du vaisseau et chercha des yeux la terre.

Une espèce de brouillard qui lui semblait flotter à l'horizon fut tout ce qu'il put apercevoir; il fallait l'œil du marin pour affirmer que ce brouillard était un corps solide.

Le lendemain, dès le point du jour, tout le monde était réuni sur le pont. Quoique une partie de la nuit le bâtiment fût resté en panne, on avait cependant assez marché pour qu'à ce moment, et grâce à la limpidité de l'air matinal, l'île fût devenue parfaitement visible.

Vers midi on jeta l'ancre, on n'était plus guère qu'à trois quarts de lieue de la terre. Il y avait cent dix jours que Napoléon avait quitté Paris : la traversée de l'exil avait duré plus longtemps que ce second règne placé entre l'île d'Elbe et Sainte-Hélène.

L'empereur, qui était sorti de sa chambre plus tôt que d'habitude, s'avança le long du passavant et fixa sur l'île un regard impassible : pas un muscle de son visage ne bougea ; et, il faut le dire, ce masque d'airain était si bien soumis à la volonté de ce moderne Auguste, que les seuls muscles qui en parussent vivants étaient les muscles avoisinant la bouche.

La vue de l'île n'était cependant point satisfaisante : on apercevait un village plus long que large, perdu au fond de gigantesques rochers nus, secs, dévorés par le soleil. Comme à Gibraltar, on eût pu promettre cent louis à l'ingénieur assez habile pour trouver une place où manquât un canon.

L'empereur, au bout de dix minutes de contemplation, se tourna vers Las-Cases.

— Allons travailler ! dit-il.

Et il descendit, fit asseoir Las-Cases, et se mit à dicter sans que sa voix indiquât la moindre altération.

L'ancre jetée, l'amiral était aussitôt descendu dans sa yole et avait ramé vers l'île.

A six heures du soir, il revint très-fatigué ; il avait parcouru l'île entière, et pensait avoir trouvé un endroit convenable : malheureusement, il fallait des réparations, et ces réparations pouvaient exiger deux mois.

Or, l'ordre positif des ministres anglais était de ne point descendre Napoléon à terre avant que sa demeure ne fût prête à le recevoir.

Mais l'amiral se hâta de dire que, le général Bonaparte devant être fatigué et las de la mer, il prenait sur lui de le faire débarquer ; seulement le débarquement n'était pas possible pour le soir. L'amiral annonça que, le lendemain, on dînerait une heure plus tôt que de coutume, afin que l'on pût s'embarquer après le dîner.

Le lendemain, en sortant de la salle à manger, l'empereur trouva tous les officiers réunis sur la dunette, et les trois quarts de l'équipage groupés sur les passavants.

Un canot attendait : il y descendit avec l'amiral et le grand maréchal.

Un quart d'heure après, le lundi 16 octobre 1815, il touchait le sol de Sainte-Hélène.

Voir, pour le reste, le *Prométhée* d'Eschyle.

XIX

LIESCHEN WALDECK.

A cette même heure où Napoléon touchait le sol dévorant de l'exil, dans la petite ville de Wolfach, cachée au fond d'une des vallées les plus pittoresques du grand-duché de Bade, une jeune fille de seize ans, comme la Marguerite de Gœthe, laissait son rouet s'arrêter, et, les bras tombants, la tête appuyée à la muraille, et les yeux levés au ciel, murmurait cette chanson, si connue en Allemagne :

Rien ne console
De son adieu ;
Je deviens folle,
Mon Dieu ! mon Dieu!

Mon âme est vide,
Mon cœur est sourd ;
J'ai l'œil livide
Et le front lourd.

Ma pauvre tête
Est à l'envers ;
Adieu la fête
De l'univers!

En sa présence,
Le monde est beau ;
En son absence,
C'est un tombeau!

A la fenêtre
Son œil distrait
Me voit paraître,
Dès qu'il paraît.

Sa voix m'emporte
Dedans, dehors;
Qu'il entre ou sorte,
J'entre ou je sors.

Arrivée là de sa chanson, la jeune fille était si absorbée dans sa pensée, qu'elle n'entendit point la porte donnant sur une cour intérieure s'ouvrir, et qu'elle ne vit point entrer, ou plutôt s'arrêter sur le seuil de cette porte, un jeune homme de vingt-neuf à trente ans, vêtu du costume des paysans de Westphalie.

Nous disons *vêtu du costume*, car, en regardant de près ce jeune homme, on retrouvait en lui, malgré son effort pour le cacher, une certaine allure militaire indiquant que l'habit d'officier était le seul qui pût bien aller à cette taille à la fois souple et décidée.

Quant au visage, il était beau et mâle à la fois, l'œil était bleu foncé, vif, hardi; les cheveux étaient d'un blond presque châtain; les dents superbes.

La jeune fille, qui ne s'était pas aperçue de son arrivée, continua :

Joyeuse ou sombre,
Selon sa loi,
Je suis son ombre,
Et non plus moi.

Rien ne console
De son adieu ;
Je deviens folle,
Mon Dieu! mon Dieu!

L'accent de la jeune fille à mesure qu'avançait la chanson devenait si triste, nous dirons presque si douloureux, que le jeune homme n'eut pas le courage d'écouter les trois ou quatre couplets qui restaient encore à chanter, et que, s'approchant vivement :

— Lieschen ! dit-il.

La jeune fille tressaillit, se retourna, distingua le jeune homme à travers l'obscurité qu'elle avait laissée venir sans allumer la lampe au triple bec de cuivre préparée sur le bahut de chêne, et, d'une voix presque effrayée ;

— C'est vous! dit-elle. — Oui; quelle triste et mélancolique chanson chantez-vous donc là? — Vous ne la connaissez pas? — Non, répondit le jeune homme. — On voit bien que vous êtes Français! — A quoi? à la manière dont je prononce l'allemand? Vous m'inquiétez un peu, Lieschen, en me disant cela. — Oh! non, vous parlez l'allemand comme un Saxon. Je dis que l'on voit que vous êtes Français, parce que chez nous autres Allemands cette chanson est populaire, et qu'il n'y a pas, du Rhin au Danube, de Kehl à Vienne, une jeune fille qui ne la chante : c'est la *Marguerite au rouet* de notre grand poëte Gœthe. — Oui, je sais cela, dit le jeune homme en souriant; en voici la preuve.

Et, dans le plus pur saxon, comme disait la jeune fille, il répéta les quatre premiers vers de la mélancolique chanson.

— Alors, que me disiez-vous? — Eh! mon Dieu, je vous disais : « Parlez, Lieschen! le son de votre voix me réjouit! » comme je dis à un oiseau: « Chante, oiseau! j'aime à t'entendre chanter! » — Eh bien, maintenant j'ai parlé. — Oui, c'est à moi de parler à mon tour.

Il s'approcha de la jeune fille, et lui tendant la main :

— Adieu! dit-il. — Comment, adieu? s'écria-t-elle. — Lieschen, il faut que je parte, que je quitte Wolfach, que je m'enfonce plus avant dans l'Allemagne. — Courez-vous quelque nouveau danger? — Le danger que court un proscrit : d'être arrêté; celui que court un condamné à mort : d'être fusillé.

Puis, d'un air qui indiquait l'homme familiarisé avec tous les dangers, même avec celui-là :

— Voilà tout, ajouta-t-il. — Oh! mon Dieu! dit la jeune fille en joignant les mains, je ne puis me figurer cela. — C'est pourtant le premier mot que je vous ai dit, il y a trois jours, à cette même place, en entrant par cette même porte que le hasard, non, je me trompe, Lieschen! que la Providence ouvrait devant moi : c'est pourtant le premier mot que je vous ai dit : « J'ai faim, j'ai soif, je suis proscrit. » — Mais, avant-hier, ne m'avez-vous pas dit aussi que vous aviez trouvé une retraite sûre? — Lieschen, en vous quittant il faut que je vous fasse un aveu : cette retraite, c'est votre maison même.

La jeune fille regarda le jeune homme avec effroi.

— Notre maison même? s'écria-t-elle; vous êtes caché dans la maison de mon père, sans la permission de mon père? — Rassurez-vous, Lieschen, dit le jeune homme : cette maison, je vais la quitter; mais laissez-moi vous dire auparavant, comment j'y suis entré et qui vous avez reçu.

La jeune fille repoussa son rouet du pied, appuya ses mains sur ses deux genoux et regarda le proscrit d'un œil à la fois amical et inquiet.

— J'étais à l'île d'Elbe avec Napoléon; il m'envoya en France pour préparer son retour : je me mis en communication avec le colonel Labédoyère et le maréchal Ney. Tous deux sont fusillés. Je suis condamné comme eux; mais, plus heureux qu'eux, prévenu à temps que j'allais être arrêté, je m'enfuis à Strasbourg, mon pays natal, où, pendant près d'un mois, je restai caché chez un ami. Il y a quatre jours, averti que ma retraite était découverte, je sautai du haut en bas des remparts, je traversai le Rhin à la nage, et me trouvai dans le grand-duché de Bade. Je marchai tout le jour par des chemins détournés, familiers à mon enfance, et j'arrivai à Wolfach. Mon intention était d'entrer plus avant en Allemagne, où j'ai une mission sacrée à remplir; mais je vous rencontrai, Lieschen, que voulez-vous? l'homme n'est pas maître de sa destinée, je vous rencontrai, et, au risque de ce qui pouvait m'arriver, je restai. — Je vous avais cru parti. Quand je vous revis le lendemain, je fus heureuse de vous revoir, et ne vous demandai point pourquoi vous étiez resté.

— Pourquoi j'étais resté? dit le jeune homme en couvrant d'un ardent regard la chaste enfant qui lui avouait avec tant de naïveté le plaisir qu'elle avait eu à le revoir; pourquoi je suis resté? Je vais vous le dire. Ce hangar sombre qui est dans la cour conduit, par une échelle, à un petit grenier abandonné; c'est là que je m'étais réfugié en vous quittant. Les mansardes de ce grenier donnent sur vos fenêtres : j'avais attendu la nuit, j'allais partir, je jetais seulement un dernier regard vers vous, je vous envoyais seulement un dernier adieu, quand tout à coup votre fenêtre s'ouvrit, et vous parûtes à votre fenêtre... Je n'ai pas besoin de vous dire que vous êtes belle, Lieschen; mais, placée comme vous l'étiez alors sous un rayon de lune, vous étiez ravissante!

Lieschen murmura quelques paroles inintelligibles, rougit, et baissa les yeux dans l'obscurité.

Le jeune homme continua.

— Vous teniez à la main un bouquet de roses; je ne sais quel sentiment intérieur vous animait, et, plus encore, quel rayon de l'âme illuminait votre visage; mais, les yeux fixés sur la route que j'eusse dû suivre si je n'étais pas resté, vous effeuillâtes ces dernières feuilles de l'automne, pâles comme les jours sans soleil pendant lesquels elles sont nées, vous les effeuillâtes dans la direction de cette forêt Noire où vous me croyiez déjà... — Je les effeuillais au vent, sans leur donner de direction, répondit Lieschen; le vent les porta où il allait lui-même. — Eh bien, alors, soit! le vent venait de France : c'était un vent ami! Vous demeurâtes ainsi longtemps à votre fenêtre, et moi, je passai tout ce temps à vous regarder; puis, lorsque enfin votre fenêtre se referma, j'avais les pieds liés, je ne me sentais plus le courage de partir! — Et cependant vous partez aujourd'hui? dit Lieschen avec un soupir. — Écoutez, répondit le proscrit : aujourd'hui, j'ai vu rôder dans la ville des gendarmes français; ils se sont mis en communication avec ceux du grand-duc, et je ne doute pas qu'à l'heure qu'il est les uns et les autres ne soient à ma poursuite. — Mon Dieu! que faire? s'écria la jeune fille. — Oh! pour moi, peu m'importerait, chère Lieschen, dit le jeune homme; mais la découverte d'un conspirateur français dans votre maison compromettrait votre père, vous surtout, qui, sur la prière que je vous en ai faite, m'avez gardé le secret. — Cette prière, c'est bien plutôt moi qui l'ai faite que vous-même; ce secret, je vous l'ai gardé d'autant plus volontiers que mon père, je ne sais pourquoi, lui si bon, si chrétien, si miséricordieux, que mon père a voué une haine implacable aux Français; dix fois j'ai remarqué qu'à la simple vue d'un de vos compatriotes, il tressaillait et pâlissait! Et cependant si vous trouvez plus de sûreté à rester ici qu'à fuir, restez. — Lieschen! chère Lieschen! — La vie d'un homme est une chose si précieuse aux yeux du Seigneur, que le Seigneur, je l'espère, me pardonnera ce que j'ai fait. — Vous êtes un ange, Lieschen! dit le jeune homme; et ce n'est pas seulement le danger que je cours qui m'éloigne de vous; mais j'ai, je vous l'ai dit, une pieuse mission à remplir. Je vais en Bavière. — En Bavière? dit la jeune fille en levant les yeux. — Oui, à la recherche d'une jeune fille belle comme vous, Lieschen, mais qui fut moins heureuse que vous... Cette mission accomplie je serai libre, et, quel que soit le danger que je coure en demeurant sur les frontières de France, oh! je vous jure que je reviendrai! — Quand cela? demanda Lieschen. — Quand? je ne sais pas; mais je vous demande trois mois.— Oh! trois mois! s'écria Lieschen joyeuse. — Dans trois mois, si vous me revoyez, Lieschen, me promettez-vous de me reconnaître? — Vous ne mettez pas ma mémoire à une grande épreuve, Monsieur, et j'ai l'habitude de garder plus de trois mois le souvenir de mes amis.

En ce moment sept heures sonnèrent.

Le jeune officier compta l'une après l'autre les sept vibrations de la cloche.

— Sept heures! murmura la jeune fille; mon père est parti ce matin pour Ettenheim, et ne peut tarder à rentrer. — Oui, reprit le proscrit; et, d'ailleurs, moi aussi, il faut que je parte.

Et il alla vers la fenêtre ouverte, regardant à l'horizon.

— Vous savez le chemin que vous devez suivre pour partir? demanda timidement Lieschen.— Oui, répondit le jeune homme; mais je ne regarde pas le chemin que je dois suivre pour m'en aller; je regarde le chemin que j'ai suivi pour venir! — Pauvre exilé! je comprends, Wolfach touche encore à la France, et chaque pas que vous allez faire...—Va m'éloigner d'elle et de vous, Lieschen; c'est cela.

Puis, continuant avec un sentiment de profonde mélancolie :

— C'est étrange! dit-il, ma vie s'est passée hors de la France; je n'y ai mis le pied de temps en temps que comme de temps en temps le marin, dont l'existence s'écoule entre le ciel et l'eau, met le pied sur une île devant laquelle il passe; de douze à quinze ans, j'ai été en Italie; de quinze à vingt, dans le Tyrol et en Allemagne; de vingt à vingt-cinq, en Illyrie, en Autriche, en Bohême; de vingt-cinq à vingt-sept, en Pologne et en Russie; jamais, pour me rendre dans aucun des pays que je viens de nommer, je n'ai regretté de m'éloigner de la frontière de France : je suivais mon drapeau, et, l'œil sur son aigle aux ailes déployées, j'allais où il allait! Eh bien, aujourd'hui, mon cœur se déchire à l'idée de quitter cette France! jamais elle ne m'a paru si chère. Tenez, c'est une folie, Lieschen, et pourtant, croyez-moi, je donnerais un an de ma vie avec votre amour, dix ans de ma vie si vous ne deviez pas m'aimer, pour voir encore une fois, à travers les brouillards du Rhin, la flèche du clocher de Strasbourg! — Oui, ce serait la patrie! — Vous ne vous figurez pas ce que c'est que cette idée, Lieschen! Je suis seul au monde; tout ce que j'aimais, père, mère, frère, tout cela est mort; amour, vénération, dévouement, j'avais concentré sur un homme tous ces sentiments-là; cet homme, il est tombé de si haut, qu'il ne m'a pas vu en tombant! J'ai voulu le suivre à Sainte-Hélène, comme je l'avais suivi à l'île d'Elbe : les Anglais m'ont repoussé; je suis revenu en France : on m'y condamnait à mort. J'étais tellement las de tout, que, quoique riche, comparativement du moins, peut-être me serais-je livré moi-même si, en me livrant, j'eusse eu cette consolation qu'un cœur me regretterait. — Pas un ami? demanda Lieschen. — Mes amis, c'étaient mes compagnons d'armes : je les ai vus tomber autour de moi sur tous les champs de bataille de l'Europe; ceux qui survivent, que sont-ils devenus? Proscrits, comme moi! dispersés et errants dans ce monde, qu'ils ont conquis!

Et le jeune homme haussa tristement les épaules.

— Pas un amour? murmura Lieschen. — Un amour! savions-nous ce que c'était que cela, nous autres, voyageurs armés qui parcourions le monde au pas de course; que le vent de la guerre chassait devant lui, et à qui une voix toujours obéie sans réplique répétait incessamment : « Marche! marche! » C'est incroyable, mais c'est ainsi. Je vais avoir trente ans, Lieschen, eh bien, mon cœur, endurci à toutes les émotions terribles, est encore à naître aux émotions douces; après avoir souffert comme un homme, je me sens capable d'aimer comme un enfant. — Mon Dieu! s'écria tout à coup la jeune fille, n'entendez-vous pas le bruit d'une voiture sur la grande route? — Oui, répondit le proscrit. — C'est mon père qui revient d'Ettenheim. — Ce qui veut dire qu'il faut que je parte?

La jeune fille tendit la main à l'officier.

— Ami, dit-elle, croyez-le bien, ah! du fond de mon cœur je voudrais pouvoir vous dire : « Restez! »

Le jeune homme retint un instant dans les siennes la main qui lui était tendue.

— Lieschen, dit-il, oui, je vais partir; mais, avant de partir, une grâce... — Laquelle? — Ne me laissez point aller sans que j'emporte un souvenir de votre douce pitié pour moi! l'autre soir, j'eusse échangé chacun de mes jours contre une de ces feuilles de rose que vous jetiez au vent; vous devez avoir sur vous, son parfum vient jusqu'à moi, un bouquet de violettes : donnez-le-moi, et je pars! — Un bouquet de violettes? répéta tristement Lieschen. — Oui, ce sera un talisman qui me protégera dans ma fuite. — Triste talisman, Monsieur! dit Lieschen, ces violettes, dernières filles aussi de l'automne, comme ces roses dont vous parliez tout à l'heure, savez-vous où elles ont été cueillies? — Peu m'importe, puisque vous les avez touchées. — Elles ont été cueillies dans le cimetière, continua la jeune fille, sur le tombeau de ma sœur, morte il y a... tenez, il y a juste aujourd'hui trois ans!... Au reste, tant que le froid ne les a pas tuées, pauvres fleurs de mort, je cueille chaque matin, sur la même tombe, un bouquet pareil dont le parfum m'enveloppe toute la journée : ce parfum, c'est pour moi comme une émanation de l'âme de ma pauvre sœur! — Pardon, je retire ma demande. — Non, le voici... Partez, maintenant! — Merci, Lieschen! merci! je pars deux fois exilé : exilé loin de la France et exilé loin de vous; mais je reviendrai... Ne m'oubliez pas dans vos prières, Lieschen! — Hélas! pour qui prierai-je? Je ne sais pas même votre nom? — Priez pour le capitaine Richard. — Oh! mon père, mon père, là-bas, sur la route... Partez! partez!

Le jeune homme saisit la main de Lieschen, et y appuya ses lèvres ardentes; puis, s'élançant par une porte, tandis que l'autre s'ouvrait :

— Au revoir, Lieschen, dit-il; il m'en coûterait trop de vous dire adieu.

Et il disparut.

XX

LE PASTEUR WALDECK.

La jeune fille resta seule, et, pour la première fois de sa vie peut-être, ayant entendu le bruit des pas de son père, ne courut point au-devant de lui.

Au moment où le jeune homme avait disparu, elle avait senti ses forces lui manquer, et elle était tombée sur une chaise qui se trouvait près de la petite porte par laquelle le fugitif venait de sortir. Elle y était encore, lorsque entra son père dans la chambre obscure et silencieuse.

Il semblait si étrange au vieillard de n'avoir pas vu venir sa fille à sa rencontre, ou tout au moins de ne pas la trouver l'attendant, qu'il s'arrêta après avoir fait quelques pas et la chercha dans les ténèbres.

Puis, au bout de quelques secondes, ne distinguant et n'entendant rien :

— Lieschen! dit-il, moitié appelant, moitié interrogeant.

A son nom prononcé par la voix de son père, l'enfant sortit comme d'un songe, et s'élançant vers lui :

— Me voici, mon père, dit-elle. — Viens donc! dit le pasteur un peu étonné.

Et, ayant étendu la main dans la direction de la voix, et, sous cette main, rencontré sa fille :

— Viens et embrasse-moi, répéta-t-il, une fois pour toi d'abord, puis une fois aussi pour celle qui n'est plus là...

La jeune fille jeta ses bras au cou du vieillard.

— Oh! oui, oui, mon père! s'écria-t-elle sentant son cœur déborder sous le double sentiment qui le remplissait; oh! oui, mon père, je vous embrasserai tant de fois pour moi et pour elle, que vous ne vous apercevrez plus qu'il vous manque une fille.

Puis, lui enlevant son manteau de dessus les épaules et sa canne de la main :

— Donnez, dit-elle.

Et elle déposa le manteau sur une chaise, et plaça la canne dans un coin.

Le pasteur la suivait des yeux, comme s'il eût pu la voir.

— Pourquoi donc es-tu sans lumière, Lieschen? demanda-t-il. — J'avais oublié d'allumer, mon père, répondit la jeune fille d'une voix légèrement tremblante. — Et tu restais ainsi toute seule, dans l'obscurité? — Je rêvais, balbutia l'enfant.

Le pasteur poussa un soupir; il lui semblait reconnaître un certain embarras dans la voix de sa fille.

Elle, pendant ce temps, s'était approchée de l'immense cheminée, et, cherchant un charbon sous les cendres, elle y allumait un des becs de la lampe de cuivre.

La lampe, en s'allumant, éclaira alors la figure d'un vieillard d'une soixantaine d'années. Cette figure était belle et grave; on sentait que c'était celle d'un homme qui avait beaucoup souffert. Cependant, l'expression en était bienveillante ; la bonté transparaissait à travers la profonde empreinte de tristesse que le malheur avait étendue sur elle.

L'enfant ne fit point les mêmes réflexions que nous; elle était habituée à l'expression mélancolique de ce visage; elle y trouva même, en le regardant, une nuance de douce gaieté qui la frappa; puis, s'apercevant que le pasteur tenait un sac à la main :

— Tiens ! demanda-t-elle, qu'apportez-vous donc là, mon père?

Le pasteur la regarda avec un sourire plus décidé.

— Ce que j'apporte? — Oui.

Il leva le sac.

— Ta dot, mon enfant. — Ma dot? fit Lieschen étonnée.

Le pasteur lui donna le sac.

— Soulève, dit-il.

L'enfant pensa laisser tomber le sac, que son père abandonnait à ses mains.

— Oh! comme il est lourd! dit-elle. — Dame ! fit le vieillard triomphant, il contient deux mille thalers! — Deux mille thalers! répéta la jeune fille avec une expression aussi triste que celle de son père était joyeuse ; deux mille thalers! Voilà donc pourquoi vous vous imposez tant de privations? — Quelles privations? demanda le vieillard. — Voilà donc pourquoi vous travaillez au delà de vos forces? — Bon ! où vois-tu que je travaille tant, petite fille ? — A vous seul, vous taillez et bêchez toute notre vigne. — Mon enfant, dit le vieillard en souriant, la vigne est le sujet d'une des paraboles de l'Évangile, et, à ce titre, je ne saurais trop soigner la mienne. — Vous vous sacrifiez pour moi, mon père, et votre fille vous fait un reproche, dit Lieschen presque sévèrement. — A moi? — Oui : vous l'aimez trop ! — Ne me dis pas cela, mon anfant, reprit le vieillard en l'attirant sur ses genoux, car je te donnerais la preuve du contraire. — Oh ! par exemple, cher père, je vous en défie bien ! — Ne te rappelles-tu donc pas que j'avais déjà, il y a trois ans, amassé une dot pareille à celle-ci? — Oui ; eh bien? — Comme celle-ci, elle était de deux mille thalers... Mais vint le terrible hiver de 1812 à 1813 ; alors je pensai, chère Lieschen, que tu n'avais que quatorze ans, que les pauvres aussi étaient mes enfants, que tu pouvais attendre, toi, le bon Dieu t'ayant donné ton pain quotidien, tandis qu'eux, eux avaient faim ! eux avaient soif ! eux avaient froid ! — Bon père ! — Te rappelles-tu? continua le vieillard serrant plus tendrement sa fille sur sa poitrine, c'était un soir de novembre, un de ces soirs où il fait si froid entre le Rhin et la forêt Noire, et, nous couverts de bons habits, nous étions là, près du feu pétillant, toi à cette place, moi à celle-ci... te rappelles-tu, Lieschen ? — Oh ! oui, mon père. — J'étais rêveur; tu arrêtas ton rouet, et me dis : « A quoi pensez-vous, mon père? — Ah ! répondis-je, je pense à ceux qui ont froid, à ceux qui ont faim, à ceux qui n'ont ni pain ni feu ! » Alors, tu te levas, tu allas à l'armoire, tu y pris le sac qui contenait les deux mille thalers, et tu me l'apportas... Nous nous étions compris, pauvre chère enfant! Je pris le sac de tes mains, et je sortis... Le lendemain, tu n'avais plus de dot, ma belle Lieschen ; mais soixante pauvres avaient du pain, du bois et des habits pour tout l'hiver ! — Oui, bon père, dit l'enfant en embrassant le vieillard ; et ce fut dans leurs bouches un concert de bénédictions qui dut réjouir le bon Dieu ! — Et qui l'a réjoui, mon enfant, puisque, au bout de deux autres années, il a permis que je me retrouvasse à la tête de pareille somme ;

seulement celle-ci, mon enfant, comme tu as dix-sept ans au lieu de quatorze, je te promets qu'elle ne manquera point à sa destination... à moins, toutefois, que tu ne fasses la conquête de quelque riche cavalier, ou de quelque beau seigneur, comme cela arrive parfois dans nos légendes allemandes. — Vous croyez la chose possible, mon père? demanda vivement la jeune fille. — Pourquoi pas? n'es-tu pas sage, bonne et belle comme Grisélide, et Grisélide n'a-t-elle pas épousé le comte Perceval? — Et, sans aller si loin, mon père, sans sortir de la famille, ma pauvre sœur Marguerite n'a-t-elle pas été successivement aimée d'Ulric, l'étudiant d'Heidelberg, de Wilhelm, le fils d'un banquier de Francfort, et, enfin, d'un comte... du comte Rudolph d'Offenbourg? — Hélas! murmura le pasteur tout assombri. — Oh! je vous promets bien, mon père, continua l'enfant sans remarquer le voile de tristesse qui venait de s'étendre sur le visage du vieillard, je vous promets bien que je ne serai pas si exigeante que cela, moi! — Oui, oui, répondit le pasteur avec un soupir; tu te marieras, mon enfant, et, avec l'aide de Dieu, nous te trouverons un mari digne de toi. En attendant, prends ce sac, si lourd qu'il soit, et va l'enfermer dans l'armoire qui est à la tête de mon lit... Tiens, voici la clef. — Et ce sera ma dot, reprit la jeune fille en riant; à moins que, comme vous le disiez tout à l'heure... — A moins que, pour te bien établir, il te suffise de ton front souriant, de tes yeux limpides et de ta fraîcheur de rose de mai; auquel cas ce sera non plus moi, mais le bon Dieu qui aura pourvu à ta dot.

La jeune fille alluma une bougie à la lampe, et sortit, emportant le sac, sous le poids duquel faiblissait son bras.

Le pasteur la regarda sortir, la suivant de cet œil profondément attendri avec lequel le père regarde son enfant. Puis, se parlant à lui-même :

— Je ne lui ai pas dit, murmura-t-il, qu'il manquait trois thalers à ses deux mille : un que j'ai donné à une vieille femme, et deux à un pauvre paralytique qui n'avait plus là notre Seigneur pour lui dire : « Lève-toi! jette tes béquilles, et marche! » mais avant la fin de la semaine ils seront remplacés, je l'espère, et la dot se retrouvera intacte. Vienne alors l'homme digne de ce trésor de sagesse et de bonté, et ma pauvre Lieschen sera heureuse!

Puis levant les yeux au ciel, comme s'il y cherchait le reflet de celle qu'il avait perdue :

— La Providence me doit bien ce dédommagement! ajouta-t-il avec ce sourire qui est à la fois une prière et un doute.

En ce moment la jeune fille rentra.

— Bon père, dit-elle, l'argent est dans l'armoire, et voici votre clef. — Bien, mon enfant! Et maintenant, je ne sais si tu es de mon avis, Lieschen, mais je crois qu'il serait temps de songer au souper; qu'en dis-tu? — Oui, père, répondit la jeune fille distraite.

Elle fit trois pas, s'arrêta et resta pensive.

Son père la suivait des yeux.

— Eh bien, qu'as-tu donc? demanda-t-il. — Moi? rien! répondit-elle.

Et elle fit quelques pas encore.

Puis elle commença de mettre le couvert; mais tout à coup, appuyant ses deux mains sur la table, elle regarda à son tour le vieillard avec une certaine inquiétude.

— Lieschen! dit celui-ci. — Mon père? répondit la jeune fille.

Le vieillard appela l'enfant de la main.

— Viens donc ici! dit-il.

Lieschen s'approcha vivement, comme si ce commandement répondait à un désir de sa pensée.

— Me voilà, mon père. — Es-tu souffrante? demanda le pasteur.

L'enfant secoua la tête.

— Non, dit-elle. — Tu es préoccupée, au moins? — Oui, j'ai quelque chose à vous dire; mais pour la première fois j'hésite, je suis embarrassée. — Voyons, parle! dit le pasteur inquiet; ne suis-je plus pour toi un père indulgent? Tu ne peux rien avoir de grave à te reprocher, mon enfant. — Qui sait? répondit Lieschen; une bonne action peut-être! — Une bonne action! Et comment peux-tu te reprocher une bonne action? — Oh! dit l'enfant, ce n'est point à cause de la bonne action en elle-même; c'est à cause du mystère dont elle a été entourée et de celui qui en a été l'objet. — Qu'est-ce donc? Voyons, parle! — Écoute-moi, père. — Ah! voilà que tu me tutoies? — Eh bien, me le défendez-vous? — Non; mais quand tu étais enfant, tu ne me parlais ainsi que lorsque tu avais quelque chose à te faire pardonner. — Ne vous ai-je pas prévenu que j'étais coupable? — Allons, j'écoute. — Vous m'avez dit souvent, continua Lieschen, que les pères de nos pères avaient subi de longues et cruelles persécutions pour la foi religieuse... — Oui, autrefois, du temps de Luther et de la guerre de Trente-Ans. — Et souvent, les larmes aux yeux, vous m'avez raconté les traits de dévouement de ceux qui, au prix de leur liberté, de leur fortune, de leur vie même, avaient donné asile à des proscrits. — Oui; mais, en récompense de ce qu'ils avaient risqué sur la terre, Dieu, à ceux-là, je l'espère, aura fait une place à sa droite dans le ciel! — Vous ne m'en voudriez donc pas, mon père, si j'eusse senti mon cœur s'émouvoir de pitié pour un homme qu'une persécution pareille à celle dont nous parlons aurait chassé de son pays? — Pour un proscrit? — Oui, mon père. — Et où est-il ce proscrit? — Tout à l'heure il était là; maintenant il est bien loin, je l'espère. — Et, pour me parler de ce malheureux, tu as attendu qu'il fût parti? — Pardon, mon père, dit Lieschen en hésitant, mais ce malheureux... — Eh bien? — C'était.... — Oh! je devine, reprit le pasteur : c'était un Français, n'est-ce pas? — Oui, mon père, un Français qui a servi sous l'empereur Napoléon, et qui, ayant coopéré à son retour de l'île d'Elbe, vient d'être forcé de fuir la France. — Tu as bien fait en suivant l'impulsion de ton cœur, mon enfant; mais tu as mal fait en doutant du mien. — Vous l'eussiez accueilli comme moi, n'est-ce pas? — Sans doute; le toit d'un pasteur n'est-il pas le refuge naturel du proscrit et de l'abandonné? Et quel âge avait ce Français? — Quel âge? — Oui. — Vingt-huit ou trente ans, mon père. — Ah! c'était un jeune homme, alors? — Devais-je le repousser parce qu'il était jeune? demanda Lieschen. — Non, certes! répondit le pasteur en regardant sa fille avec inquiétude. — Comme vous me regardez, mon père! dit Lieschen. — Je cherche, répondit le pasteur. — Quoi? mon père. — Qu'as-tu fait du bouquet de violettes que tu avais cueilli ce matin sur la tombe de ta sœur? — Je pourrais vous dire que je l'ai perdu, mon père, répondit avec tranquillité la jeune fille; mais Dieu me garde de mentir à mon bon père! Ces fleurs, le Français me les a demandées, et je les lui ai données. — Lieschen! Lieschen! s'écria le vieillard en secouant la tête, jusqu'aujourd'hui j'ai cité la fille du pasteur comme un modèle à toutes les filles de la ville... — Oh! je vous comprends, mon père, et je vous réponds sans rougir et sans honte : l'étranger m'a demandé mon bouquet au nom de la reconnaissance, et je le lui ai donné au nom de l'amitié. — Tu ne reverras jamais ce jeune homme? demanda le pasteur. — C'est probable, mon père... cependant... — Cependant? — Il a dit qu'il espérait revenir, et a pris trois mois pour terme de son retour. — Lieschen! Lieschen, défie-toi! — De lui, mon père? Oh! non! — Les enfants de son pays nous sont funestes, ma fille! — Que voulez-vous dire? — Je veux dire que le jour auquel nous sommes arrivés n'est point un jour ordinaire, mon enfant, continua le pasteur : c'est le 16 octobre, triste anniversaire d'une mort mystérieuse et prématurée! — Oui, de la mort de notre pauvre Marguerite! — Nous ne portons plus le deuil sur nos habits, mais la main du temps, si rude et si froide qu'elle soit, ne l'a pas encore effacé de nos cœurs! —Non, mon père, et la chambre de Gretchen, demeurée telle qu'elle était à l'époque de sa mort, est un temple où nous éternisons et adorons son souvenir! — Souvenir de sainte et de martyre, mon enfant! Tu me parlais des Français tout à l'heure, et tu me demandais d'où vient la haine que j'ai contre eux; eh bien, aujourd'hui, jour de tristesse et de larmes, je vais te dire comment Marguerite nous a été enlevée, et par quelle douloureuse voie est remonté au ciel cet ange que Dieu et ta mère m'avaient donné. — O mon père! demanda Lieschen, quelle terrible aventure est-il donc arrivé à ma sœur, que, trois ans après sa mort, vous ne me parliez d'elle qu'avec cette pâleur et cette émotion? — Ce qui lui est arrivé, chère enfant, je voulais en faire à ton innocence un mystère éternel; mais ce Français secouru par toi, ce retour promis et attendu peut-être, me font un devoir de ne te rien cacher... Si ce Français revient, je te dirai : « Souviens-toi! » s'il ne revient pas, je te dirai : « Oublie! » — Oh! parlez, parlez, mon père!

Le pasteur laissa tomber un instant sa tête entre ses mains, comme s'il regardait dans le passé, et commença en étouffant un soupir.

XXI

COUP D'ŒIL EN ARRIÈRE.

— Nous devons remonter de sept ans dans le passé, ma chère Lieschen, dit le vieillard. Tu étais alors une gentille enfant jouant encore à la poupée, quand on annonça tout à la fois l'approche des Français du côté de Ratisbonne, et l'approche des Autrichiens du côté de Munich. — Oh! je me rappelle parfaitement tout cela, mon père! Je vois encore sur le plateau d'Abensberg, du côté des ruines du vieux château, la petite maison blanche avec une vigne au-dessus de la porte et des pommiers au fond du jardin.— Alors, tu te rappelles le jour où les Autrichiens entrèrent? — Parfaitement! J'étais dans le salon, près de ma sœur Marguerite et de notre ami Staps, quand on entendit le son lointain des tambours; en même temps, des étudiants passèrent, chantant en chœur une marche militaire. Staps, qui était assis à côté de ma sœur, se leva, et, s'approchant de la fenêtre, fit un signe aux chanteurs... Père, qu'est-il donc devenu, notre ami Staps? — Il a été fusillé, mon enfant. — Fusillé? s'écria la jeune fille toute pâlissante. — Oui, fusillé. — Où cela? — A Vienne. — Et pourquoi fusillé? — Pour avoir tenté d'assassiner l'empereur Napoléon. — Oh! fit la jeune fille en laissant tomber sa tête dans sa main, pauvre Staps!... Mais aussi, père, c'était un grand crime qu'il avait commis là! Et pourquoi voulait-il assassiner l'empereur? — Parce que, à ses yeux, c'était l'oppresseur de l'Allemagne, mon enfant; puis, Staps était d'une société secrète dans laquelle on faisait, en entrant, abnégation de sa volonté. — Alors c'est lui sans doute, mon père, qui tira sur l'empereur ce coup de fusil qui fut cause du pillage et de l'incendie d'Abensberg? — Je ne l'accuse point, mon enfant, quoique tous nos malheurs datent de là. — Oui, vous fûtes blessé; on vous ramassa parmi les morts; et, depuis ce jour jusqu'à celui où elle mourut elle-même, Marguerite ne cessa point de pleurer... Qu'était-il donc arrivé? Chaque fois que j'ai voulu vous parler de cet événement, vous m'avez répondu : « Plus tard, mon enfant, plus tard. » — Eh bien, voici ce qui était arrivé. Peut-être Napoléon ne fit-il pas grande attention à cette balle qui avait traversé son chapeau; mais le général Berthier y vit un crime dont il fallait tirer vengeance : il ordonna à un régiment de revenir sur Abensberg et de faire justice du coupable, rendant au besoin le village tout entier responsable du crime d'un seul homme. Le régiment revint en effet pour exécuter l'ordre du général; mais les Autrichiens avaient déjà repris le village, que les Français venaient d'abandonner. C'était, à ce qu'il paraît, un point très-important pour le succès de la journée; les Français s'acharnèrent à le reprendre, les Autrichiens à le conserver : ce fut une journée terrible! Notre maison surtout avait été barricadée comme une forteresse, et moi j'étais là, au milieu de ces soldats acharnés au carnage, qui faisaient leur devoir en défendant le pays! seulement, moi, homme de paix, qui crois que les peuples sont frères et n'ont qu'une seule et même patrie, je secouais la tête, et priais également pour les amis et les ennemis, pour les Autrichiens et les Français. Ils ne comprirent pas, les pauvres aveugles! ils crurent que, du moment où je n'étais pas pour eux, j'étais contre eux; ils me mirent alors un fusil à la main, et me poussèrent au feu. — Oh! mon Dieu! murmura Lieschen; et tout cela se passait au-dessus de nos têtes? — Oui, mon enfant; mais au bruit de la fusillade, tandis que les balles sifflaient à mes oreilles, je disais : « Seigneur, vous qui êtes grand, vous qui êtes tout-puissant, vous qui êtes miséricordieux, faites qu'un jour ces hommes qui s'envoient la mort se donnent le baiser de la fraternité! faites que vous, que l'on appelle le Dieu de la guerre, soyez appelé un jour, d'un bout du monde à l'autre, le Dieu de la paix! » Tout à coup, au milieu de ma prière, je chancelai; la voix me manqua, mes yeux se fermèrent, et je tombai baigné dans mon sang : je venais de recevoir une balle à travers la poitrine. — Mon père! s'écria Lieschen en jetant ses deux bras au cou du vieillard, et avec un accent aussi déchirant que s'il venait d'être blessé à l'instant même. — La dernière chose que je vis en tombant, ce fut ta sœur qui avait quitté sa retraite, et qui se précipitait, éperdue, à mes pieds... Oh! ce que je souffris pendant cette minute qui sépare la vie de l'évanouissement, le jour de la nuit, est incalculable! il me sembla que c'était la mort elle-même qui venait de me toucher... J'étendis les mains vers ma fille, que j'apercevais encore à travers un voile de sang; j'essayai de balbutier son nom, de la toucher, de la bénir; mais la force me manqua : tout disparut, et je m'évanouis. — Oh! pauvre cher père! murmura Lieschen. — Combien de temps je restai évanoui, je l'ignore; mais ce que je sais, ma pauvre enfant, c'est qu'en rouvrant les yeux à la pure lumière du ciel, j'étais plus à plaindre que quand j'avais cru les fermer pour toujours; c'est que j'eus plus de peine à me résigner à vivre que je n'en avais eu à me décider à mourir!... Oh! c'était bien la guerre, la guerre avec toutes ses horreurs! la guerre suivie de son cortége de crimes! On m'avait trouvé couché parmi les morts un fusil à la main, et l'on ne m'avait épargné que parce que l'on m'avait pris pour mort. La petite maison blanche n'était plus qu'un monceau de cendres et de débris fumants; le village était une vaste ruine! du sang, il y en avait partout, dans les sillons des champs, dans le ruisseau de la rue, et jusque dans le tabernacle du Seigneur! ce fut là que je retrouvai ta sœur, pâle, égarée, mourante et plus malheureuse, ma pauvre enfant, que si elle eût été morte! — Mon père, mon père! s'écria Lieschen en éclatant en sanglots. — Après cela, reprit le pasteur avec un accent d'amère tristesse, après cela, on dit que ce fut une bien belle bataille, et qui fit à la fois honneur à ceux qui attaquèrent et à ceux qui se défendirent... Je laissai ma blessure se guérir toute seule; mais il n'en fut point de ta sœur comme de moi : soins, tendresse, dévouement, ne purent rien sur elle; j'eus beau quitter la Bavière pour la Westphalie, puis la Westphalie pour le grand-duché de Bade, m'appeler Waldeck au lieu de Stiller, rien ne put la rattacher à l'existence, et, comme moi, tu la vis pâlir, se pencher, perdre chaque jour un souffle, une haleine, un sourire, jusqu'à ce qu'enfin, le 16 octobre 1812, elle expira en pardonnant! — Pauvre sœur! murmura Lieschen. — Tu comprends, maintenant, n'est-ce pas, pourquoi Gretchen, la fiancée de Staps, ne voulut épouser ni l'étudiant d'Heidelberg, ni le fils du banquier de Francfort, ni le comte Rudolph d'Offenbourg? C'est qu'elle avait été déshonorée par le capitaine Richard! — Ah! fit Lieschen en poussant un cri de douleur. — Quoi? demanda le vieillard. — Par le capitaine Richard? répéta la jeune fille. — Oui, par le capitaine Richard! C'est le nom du misérable qui nous a vêtus de deuil, toi pour un an, ma fille, car, à ton âge, le deuil est éphémère, moi, pour toute ma vie! — Ah! mon Dieu! mon Dieu! murmura Lieschen, écrasée sous le poids du nom qu'elle venait d'entendre. — Aussi, moi, reprit le pasteur, moi, parole de paix; moi, genou plié devant le Seigneur; moi, sacré pour pardonner et bénir, je ne demande qu'une chose à Dieu : c'est que sa colère n'amène jamais cet homme sur ma route, car je pourrais me tromper et croire que c'est sa justice! — Mon père! par grâce!

Et elle abaissa les bras du vieillard, levés au ciel pour demander vengeance.

— Oui, tu as raison, mon enfant, dit le pasteur; ne pensons plus à cela, ou n'y pensons plus, du moins, avec un cœur courroucé, une âme haineuse... Le souper est prêt? Eh bien, soit, mettons-nous à table; seulement, à cette table, entre toi et moi, il y a une place vide, celle de la pauvre Marguerite...

Et le vieillard s'assit; mais, au lieu de manger, il laissa tomber sa tête dans ses deux mains.

Lieschen, appuyée au dossier de la chaise placée en face de son père, le regardait avec une profonde tristesse, quand retentit un coup de feu tiré à peu de distance; presque en même temps on entendit des pas précipités, puis le bruit de la porte de la cour qui s'ouvrait vivement.

Lieschen jeta un cri.

Le pasteur se retourna et se trouva en face du jeune homme que nous avons vu, il n'y a qu'un instant, prendre congé de la jeune fille.

— C'est lui, mon père, murmura Lieschen. — Entrez, Monsieur, dit le vieillard. — Je suis poursuivi, Monsieur; voulez-vous me sauver une seconde fois? demanda le fugitif. — Entrez vite, et mettez-vous à table près de moi... Lieschen, un couvert tout de suite!... Parlez-vous allemand, Monsieur? — Oui, répondit le jeune homme. — Eh bien! vous êtes notre hôte. Du calme, du sang-froid! Peut-être y a-t-il encore moyen de vous sauver.

Le jeune homme s'assit à la table du pasteur, à cette même place où, quelques minutes auparavant, le père regrettait de ne pas voir sa fille Marguerite.

Lieschen posa rapidement un couvert devant lui, et se rassit en murmurant:

— Oh! mon Dieu! est-ce votre colère ou votre miséricorde qui l'amène à cette place?

En même temps, un homme vêtu de l'uniforme de brigadier de gendarmerie s'accouda sur l'appui de la fenêtre restée ouverte, et, tandis que la moitié de son corps demeurait à l'extérieur, une figure railleuse pénétrait dans l'intérieur de la chambre et couvrait de son regard la petite table et les trois convives.

— Oh! dit tout bas Lieschen, le brigadier Schlick! nous sommes perdus!

Mais, tout au contraire, le brigadier, qui causait un si grand effroi à la pauvre Lieschen, ne paraissait animé d'aucune intention hostile; il mit poliment le chapeau à la main, et, s'adressant au pasteur:

— Bon appétit, monsieur Waldeck, et votre compagnie! dit-il.

Richard jeta un coup d'œil rapide sur le gendarme, et crut se souvenir d'avoir déjà vu ce visage.

Quant au pasteur, il se retourna, imposant à sa physionomie un calme qui était bien loin de son cœur.

— Qui donc est-là? demanda-t-il. — Ne vous dérangez pas, monsieur le pasteur, c'est moi, le brigadier Schlick, pour vous servir.

Le nom du gendarme, tout comme son visage, n'était point étranger au capitaine; cependant, il ne pouvait se rappeler où il avait vu l'un, et entendu l'autre. De son côté, le brigadier Schlick regardait le capitaine avec une fixité qui prouvait que sa mémoire était au moins aussi bonne que celle de l'officier français, si elle n'était pas meilleure.

Au bout de quelques secondes d'examen, le gendarme fit un mouvement de tête indiquant que tous ses doutes, s'il en avait eu, étaient dissipés.

— Le bourgmestre m'a recommandé, dit-il, de mettre toutes sortes de formes avec vous, monsieur le pasteur; aussi, vous le voyez, j'en mets... Peut-on entrer?

Le pasteur regarda le capitaine d'un air qui signifiait: « De l'assurance, ou vous êtes perdu! »

Puis, au brigadier:

— Sans doute, dit-il, vous pouvez entrer; il n'y a aucun empêchement.

Et il ajouta:

— Lève-toi, Lieschen, et éclaire M. Schlick.

Lieschen se leva, et, prenant la lampe d'une main tremblante, s'apprêta à éclairer le brigadier; mais au même instant celui-ci enjamba la fenêtre en disant à la jeune fille :

— Oh! ne vous dérangez pas, ma belle demoiselle ! les fenêtres, ce sont nos portes, à nous.

Lieschen se retourna vers le Français. Il était calme, et semblait un acteur parfaitement étranger à la scène qui se passait, et à celle qui paraissait se préparer.

— Soyez le bienvenu, monsieur Schlick! dit le pasteur d'une voix assez assurée.

Lieschen était si pâle, qu'elle fit pitié au gendarme.

— Mademoiselle, dit-il, comme vous êtes fort pâle, et que cette pâleur peut naturellement être attribuée à mon apparition inattendue, je veux d'abord vous prouver que je ne suis pas si méchant que j'en ai l'air.

Tout en disant cela, il ne quittait pas des yeux le Français, qui de son côté, gardant bonne contenance, posa son coude sur la table, appuyant son menton sur sa main, et regarda le gendarme d'un œil, sinon aussi curieux, du moins aussi tranquille que celui dont il était regardé.

— Oh! brigadier, répondit le pasteur faisant raison à maître Schlick sur son apparente méchanceté, tout au contraire! et je vous ai toujours connu pour un excellent garçon.

Lieschen fit un effort pour amener un sourire sur ses lèvres.

— Monsieur Schlick, dit-elle, je me rapelle vous avoir entendu souvent disputer avec mon père. — Disputer, Mademoiselle ! s'écria Schlick, disputer avec un saint et savant homme comme M. Waldeck? J'espère bien que jamais je n'ai eu le malheur de commettre une pareille impertinence! — Oh ! si fait, monsieur Schlick, insista Lieschen; et je vous dirai même à quel propos, si vous voulez. — Comment donc, si je veux! Dites, Mademoiselle. — C'était à propos des Français, Monsieur Schlick. — Ah! pour cela, c'est possible! Sur le chapitre des Français, je suis intraitable : j'adore les Français, tandis que M. Waldeck les déteste. Est-ce que je mens, monsieur Waldeck? — Non, vous dites l'exacte vérité, monsieur Schlick. — Oh! reprit le gendarme, il faut qu'ils vous aient fait quelque rude avanie pendant les dernières guerres d'Allemagne, les Français ! Au reste, n'étiez-vous pas alors en Westphalie ou en Bavière? et dans les deux pays, en Bavière surtout, cela chauffait dur! j'en puis parler savamment : j'y étais. — Vous y étiez? dit le pasteur avec un certain intérêt. — Oh! mon Dieu, oui... On a même fait, sur ma présence à l'armée de Sa Majesté l'empereur et roi, certains propos qu'il est bon de combattre... N'en est-il jamais rien arrivé jusqu'à vous, M. Waldeck? — Non, jamais. — Eh bien, on dit, les méchantes langues bien entendu, on dit que je profitais de mon habilité à parler non-seulement le français et l'allemand, ce qui n'a rien d'étonnant quand on habite un pays frontière, mais encore les différents dialectes des autres pays, comme le tyrolien, le lithuanien, le hongrois, pour voyager à droite et à gauche, et rendre compte à l'empereur Napoléon de ce que j'avais vu. On ajoute qu'il y avait un marché passé entre le prince de Neuchâtel et moi, et que, selon l'importance de mes nouvelles, il me donnait une somme plus ou moins forte. — Oh! mais, dit naïvement Lieschen, si cela était ainsi, cela s'appellerait être espion. — Justement, Mademoiselle!

et c'est ce que disent les mauvaises langues; mais, moi, je soutiens que je voyageais par curiosité, que je racontais ce que j'avais vu par indiscrétion, et que l'empereur, qui s'amusait de mon bavardage, me donnait de l'argent par générosité. — Ah! fit le pasteur. — Et, comme l'empereur Napoléon, continua le brigadier, était très-généreux, je me rappelle qu'un jour j'accomplis, avec un jeune officier des chasseurs de la garde qui m'avait été donné pour compagnon, une démarche, ma foi, assez hasardeuse..... Voulez-vous que je vous la raconte, monsieur le pasteur? — Certainement, monsieur Schlick; j'aime peu les histoires de l'empereur Napoléon; mais les vôtres sont si amusantes! — Cependant, observa Schlick en désignant le capitaine, si Monsieur ne parlait pas allemand... — Eh bien? demanda Lieschen. — Eh bien! je pourrais la raconter en français. — Ne vous gênez pas pour moi, monsieur le brigadier, dit en excellent allemand le capitaine, qui n'avait point encore parlé; vous voyez que je suis digne de vous entendre. — Oh! alors, puisque nous sommes entre compatriotes, dit Schlick, je n'hésite plus. Eh bien, monsieur Waldeck, il s'agissait tout bonnement, pour le jeune officier de chasseurs et moi, de pénétrer dans les ruines d'un vieux château où se tenaient des réunions de modernes francs-juges... — A Abensberg? demanda le pasteur. — Tiens, justement! Vous connaissez Abensberg, monsieur Waldeck? — Je l'ai habité quelque temps, oui, répondit indifféremment le pasteur. — Eh bien! il s'agissait donc de pénétrer dans les ruines du vieux château d'Abensberg, et de nous faire affilier à la société, pour connaître les intentions de ses membres. Nous nous fîmes affilier, en effet, l'officier de chasseurs et moi, ou plutôt, j'étais déjà affilié, moi, et nous eûmes, le lendemain, à raconter au prince de Neuchâtel une histoire si intéressante qu'au nom de l'empereur, que l'histoire amusa beaucoup, à ce qu'il paraît, le major général me donna cent napoléons! — Une jolie somme, monsieur Schlick! dit le pasteur; et vous devez être riche, si vous avez, dans votre vie, raconté pas mal d'histoires aussi intéressantes que celle-là. — On n'est jamais riche, monsieur le pasteur, quand on a femme et enfant, et que l'enfant est une fille à laquelle il faut amasser une dot. — Je comprends, et c'est cela qui vous a fait passer par-dessus les scrupules de nationalité. — Quels scrupules, monsieur le pasteur? — Enfin, vous êtes Allemand, et, en servant l'empereur Napoléon... — Allemand! êtes-vous bien sûr, monsieur le pasteur? — Dame! — C'est-à-dire que je suis Badois. — Eh bien? — Eh bien! est-ce que le grand-duché de Bade sait lui-même au juste ce qu'il est, monsieur Waldeck? Moi, je ne suis pas plus entêté que lui, je suis Badois! J'ai donc commencé, comme le grand-duché de Bade, par être Allemand; puis, comme le grand-duché de Bade est devenu français ou à peu près, j'ai fait naturellement comme le grand-duché de Bade. Mais, maintenant, voilà qu'il s'exécute un tas de bouleversements en Europe, et que le congrès nous refaufile la confédération du Rhin sur un nouveau patron; de sorte que le grand-duché de Bade, quoique dirigé par une princesse française, redevient un morceau de l'Allemagne : alors, moi qui suis un morceau du grand-duché, vous comprenez, je redeviens Allemand! — Si bien, monsieur Schlick?... demanda le pasteur en regardant fixement le brigadier pour savoir où il en voulait venir. — Si bien, monsieur Waldeck, que ne sachant pas trop ce que j'étais, j'ai pris le parti, pour me fixer moi-même, de m'engager dans la gendarmerie, ce qui fait que je ne suis plus ni Allemand ni Français : je suis gendarme, pour vous servir, comme disent mes amis les Français. — Enfin, monsieur Schlick, concluez. — Que je conclue ? Ah ! vous voulez que je conclue ?

Et il jeta un regard rapide sur le convive du pasteur, pour voir s'il était du même avis que son hôte ; le capitaine resta impassible.

— Mon Dieu ! murmura la jeune fille, qui sentait que la situation progressait vers le dénoûment. — Je conclus ! reprit Schlick. Me voilà donc gendarme de l'éperon au tricorne ; de plus, brigadier jusqu'à la moelle des os, et, en cette qualité, chargé de poursuivre et d'arrêter un Français fugitif, ex-soldat de *l'autre*, qui s'est fait conspirateur sous *ceux-ci*, et qui, pour éviter les suites d'une condamnation à mort, leur a soufflé au poil, comme on dit de l'autre côté du Rhin, et s'est réfugié dans le grand-duché de Bade. — Comment appelez-vous ce Français ? demanda le pasteur. — Oh ! fit tout bas la jeune fille craignant le coup qui, au nom qu'allait prononcer le brigadier, devait frapper son père. — Ma foi, dit Schlick, jusqu'à présent, on a négligé de me dire son nom, et l'on s'est contenté du signalement.

Puis, regardant le capitaine :

— Quant au signalement, continua-t-il, le voici tel quel : « Yeux bleus, cheveux blonds, teint pâle, bouche moyenne, dents blanches, taille de cinq pieds quatre pouces, âgé de vingt-huit à trente ans. »

Le pasteur, malgré la crainte qu'il éprouvait, peut-être même à cause de cette crainte, porta rapidement les yeux sur son hôte. Lieschen, elle, n'avait pas eu besoin de le regarder pour savoir que le signalement était exact dans ses moindres détails. Cependant le pasteur voyant qu'il n'y avait rien jusque-là d'absolument hostile dans le regard ni dans l'accent du brigadier, s'enhardit, et, tout en faisant signe au jeune homme de ne point se trahir :

— Mais tout cela, monsieur Schlick, dit-il, ne nous explique pas... — L'objet de ma visite, monsieur le pasteur ? J'y arrive, soyez tranquille. Imaginez-vous donc qu'il y a trois jours que nous guettons le gaillard, mes deux gendarmes et moi, sans pouvoir mettre la main dessus, quoique nous sachions pertinemment qu'il flâne aux environs ; mais, ce soir, un de mes hommes a vu un citoyen qui se glissait tout doucement le long d'une haie ; il a cru reconnaître l'individu, et lui a barré le chemin avec sa carabine ; l'autre s'est rejeté en arrière ; mon gendarme s'est mis à sa poursuite, et il allait l'empoigner, quand, arrivé au mur de votre jardin, le gaillard, qui paraît ferré sur la gymnastique, a sauté sur une borne, de la borne sur le mur, et du mur dans vos plates-bandes ? Alors, mon homme lui a envoyé un coup de fusil, moins dans l'espoir de l'atteindre que pour nous prévenir qu'il y avait du nouveau. Nous sommes accourus en effet sur le théâtre de l'événement ; nous y avons trouvé le gendarme qui rechargeait sa carabine ; il nous a raconté ce dont il retourne, et nous venons vous demander, monsieur le pasteur, si par hasard vous n'avez pas vu le Français après lequel nous courons. — Moi ! fit le pasteur. — Et si vous ne le cachez point chez vous. — Comment pouvez-vous supposer, mon cher Schlick, qu'avec la haine que je porte aux gens de sa nation ?... — Eh ! fit le brigadier, c'est aussi ce que j'ai dit aux camarades. — Oh ! n'est-ce pas ? s'écria Lieschen commençant à respirer. — J'ai dit cela aux camarades, reprit le gendarme, qui semblait avoir juré de faire passer ses auditeurs par toutes les alternatives de l'espérance et de la crainte ; mais à moi, Schlick, je me suis dit : « Bah! M. le pasteur est si bon, qu'il est capable d'avoir oublié sa haine, et de donner l'hospitalité même à son plus grand ennemi! » — Monsieur Schlick, fouillez toute la maison, et, si vous trouvez votre homme, prenez-le, je vous le permets. — Oh! répondit Schlick les yeux fixés sur le convive du pasteur, du moment où celui que je cherche n'est point ici, il est inutile de le chercher ailleurs.

Et il fit ce que l'on appelle, en termes de théâtre, une fausse sortie; mais le pasteur ne s'y laissa point prendre.

— Monsieur Schlick, dit-il, vous nous ferez bien le plaisir, avant de nous quitter, de boire avec nous un verre de vin du Rhin? — Moi, monsieur le pasteur? volontiers, dit Schlick; ce me sera l'occasion de porter un toast à mes anciens compagnons les Français. — Va, mon enfant! dit le pasteur à Lieschen, et apporte-nous du meilleur.

La jeune fille se leva chancelante, alla prendre une bougie pour l'allumer à la lampe; mais celui qui, objet de tout ce trouble, semblait le plus calme de tous, lui prit la bougie des mains, l'alluma et la lui rendit.

La jeune fille sortit en jètant en arrière un long regard d'inquiétude.

XXII

LE COUSIN NEUMANN.

Le brigadier Schlick suivit Lieschen des yeux jusqu'à ce qu'elle eût entièrement disparu

— Oui, dit-il comme se parlant à lui-même, je comprends, la jeune fille voudrait tout à la fois rester et partir : elle devine que je vais profiter de son absence pour me permettre de vous faire, mon cher monsieur Waldeck, quelques questions que je ne voulais pas hasarder devant elle. — Quelles questions avez-vous à me faire, monsieur Schlick? dit le pasteur, qui vit que le moment suprême était arrivé. — D'abord, avec votre permission, comme on dit de l'autre côté du Rhin, je vais vous demander vivement, et pour ne pas effrayer cette bonne mademoiselle Lieschen, qui est déjà bien assez inquiète comme cela, je vais vous demander ce que Monsieur fait ici. — Mais vous le voyez, ce me semble : Monsieur soupe avec nous. — Oui, vous avez raison, et, quant à cela, je le vois bien; aussi était-ce une manière de parler. Je voulais vous demander, non pas ce que fait Monsieur, mais qui est Monsieur? — Vous ne connaissez pas Monsieur? reprit le pasteur. — Non, répondit Schlick; mais je désire faire sa connaissance.

Et Schlick s'inclina.

L'étranger tourna la tête avec un mouvement d'impatience qui signifiait clairement : « Pourquoi cette comédie qui m'humilie et me fatigue? laissez-moi me livrer. » Mais le pasteur, qui, sans doute, savait mieux que lui comment il fallait s'y prendre avec le brigadier Schlick, fit signe à son hôte d'avoir patience au moins quelques instants encore.

— Vous savez, monsieur Schlick, dit-il, qu'avant d'habiter Wolfach... — Oui, monsieur le pasteur, vous avez habité la Westphalie et la Bavière, vous m'avez fait l'honneur de me dire cela. — Eh bien, une partie de ma famille est restée en Bavière. — A Abensberg? — Justement. — Et Monsieur, dit Schlick, est votre parent? — C'est le fils de ma sœur, mon neveu Neumann, répondit le pasteur hésitant à mentir, si saint que fût le motif qui le poussait au mensonge. — Et il vient ici... ? demanda le brigadier. — Qui sait? répondit le pasteur en essayant de sourire. — Oui, je comprends, dit Schlick, il y a un mariage sous jeu : le cousin Neumann vient pour épouser la cousine Lieschen... Monsieur Nieumann, je vous félicite de tout mon cœur.

Le faux Neumann se contenta de s'incliner.

Cela ne suffisait point, à ce qu'il paraît, au brigadier Schlick; car, s'approchant du jeune homme :

— Votre main, Monsieur, dit-il.

Le jeune homme lui donna la main, mais en fronçant le sourcil d'une manière tellement significative, qu'il fallut un regard presque impératif de la part du pasteur pour le forcer de continuer à jouer un rôle dans cette comédie; toutefois, sa main resta parfaitement calme et ferme dans la main de Schlick, et son œil, qui avait rencontré celui du brigadier, ne sourcilla point.

— Allons, murmura le gendarme, c'est un brave! et je ne me trompais pas quand, il y a sept ans, je le baptisai Richard Cœur de Lion.

Il prononça ces derniers mots assez haut pour que l'officier pût les entendre; mais, soit qu'ils rappelassent un souvenir à celui-ci, soit qu'ils lui semblassent vides de sens, il parut ne pas comprendre. D'ailleurs, en ce moment, Lieschen rentra; une partie de l'attention du pasteur et de son hôte se reporta donc sur la jeune fille.

Elle tenait à la main une de ces bouteilles au verre rougeâtre et au col allongé dont la forme seule serait un ornement sur une table; elle déposa la bouteille près de son père, et, seulement alors, elle osa jeter un regard sur les différents acteurs de la scène : il était évident que ce regard cherchait à deviner quelle tournure la situation avait prise en son absence. La bonhomie du visage de Schlick la rassura un peu.

La parole était naturellement au brigadier; aussi, regardant Lieschen d'un petit air malin :

— En effet, dit-il, seize à dix-sept ans, jeune et jolie...

Puis, se tournant vers le capitaine :

— Vingt-huit à trente ans, continua-t-il, yeux bleus, cheveux châtains, teint pâle, bouche moyenne, dents blanches; quant à la taille je n'en saurais juger, mais si Monsieur était debout, je jurerais qu'il a quelque chose comme cinq pieds quatre pouces... Allons, cela fera un charmant couple! — Le signalement de tout à l'heure! murmurèrent ensemble le pasteur et Lieschen. — Il m'a reconnu, se dit le capitaine.

Pendant ce temps, le pasteur avait versé un verre de vin au brigadier; celui-ci le prit, et, le levant :

— Ma foi! ma belle demoiselle, dit-il, puisque je tiens à la main un verre de si bon vin, je n'y saurais résister : je bois à votre santé! à celle du cousin Neumann! et à votre bonheur en ménage!

Lieschen regarda tour à tour son père et le jeune homme, comme pour leur demander ce que signifiait ce toast.

— Eh bien! demanda le gendarme, ne me faites-vous point raison? L'intention est bonne, cependant, je vous jure. — A la santé de mon cousin Neumann? à mon bonheur en ménage? Je ne comprends pas, répondit la jeune fille ne pouvant deviner ce qui avait été dit en son absence.

Le pasteur baissa la tête.

C'était plus que n'en pouvait supporter l'officier; il se leva, et, en français :

— Monsieur, dit-il s'adressant au brigadier, il est inutile de jouer cette comédie plus longtemps; je suis l'homme que vous cherchez.

Mais le brigadier lui posa la main sur l'épaule, et, le faisant rasseoir :

— Taisez-vous, lui dit-il à demi voix; je me rappelle que j'ai été Français, et je bois à la santé du cousin Neumann, fiancé de la gentille mademoiselle Lieschen, pas autre chose.

Puis, tout haut :

— Donc, fit-il, à la santé du cousin Neumann! — Monsieur Schlick, s'écria le pasteur, vous êtes un brave homme! — Mais taisez-vous donc, temps et tonnerre! grommela le brigadier; on peut nous entendre. — C'est vrai, dit Lieschen. — Je tenais seulement à vous prouver qu'un homme qui a été chargé par le major général de l'empereur Napoléon (le brigadier leva son chapeau) de lui donner des nouvelles intéressantes, n'était point un jobard, comme on dit de l'autre côté du Rhin. — Oh! monsieur Schlick! ne put s'empêcher de dire Lieschen, que de reconnaissance! — Chut!... Et une autre fois, comprenez mieux, dit tout bas le brigadier; vous n'aurez pas toujours affaire au bonhomme Schlick... Maintenant, ajouta-t-il tout haut, je puis aller dire aux camarades que, là où je croyais trouver un conspirateur, je n'ai trouvé qu'un fiancé; seulement, continua-t-il en baissant de nouveau la voix, je conseille au fiancé d'aller faire ses noces ailleurs! — Oh! cher monsieur Schlick! murmura la jeune fille joignant les mains en signe de remerciement. — Silence donc! reprit le brigadier; et cachez Monsieur où vous voudrez, peu importe, mais cachez-le, et qu'il ne sorte pas que tout mon monde ne soit couché. Maintenant, bonsoir, monsieur le pasteur! bonsoir, mademoiselle Lieschen! bonsoir, cousin Neumann!

Et, après avoir fait un dernier salut accompagné d'un signe d'intelligence, le brigadier sortit. Les acteurs de la scène moitié comique, moitié dramatique, qui venait de se passer suivirent le gendarme des yeux jusqu'à ce que la porte se fût refermée derrière lui ; puis, sans dire un mot, mais la poitrine haletante, le pasteur alla fermer les contrevents et la fenêtre par laquelle avait passé le brigadier : de là, à travers les volets, qu'il tint un instant entr'ouverts, il vit celui-ci parler à ses deux hommes.

Pendant ce temps, Lieschen s'était rapprochée de l'officier.

— Oh! malheureuse que je suis! dit-elle : j'ai failli vous perdre, et avec un autre que Schlick vous étiez perdu! — Oui, dit le pasteur; mais, grâce à ce brave homme, vous êtes sauvé! — Merci! merci cent fois, mon père, dit l'officier en souriant et en baisant la main du pasteur. — Le capitaine Richard baisant les mains du père de Marguerite! murmura Lieschen, mon Dieu! c'était donc votre miséricorde, et non point votre colère qui l'avait amené ici! — Maintenant, Monsieur, croyez-moi, dit le pasteur, suivez le conseil que vous a donné Schlick.

Puis, lui montrant la chambre de Marguerite :

— Prenez cette clef, ajouta-t-il; montez dans cette chambre, et franchissez-en le seuil avec respect, car c'est la chambre d'une pauvre martyre...

Allez! et tenez-vous là jusqu'à ce que je vous appelle. — Merci, Monsieur, dit le jeune homme; mais auparavant, deux mots... Peut-être serai-je obligé de fuir sans vous revoir, sans avoir le temps de vous parler. — Eh bien, Monsieur? répondit le pasteur, qui, au fur et à mesure que le danger devenait moins instant, sentait revenir sa haine pour les Français. — Cet homme, ce brigadier, vous rappelait tout à l'heure que vous aviez habité la Westphalie... — Oui. — Puis la Bavière. — Après, Monsieur? — Il a même prononcé le nom du village d'Abensberg. — Eh bien? — Avez-vous réellement habité Abensberg? — Mon Dieu! murmura Lieschen, que va-t-il dire?

Et elle s'approcha du jeune homme, toute prête à l'arrêter si elle le voyait poursuivre son chemin dans la voie dangereuse où il était entré.

— A Abensberg, continua le capitaine, avez-vous, parmi vos pieux collègues, connu un digne homme nommé Stiller?

Lieschen eut peine à retenir un cri; elle posa sa main sur le bras du jeune homme; mais celui-ci ne parut pas comprendre.

— Stiller!... Stiller!... répéta le pasteur en regardant l'officier avec étonnement. — Oui, Stiller. — Je l'ai connu, dit le pasteur. — Monsieur, murmura Lieschen, Monsieur, pensez donc au danger que vous courez en ne suivant pas les conseils du brigadier! — Un mot encore, Mademoiselle, par grâce.

Puis, s'adressant de nouveau au pasteur :

— Monsieur, dit l'officier, je suis à la recherche de M. Stiller, auprès duquel m'appelle une affaire importante : le trouverai-je encore à Abensberg? — Que lui voulez-vous, d'abord? demanda le pasteur d'une voix altérée. — Pardon, Monsieur, dit le jeune homme, mais il s'agit d'un secret qui n'est pas le mien; je ne puis donc que vous répéter ma question.

Et, malgré la pression de la main de Lieschen :

— Le trouverai-je encore à Abensberg, insista-t-il, ou serait-il mort des suites de sa blessure? — Mon père! dit la jeune fille en mettant un doigt sur sa bouche pour supplier le pasteur de garder le silence.

Le pasteur fit un signe de la tête, tout en murmurant :

— Oui, sois tranquille, mon enfant.

Puis, au jeune homme :

— Le pasteur Stiller est mort des suites de sa blessure, dit-il. — Mort! fit à demi voix le jeune homme; mort!

Puis, tout haut :

— Mais il avait une fille? demanda-t-il.

Lieschen s'appuya au dossier d'une chaise, croyant qu'elle allait s'évanouir.

— Il en avait deux, Monsieur, répondit le pasteur; de laquelle voulez-vous parler? — De sa fille Marguerite, Monsieur.

Lieschen mit ses deux mains sur sa bouche pour étouffer un cri.

Le pasteur pâlit affreusement.

— Vous savez, dit-il d'une voix émue, vous savez qu'il avait une fille nommée Marguerite? — Oui, je le sais, Monsieur.

Puis, hésitant, car il sentait que toute l'âme de son frère, qu'il avait tant aimé, était dans la question qu'il allait faire :

— Et, demanda-t-il, sa fille Marguerite est-elle heureuse? — Oh! bien heureuse, Monsieur! s'écria le pasteur; plus heureuse que dans ce monde : elle est au ciel! — Morte aussi! murmura le jeune homme en baissant la tête.

Puis, après un instant de silence, et prenant la bougie des mains de Lieschen :

— C'est bien, Monsieur, dit-il; je n'ai plus rien à vous demander.

Ce fut alors le pasteur qui, à son tour, fit un mouvement pour retenir son hôte; mais Lieschen passa entre eux.

— Mon père, dit-elle, oubliez-vous que monsieur doit se cacher, qu'il y va de sa vie?... Au nom du ciel, Monsieur! continua-t-elle en poussant le jeune homme vers l'escalier, au nom du ciel, ne restez pas une minute de plus ici, et montez dans la chambre de ma sœur!

Le jeune homme s'arrêta étonné.

— Oui, montez-y, dit-elle à demi voix; et, quand vous y serez, malheureux! regardez un portrait qui est entre les deux fenêtres, et fuyez!

L'officier vit la figure de Lieschen tellement bouleversée, qu'il ne songea qu'à obéir, devinant qu'il se passait, dans le cœur de la jeune fille et dans celui du vieillard, quelque chose qui, dans ce moment-là du moins, ne pouvait lui être expliqué.

Il se laissa donc entraîner par la jeune fille, et, pendant que le vieillard, tantôt regardant Lieschen, tantôt regardant son hôte, se demandait quel pouvait être celui-ci, et quel intérêt le mettait à la recherche du pasteur Stiller, il ouvrit la porte, et disparut dans la chambre.

A peine la porte se fut-elle refermée derrière lui, que Lieschen sentit ses forces lui manquer, et tomba sur une chaise.

Le pasteur alla à elle, et, levant les yeux au ciel :

— Mon Dieu! dit-il, grâce à vous, en voilà un de sauvé! maintenant, il me reste à sauver l'autre!

Et, tendant la main à Lieschen :

— Allons, mon enfant, continua-t-il, du courage! — Que voulez-vous dire, mon père? demanda la jeune fille en relevant vivement la tête. — Je veux dire, ma pauvre enfant, que tu aimes ce jeune homme! — Lui? fit Lieschen avec terreur. — Oui, lui, répéta le vieillard. — Oh! non, mon père, s'écria Lieschen, je vous jure bien que vous vous trompez! — Pourquoi essayer de mentir, Lieschen? Tu sais que c'est inutile avec moi. — Oh! je ne mens pas, mon père... ou du moins je vous jure une chose. — Tu jures! — Oh! oui, sur la tombe de ma sœur Marguerite! — Et quelle chose jures-tu, enfant, par un serment si saint? — C'est que ce jeune homme ne sera jamais rien pour moi! — Tu ne l'aimes pas? — Non-seulement je ne l'aime pas, mon père, mais encore il m'épouvante! — Il t'épouvante? — Mon père, au nom du ciel, ne parlons pas de lui! — Au contraire, parlons-en... Il t'épouvante! et pourquoi? — Pour rien... Mon Dieu, n'écoutez donc pas ce que je dis : je suis folle! — Mais, enfin?

Au lieu de répondre, Lieschen fit un pas en arrière en fixant ses yeux effarés sur la porte.

— Monsieur Schlick, mon père! balbutia-t-elle; que vient-il faire encore ici?

Le pasteur se retourna et aperçut effectivement le brigadier debout sur le seuil.

XXIII

UNE TÊTE MISE A PRIX.

Schlick avait l'air assez embarrassé ; il tenait son mousqueton à la main, ce qui dénonçait une intention plus hostile que la première fois, puisque, la première fois, il s'était présenté sans armes.

Le pasteur le regarda d'un œil interrogateur.

— Ah! oui, dit Schlick, vous croyiez être délivré de moi, monsieur Waldeck? moi aussi, je croyais que vous l'étiez ; mais, vous savez, l'homme propose et Dieu dispose! — Oui, je sais cela; mais, ce que j'ignore... — C'est ce qui me ramène, je comprends bien... Dame! c'est difficile à dire... — Dites, monsieur Schlick. — Monsieur le pasteur, vous avez devant les yeux l'homme le plus embarrassé, bien certainement, de toute la confédération du Rhin. — Embarrassé! comment cela? demanda le pasteur, tandis que Lieschen, haletante, aspirait en quelque sorte les paroles du brigadier au fur et à mesure qu'elles se présentaient sur ses lèvres. — Je vous ai dit tantôt, monsieur le pasteur, reprit Schlick, que j'attendais de nouveaux renseignements. — Oui. — Eh bien, en rentrant chez moi, je les ai trouvés.

Alors, s'approchant du pasteur :

— Il paraît, dit-il, que celui que nous cherchons est un homme bien autrement dangereux que je ne le pensais! — Mon Dieu! murmura Lieschen, tout n'est donc pas fini? — Plus dangereux que vous ne le pensiez? répéta le vieillard. — Si dangereux, monsieur Waldeck, que sa tête est mise à prix!

Lieschen jeta un regard rapide sur la chambre; mais, si rapide que fût le regard de Lieschen, le brigadier l'intercepta au passage tout comme il eût fait d'un coupable.

— C'est bien, se dit-il à lui-même, notre homme n'est point parti encore! — Mise à prix? demanda le pasteur, qui, connaissant le faible du brigadier Schlick à l'endroit de l'argent, comprit que la lutte allait recommencer. — A deux mille thalers! rien que cela, monsieur Waldeck! — Eh bien? fit le pasteur, laissant en quelque sorte le chemin libre au gendarme. — Eh bien! je dis que celui qui le prendra fera une bonne prise ; voilà ce que je dis.

Lieschen, pâle comme une morte, échangea un regard d'effroi avec son père.

— Sans compter l'avancement, ajouta le brigadier. — L'avancement? répéta le pasteur. — Certainement! vous comprenez bien, monsieur Waldeck : si c'est un brigadier qui arrête le conspirateur, il sera fait maréchal des logis; si c'est un maréchal des logis, il sera fait sous-lieutenant; or, comme il ne peut manquer d'être pris... — Schlick! s'écria le pasteur, que dites-vous là? — Je dis qu'il ne peut manquer d'être pris, monsieur Waldeck; si ce n'est pas ici, c'est un peu plus loin... Et j'étais rentré pour vous faire une observation dont vous comprendrez toute la justesse. — Quelle observation? — Eh bien! mais, autant vaut, il me semble, que ce soit moi qu'un autre qui ait la prime et l'avancement. — Malheureux! s'écria le pasteur.

Lieschen ne dit rien, mais elle étendit ses deux mains jointes vers le brigadier.

— Dame! reprit Schlick, on est gendarme, monsieur le pasteur, et deux mille thalers, c'est douze ans de mes appointements. — Oh!... et vous, si généreux tout à l'heure, monsieur Schlick, pour une misérable somme... — Diable! monsieur Waldeck, comme vous y allez! deux mille thalers ne sont pas une misérable somme, et, du temps où je racontais des histoires au major général, j'ai souvent risqué d'être pendu pour cinq cents! — Mais, malheureux! s'écria le pasteur, cet homme dont la tête est à prix, c'est un de vos anciens frères d'armes. — Je le sais pardieu bien! reprit Schlick en se grattant l'oreille, et c'est ce qui me fâche.

Lieschen reprit quelque espoir.

— Et de sang-froid, Schlick, vous le feriez fusiller?

La jeune fille sentit un frisson lui courir par tout le corps.

— Morbleu! j'en suis au désespoir, monsieur Waldeck! répondit le brigadier; mais, que voulez-vous? l'argent est rare par le temps qui court, et vous comprenez, n'avoir que douze marches à monter pour ramasser sur la treizième un sac de deux mille thalers... dame! c'est tentant!

Et, en disant ces mots, le gendarme, pour qu'il ne restât aucun doute au pasteur, jetait les yeux sur la porte de la chambre.

— Oh! vous, vous, monsieur Schlick, un si honnête homme! murmura Lieschen. — Eh! justement, Mademoiselle, dit Schlick en l'interrompant, je reste honnête, puisque je suis gendarme, et que mon état est d'arrêter les gens. — Oh! tout gendarme que vous êtes, vous avez un cœur! s'écria la jeune fille. — Oui, certainement, j'ai un cœur, mademoiselle Lieschen; mais, en même temps, j'ai une femme à soutenir, une fille à marier; on ne marie pas les filles sans dot, vous savez cela, monsieur Waldeck, vous qui vous privez de tout pour amasser une dot à mademoiselle Lieschen; et les deux mille thalers, eh bien! ce sera la dot de ma fille! — Vous oubliez, monsieur Schlick, qu'il reviendra une part de cette somme à vos compagnons. — Pas le moins du monde; le rescrit du grand-duc porte : « A celui qui arrêtera... » Or, mes deux compagnons sont couchés; je n'ai eu garde de les réveiller! et, comme c'est moi seul qui arrêterai le conspirateur, la prime sera pour moi seul. — Mon père! murmura Lieschen à l'oreille du pasteur, je ne me marierai jamais!

Le pasteur regarda l'enfant avec une profonde tendresse.

— Et tu dis que tu ne l'aimes pas? murmura-t-il.

Puis, se retournant vers le gendarme :

— Écoutez, Schlick, dit-il. — J'écoute, monsieur le pasteur; mais permettez-moi, tout en écoutant, de ne pas perdre de vue cette porte... Tenez, ainsi (il se tourna du côté de la porte) je suis parfaitement, et j'entendrai à merveille. — Vous regrettez de faire ce que vous faites, n'est-ce pas? demanda le pasteur. — J'en suis au désespoir! répondit le brigadier. — Et ce n'est pas de bon cœur que vous poussez un homme, votre ancien compatriote, votre ancien frère d'armes, à l'échafaud? — Je ne m'en consolerai jamais, monsieur le pasteur! jamais! — De sorte que, si vous pouviez gagner les deux mille thalers sans arrêter ce malheureux proscrit... — On ne paye pas la pitié, monsieur le pasteur. — Quelquefois, monsieur Schlick. — Qui cela? — Ceux pour qui la pitié est non-seulement une vertu, mais encore un devoir. — Oh! mon père! fit Lieschen toute joyeuse. — Si, par exemple, moi, je vous donnais les deux mille thalers? — Vous? — Oui, moi, pour sauver la vie de cet homme. — Resterait l'avancement, monsieur Waldeck. — Oh! l'avancement n'est pas sûr! — Aussi, monsieur Waldeck, parole d'honneur, eh bien! comme je voudrais faire un sacrifice de mon côté, eh bien! je sacrifierais l'avancement. — Et vous laisseriez s'échapper l'homme que vous poursuivez? — C'est-à-dire, reprit le gendarme en souriant, que, si vous me donniez les deux mille thalers, monsieur Waldeck, ce serait si beau de votre part, et j'en resterais plongé dans une si profonde admiration, que vous n'auriez qu'à m'indiquer de quel côté vous voulez que je tourne la tête, et me dire combien de temps vous désirez que je ferme les yeux! — Mon enfant, dit le pasteur à Lieschen, prends cette clef... Tu sais où est l'argent? — Mon père! mon père! s'écria la jeune fille en appuyant ses lèvres sur la main du pasteur. — Un moment, monsieur Waldeck! dit Schlick. — Quoi? vous rétractez-vous? demanda le pasteur. — Mon Dieu! mon Dieu! murmura la jeune fille. — Non, dit Schlick, une parole est une parole, et le marché tient toujours; seulement, je veux que vous sachiez bien que je ne vous vole pas vos deux mille thalers. Voici l'ordonnance en question.

Et posant sur la table, mais à portée de sa main, la carabine dont il ne s'était pas dessaisi un seul instant, il tira de sa poche un papier portant le sceau du gouvernement, et lut :

« Il sera compté la somme de deux mille thalers à tout agent de la force armée qui appréhendera au corps, et qui remettra aux mains de l'autorité le capitaine Richard. »

— Oh! s'écria Lieschen avec désespoir, tout est perdu! — Le capitaine Richard? répéta le pasteur en pâlissant à faire croire qu'il allait mourir; le capitaine Richard! il n'y a pas ce nom-là, n'est-ce pas? — Oh! si, pardieu! dit Schlick; il y est en toutes lettres... Lisez! — Le capitaine Richard? fit le pasteur en s'élançant vers la carabine que le brigadier avait posée sur la table, et la saisissant d'un mouvement si rapide que le gendarme n'eut pas le temps de s'y opposer. Alors ce n'est pas vous, mais c'est moi, moi-même...

Et il se précipita vers l'escalier; mais sur la première marche, à genoux, il trouva Lieschen qui, l'embrassant par le milieu du corps, lui cria :

— Mon père! au nom de votre fille Marguerite, qui a pardonné en mourant!... — Oh! oh! murmura Schlick, que se passe-t-il donc?

Il y eut une pause d'un instant; puis le pasteur laissa lentement échapper la carabine qu'il tenait de la main gauche, et de la droite, présentant à Lieschen la clef de l'armoire :

— Tiens, ma fille, dit-il, fais selon ton cœur et selon le cœur de Dieu! — Oh! s'écria Lieschen, mon père, mon père, à vous tout mon amour! à vous toute ma vie.

Et ce fut le pasteur qui, presque évanoui à son tour, tomba sans force dans un fauteuil aux yeux du gendarme étonné.

Pendant ce temps la porte de la chambre de Marguerite, qui un instant s'était ouverte avec rapidité, se refermait lentement.

— Monsieur Schlick, dit le pasteur au bout d'une minute, et en essuyant sur son front la sueur qui rendait témoignage du combat qu'il s'était livré à lui-même, monsieur Schlick, vous allez avoir votre somme, moins trois thalers cependant; car, de ces trois thalers, j'ai fait ce matin des aumônes, lesquelles m'ont porté bonheur, puisque ce soir j'ai pu sauver la vie d'un de mes semblables. — Trois thalers? dit Schlick; ah! ma foi, monsieur Waldeck, je n'y regarde pas de si près pour une bonne action. Et pourtant comment expliquerai-je à ma femme l'absence de ces trois thalers? Si j'étais encore Français, je lui dirais que je les ai mangés; je suis Allemand, je lui dirai que je les ai bus!

Le brigadier achevait cette réflexion, qui indiquait l'étude approfondie qu'il avait faite du tempérament des deux peuples auxquels il avait tour à tour appartenu, quand Lieschen rentra, tenant le sac à la main.

— Voici l'argent, dit-elle tout essoufflée d'avoir couru pour l'aller chercher. — Merci, ma belle demoiselle, dit le brigadier en prenant le sac des mains de Lieschen : si vous étiez moins jolie, j'aurais des remords; mais, avec une figure comme la vôtre, Dieu merci, on n'a pas besoin de dot! — Monsieur Schlick, dit gravement le pasteur, j'ai votre parole cette fois! — Oh! soyez tranquille, monsieur Waldeck! seulement, invitez le cousin Neumann à regagner vivement Abensberg, dussiez-vous aller l'y rejoindre avec cette belle enfant-là pour y célébrer les fiançailles.

En même temps que la porte de la cour se fermait derrière lui, celle de l'escalier se rouvrait pour donner passage au capitaine; mais Lieschen et le vieillard ne virent que celui qui sortait. D'ailleurs, à peine Schlick eut-il disparu, que Lieschen, se jetant dans les bras du pasteur :

— Oh! mon père, dit-elle, que vous êtes bon! que vous êtes grand!

Le vieillard pressa un instant sa fille sur son cœur avec un sourire profondément mélancolique ; puis, l'éloignant doucement de lui :

— Attends, dit-il, il faut maintenant que j'appelle cet homme... — Mais pas un mot, n'est-ce pas, mon père? dit Lieschen, pas un reproche! — Oh! sois tranquille, mon enfant, dit le pasteur; où serait sans cela le mérite de ce que j'ai fait?

Et, comme il levait la tête pour appeler le capitaine Richard, il l'aperçut appuyé à la rampe de l'escalier. Tout son sang reflua vers son cœur.

— Vous étiez là, Monsieur? demanda-t-il. — Oui, dit le jeune homme; j'ai tout entendu et je dois vous dire, comme vous disait tout à l'heure votre fille : Oh! monsieur Stiller, que vous êtes bon! que vous êtes grand! — Ah! vous savez qui je suis, alors? — Ce portrait placé entre les deux fenêtres... — Vous l'avez reconnu, Monsieur?

Le jeune homme tira de sa poche un médaillon.

— Grâce à cette miniature que mon frère avait faite de souvenir, dit-il, et qu'il m'a laissée en mourant avec recommandation de chercher le pasteur Stiller et sa fille Marguerite, auxquels il léguait toute sa fortune, non pas en réparation, mais en expiation du mal qu'il leur avait fait. — Ainsi, Monsieur, s'écria Lieschen haletante, le capitaine Richard?... — Nous étions deux frères, chère Lieschen, deux frères jumeaux, militaires tous deux, capitaines tous deux, si ressemblants l'un à l'autre, que l'on ne nous distinguait qu'à la différence de nos uniformes, et que Schlick, qui avait connu mon frère, m'a tout à l'heure, comme vous l'avez pu voir, confondu avec lui.. C'est mon frère qui est le seul coupable, Lieschen, et c'est moi qui, lui mort, me suis chargé de vous demander son pardon. — Oh! mon père! mon père! murmura Lieschen en se laissant tomber, les mains jointes, aux genoux du vieillard.

Huit jours après, le pasteur Stiller recevait une lettre d'Amsterdam, et contenant ces seuls mots :

« Venez le plus tôt possible me rejoindre avec Lieschen, mon père! Je suis en sûreté.

« LOUIS RICHARD. »

FIN DU CAPITAINE RICHARD.

TABLE DES MATIÈRES

		Pages.
I.	— Un héros qui n'est pas celui de notre histoire	1
II.	— Trois hommes d'État	8
III.	— Les jumeaux	17
IV.	— Les ruines d'Abensberg	24
V.	— L'Union de vertu	30
VI.	— Six pouces plus bas, le roi de France s'appelait Louis XVIII	38
VII.	— Cinq victoires en cinq jours	45
VIII.	— L'étudiant et le plénipotentiaire	55
IX.	— Le palais de Schœbrunn	59
X.	— Le voyant	65
XI.	— L'exécution	69
XII.	— La retraite	74
XIII.	— Au pas ordinaire	80
XIV.	— La confession	86
XV.	— Le Dnieper	92
XVI.	—	98
XVII.	— Le retour	104
XVIII.	— Le chemin de l'exil	112
XIX.	— Lieschen Waldeck	116
XX.	— Le pasteur Waldeck	122
XXI.	— Coup d'œil en arrière	126
XXII.	— Le cousin Neumann	133
XXIII.	— Une tête mise à prix	138

FIN DE LA TABLE DES MATIÈRES.

LAGNY. — Typographie de VIALAT.

www.ingramcontent.com/pod-product-compliance
Ingram Content Group UK Ltd.
Pitfield, Milton Keynes, MK11 3LW, UK
UKHW031903260826
14628UKWH00002B/971